Keith Holz/Wolfgang Schopf
Im Auge des Exils

Keith Holz / Wolfgang Schopf

# Im Auge des Exils

Josef Breitenbach
und die Freie Deutsche Kultur
in Paris 1933–1941

Aufbau-Verlag

Geleitwort von Peter C. Jones, Präsident der
Josef Breitenbach Foundation and Trust

Niemand glaubte seinerzeit Josef Breitenbachs
Vorhersage, er würde nach seinem Tod in den
Rang eines bedeutenden Künstlers gehoben
werden. Niemand erwartete, inmitten des Durch-
einanders seltsamer Besitztümer, die seine New
Yorker Wohnung füllten, auf ein gewichtiges Werk
zu stoßen. Niemand hatte soviel Staub erwartet.
Wie bei einer archäologischen Grabung wurde
Schicht um Schicht des immer noch frischen,
lebendigen und visionären Werkes Breitenbachs
freigelegt.

Nichts wurde weggeworfen. Ohne die Gründung des Josef-Breitenbach-Archivs am Center
for Creative Photographie in Tucson, Arizona
wäre es jedoch unmöglich gewesen, die Funde
zu erhalten. Das Archiv wurde von Leslie Calmes
erstellt, unter Leitung von Amy Rule, der Verantwortlichen für die Archive des Centers, und Terence
Pitts, seinem früheren Leiter. Nun ist Tucson nicht
bekannt als Heimat von Forschungen zur deutschen Exilkultur. An dieser Stelle trat Keith Holz
auf den Plan, Kunsthistoriker der University of
Tulsa, Oklahoma und einer der Macher der bahn-
brechenden Ausstellung »Exiles + Émigrés« des
Los Angeles County Museum (in Deutschland
unter dem Namen »Exil« 1997 in der Nationalgalerie Berlin). Er war es, der die erstaunliche
Entdeckung machte, daß das dokumentarische
Material des Breitenbach-Archivs dem künstlerischen Werk in seiner Einzigartigkeit in nichts
nachstand.

Holz machte den Literaturhistoriker und
Spezialisten für deutsche Exilliteratur Wolfgang
Schopf von der Frankfurter Johann Wolfgang
Goethe-Universität mit den Materialien vertraut.
Gemeinsam tauchten sie ein in die Tiefen des

Address by Peter C. Jones, President of the Josef
Breitenbach Foundation and Trust

No one believed it when Josef Breitenbach prophe-
sized that he would be known as a great artist after
his death. No one expected to find an important body
of work amid the jumble of unlikely possessions that
had been his New York home. No one was prepared
for the dust. Like an archeological dig, Breitenbach's
work came out in layers and emerges today as fresh,
vital and often ahead of its time.

Nothing was thrown out. But nothing could have
been saved without the creation of the Josef Breitenbach Archive, organized by Archivist Leslie Calmes
under the direction of Curator of Archives Amy Rule
and former Director Terence Pitts, at the Center for
Creative Photography Tucson, Arizona. But scholars
engaged with the cultural heritage of German exiles
are rare in Tucson. Enter Keith Holz, art historian at
the University of Tulsa, Oklahoma, and one of the
authors of the Los Angeles County Museum's ground-
breaking exhibition, »Exiles + Émigrés«. He was
amazed to discover that the documentary materials
in Josef Breitenbach's archive were just as astonishing
as his artistic photographic work.

Holz introduced these materials to literary historian
Wolfgang Schopf (Johann Wolfgang Goethe-Universität, Frankfurt am Main in Germany), specialist in
German exile literature. Together Schopf and Holz
dove into the waters of the Breitenbach Archive and

4

Breitenbach-Archivs und bargen wahre Schätze: einzigartige Photographien, die die bildende Kunst, das Theater, die Agitprop-Kultur und die Sozialgeschichte des Exils dokumentierten. In ihrer Gesamtheit ergeben sie eine umfassende Visualisierung der Identität der Exilierten als »anderes Deutschland«. Inspiriert durch diese Entdeckungen trugen Schopf und Holz die Idee für *Im Auge des Exils. Josef Breitenbach und die Freie Deutsche Kultur in Paris 1933–1941* an Annette C. Anton, Lektorin beim Aufbau-Verlag, heran, die ihrerseits das bestmögliche Buch veröffentlichte.

Josef Breitenbachs bemerkenswertes Werk hat wie durch ein Wunder die schwierigsten Umstände überlebt: die Flucht aus dem Europa des Zweiten Weltkriegs, den aufdringlichen Zugriff von Gläubigern und einen immensen Wasserschaden im Keller von Breitenbachs New Yorker Wohnhaus ebenso wie die Drohungen eines ignoranten Vermieters, alles beseitigen zu lassen. Nachdem sie jahrzehntelang verschollen waren, lagern die Photographien und Dokumente jetzt sorgfältig aufbewahrt und allgemein zugänglich im Breitenbach-Archiv des Center for Creative Photography. Das vorliegende Buch nun bringt endlich ein neues Bild des Künstlers Josef Breitenbach ans Licht, dessen Vielseitigkeit und historische Bedeutung sogar noch höher eingeschätzt werden muß, als er selber es vorausgesagt hatte. Und so entfalten sich weiterhin Geheimnisse, Schicht für Schicht, während die nicht mehr greifbare Wirklichkeit jener Zeit immer weiter hinter uns zurückbleibt.

Peter C. Jones, New York, Mai 2001

brought to the surface magnificent treasures: unique photographs of fine art, literature and theater, agit-prop, and the social history of exile; all amounting to the most profound visualisation of the exiles' identity as »The Other Germany«. Their discoveries inspired Schopf and Holz to propose *Im Auge des Exils. Josef Breitenbach und die Freie Deutsche Kultur in Paris 1933–1941 / In the Eye of Exile. Josef Breitenbach and the Free German Culture in Paris 1933–1941* to Annette C. Anton, Editor-in-chief of Aufbau-Verlag, Berlin who published the best possible book.

Josef Breitenbach's remarkable body of work miraclously survived his escape from World War II Europe, the hands of prying creditors, a flood in the basement of his New York apartment building, and threats of disposal from an ignorant landlord. Lost for decades, his photographs and papers are now carefully stored and accessible at the Breitenbach Archive at the Center for Creative Photography. This publication finally brings to light an image of Josef Breitenbach, that reveals an even more multi-facetted and historically significant artist than even he had prophesied. Yet, mysteries continue to unfurl in layers with the elusive center always a distant point on a receding horizon.

Peter C. Jones, New York, May 2001

**2** Ohne Titel, Paris, ca. 1935
*Untitled, Paris, ca. 1935*

**3** Breitenbachs Pariser
Studio-Label
*Card for Breitenbach´s studio
in Paris*

# I. Josef Breitenbach in der Topographie des Exils

Wolfgang Schopf mit Keith Holz

# I. Josef Breitenbach in the Topography of Exile

Wolfgang Schopf with Keith Holz

Noch lange bis in die Nachkriegszeit hinein trifft sich eine Gruppe von immigrierten deutschen Intellektuellen und Künstlern in New York jeden Mittwochabend in der »Kleinen Konditorei«, East 86th Street, zum Essen. Ein Initiator dieses Stammtisches ist Oskar Maria Graf, und der schreibt im November 1957 über einen anderen Teilnehmer der Runde folgenden biographischen Steckbrief:

»Ich kenne Joseph Breitenbach seit 1917 und bin seit dieser Zeit nahe mit ihm befreundet. Als Sohn eines wohlhabenden Münchner Weinhändlers im väterlichen Geschäft tätig, begann Breitenbach nach dem ersten Weltkrieg eingehende Privatstudien über Psychologie, Kunstgeschichte, Bühnenbildnerei und Photographie und eröffnete in der Pettenkoferstrasse in München schliesslich ein Fotostudio, mit welchem er sehr rasch grossen geschäftlichen Erfolg und hohes künstlerisches Ansehen errang. Da er auch bühnenbildnerisch an verschiedenen Münchner Theatern mitwirkte, zählten alle prominenten Mitglieder der deutschen Bühnen zu seinen Kunden. Unter anderem sind seine Meisterfotos des ehemaligen Reichskanzlers Franz von Papen, Albert Einsteins und vieler anderer weltbekannt geworden, was ihm auch hier in Amerika zu einer künstlerisch hochangesehenen Position verhalf (...) Im übrigen war sein Studio das bestempfohlenste in seiner Art.«[1]

Die große Zäsur in Breitenbachs Leben und Arbeit, die Flucht vor den Nazis im Sommer 1933 und das Pariser Exil, läßt Graf unerwähnt. In den Kapiteln dieses Buchs wird darüber zu lesen und viel davon zu sehen sein: Breitenbach dokumentierte in Paris die wichtigsten kulturellen Aktionen des deutschen Exils, und die lange verschollen geglaubten Photos des künstlerischen »anderen Deutschland« werden jetzt erstmals vollständig veröffentlicht. Aber Breitenbachs Position *Im Auge*

Long after the war, a group of German émigré intellectuals in New York continued to meet for dinner every Wednesday evening in the »Kleine Konditorei« on East 86th Street. One of the initiators of the custom was Oskar Maria Graf; in November 1957, he provided a biographical sketch of another member of the group:

»I have known Josef Breitenbach since 1917, and have been his close friend since this time. As the son of a wealthy Munich wine merchant, Breitenbach worked in his father's business; after World War I he took up intensive private study of psychology, art history, set design and photography, ultimately opening a photographic studio on Pettenkoferstrasse in Munich, which rapidly brought him great commercial success and a high artistic reputation. As he was also involved in set design in several Munich theaters, his customers included all the prominent figures of the German stage. His masterly photos of the former Reich Chancellor Franz von Papen, Albert Einstein and many others became world famous, which helped him achieve a position of great artistic respect in America as well. (...) And, by the way, his studio was the best-recommended of its kind.«[1]

Graf glossed over the great caesura in Breitenbach's life and work: his flight from the Nazis in the summer of 1933 and his exile in Paris. In words and images, that is the subject of this book. In Paris, Breitenbach documented the most important cultural projects of the German exile community, and the photos of the artists of the »other Germany«, long thought lost, are published here in their entirety for the first time. But Breitenbach's position *Im Auge des Exils* (In the Eye of Exile) and his role as the »other Germany's« photographic

*des Exils* und seine Rolle als dessen photographischer Chronist hat ein Vorspiel, das in Oskar Maria Grafs freundschaftlicher Beschreibung ebenfalls keine Erwähnung findet.

Josef Breitenbach wird am 3. April 1896 in München in ein Milieu hineingeboren, das so facettenreich ist, wie es sein ganzes Leben sein wird (es endet 1984 in New York). Er ist das Kind fränkischer Juden, die sich gerade in der bayrischen Metropole niedergelassen haben. Für den Vater, Siegfried Breitenbach, beginnt nach dem Umzug ein ökonomischer, sozialer und politischer Aufstieg. Als Inhaber eines gutgehenden Weingroßhandels gehört er zum gehobenen Mittelstand und sitzt dennoch für die SPD im Stadtrat – eine damals äußerst ungewöhnliche Mischung. Und daß ihn seine religiöse Assimilierung nicht zu einer der beiden Amtskirchen, sondern zu den Freimaurern führt, ist ein weiteres Detail aus der Familiengeschichte, das sich in Josef Breitenbachs Biographie fügt: Auch er paßt kaum in gängige Raster.

Dabei ist sein Werdegang gediegen angelegt. Er absolviert 1912 die Oberrealschule und anschließend eine kaufmännische Lehre; Siegfried Breitenbach hat die spätere Übergabe des Geschäfts an den Sohn im Auge. Während beruflich die Weichen also in Richtung Unternehmertum gestellt werden, entwickelt sich Josef Breitenbach zum politischen Aktivisten der Jugend-Sektion des Sozialdemokratischen Vereins, einer strikt pazifistischen Organisation. Trotzdem muß Breitenbach Militärdienst leisten; er wird Anfang 1916 eingezogen, jedoch bereits zum Jahresende aus gesundheitlichen Gründen entlassen.

Kaum wieder Zivilist, stößt er zum Kreis um Kurt Eisner, der nach der Revolution von 1918 erster Ministerpräsident des Freistaats Bayern wird. Breitenbach erlebt in Eisners Gefolgschaft die Mischung von Boheme und Engagement. Hier lernt

chronicler had a prelude which Oskar Maria Graf's friendly description does not mention.

On April 3, 1896, Josef Breitenbach was born in Munich into a milieu as many-facetted as his entire life would become (it ends in New York in 1984). He was the child of Franconian Jews, newcomers to the Bavarian metropolis. For his father, Siegfried Breitenbach, the move to Munich ushered in upward economic, social, and political mobility. As the owner of a flourishing wholesale wine business, he belonged to the upper middle class, yet represented the SPD in the city council, at the time an unheard-of combination. And religious assimilation led him to neither of the two official churches, but rather to the Freemasons – another detail of the family history which foreshadows Josef Breitenbach's biography. For the son too would refuse to fit into conventional categories.

And yet his career had a traditional start. In 1912, he graduated from the *Oberrealschule* (modern high school) and then completed a commercial apprenticeship as Siegfried Breitenbach planned to eventually pass down the business to his son. While being groomed for a career as a businessman, Josef Breitenbach became a political activist in the youth section of the Social Democratic Association, a strictly pacifist organization. In spite of this, Breitenbach had to serve in the army. Drafted in early 1916, he was discharged at the end of the year for health reasons.

Back in civilian life again, he began to associate with the circle of Kurt Eisner, who after the Revolution of 1918 became the first minister-president of the »Free State of Bavaria«. Through Eisner Breitenbach was introduced to a mixture of bohemia and

er Oskar Maria Graf und dessen Schriftstellerkollegen Erich Mühsam und Ernst Toller kennen, hier macht er die Erfahrung, daß Kunst und Revolution etwas miteinander zu tun haben können. In letztere wird Breitenbach direkt verwickelt. Er ist ein Akteur des 7. November und gehört nach dem raschen Sieg der Erhebung zum Provisorischen Zentralen Arbeiterrat. Als diplomatischer Kurier für die Botschaft in der Schweiz erhält er einen kleinen Posten in der neuen Administration. 1918 ist auch privat ein wichtiges Jahr; Breitenbach und Pauline Schmidbauer heiraten, nachdem bereits ihr Sohn Hans auf die Welt gekommen ist. Die beiden hatten sich beim Sozialdemokratischen Verein kennengelernt.

Kurt Eisner wird am 21. Februar 1919 von politischen Gegnern ermordet. Während sein Tod für die bayrische Linke als Fanal wirkt und die Proklamation der »Räterepublik« auslöst, markiert das Datum für Breitenbach das Ende seiner politischen Ambitionen. Dirk Halfbrodt, dem die Auswertung des Archivmaterials zu Breitenbachs Münchner Jahren zu danken ist, macht den »Verlust dieser Leitfigur« dafür verantwortlich. 2

Die 1920er Jahre hindurch bleibt Breitenbach der Sozialdemokratie verbunden, aber in seinem Alltagsleben treten Familie, Geschäft und schließlich Kunst an die Stelle von aktiver Politik. In den beiden erstgenannten Bereichen hat er wenig Glück. Die Ehe mit Pauline Schmidbauer endet 1926 mit einer Scheidung, und die väterliche Weinhandlung, die Breitenbach 1922 übernahm, muß 1930 Konkurs anmelden. Bisher sind keine Zeugnisse davon aufgetaucht, daß Breitenbach besondere kaufmännische Leidenschaft entwickelt hätte, aber ein Teil seines Berufsbilds hat nachhaltige Folgen. Er nutzt die vielen Geschäftsreisen durch mitteleuropäische Weingegenden zu Photoexkursionen, zu deren Ausbeute eine Studie über Weinbau

political commitment. He met Oskar Maria Graf and his fellow writers Erich Mühsam and Ernst Toller, and he realized that art and revolution could be related. Breitenbach became directly involved in the latter. He played an active part in the November Revolution, and after the quick victory of the uprising he became a member of the »Provisional Central Workers' Council«. He was given a small post in the new administration as diplomatic courier for the Bavarian embassy in Switzerland. 1918 proved to be an important year in his private life as well; Breitenbach and Pauline Schmidbauer married, more than a year after the birth of their son Hans. The two had met in the Social Democratic Association.

On February 21, 1919, Kurt Eisner was assassinated by political opponents. His death was a catalyst for the Bavarian left, precipitating the proclamation of the »Soviet Republic«. For Breitenbach, it marked the end of his political ambitions. Dirk Halfbrodt, to whom we owe the evaluation of the archival material on Breitenbach's Munich years, attributes this to the »loss of this guiding figure«. 2

Throughout the 1920s, Breitenbach remained associated with the Social Democratic party, but in his everyday life active politics were replaced by family, business, and ultimately art. In the first two areas his luck was poor. In 1926, his marriage with Pauline Schmidbauer ended in divorce, and his father's business, which Breitenbach took over in 1922, went bankrupt in 1930. There is no evidence that Breitenbach developed any particular passion for business, but one aspect of his job profile as a wine merchant had lasting consequences. For him the many business trips through Central European wine regions became photographic excursions, resulting in, among other things, a study of viniculture which won the amateur the gold medal at the Milan Photography Competition in 1928. These

gehört, mit der der Amateur auf dem Mailänder Photowettbewerb von 1928 die Goldmedaille gewinnt. Neben Landschafts- und Stadtaufnahmen entstehen in diesen Jahren auch Porträts von Personen aus Breitenbachs privatem Umfeld. Gegenläufig zum Niedergang des Familienunternehmens profiliert sich Breitenbach in seinem wirklichen Beruf: 1932 eröffnet er sein eigenes Photostudio und erhält zudem im gleichen Jahr ein festes Engagement als Bühnenphotograph der Münchner Kammerspiele. Auf die zaghaften Experimente mit der Kamera, die Breitenbach zehn Jahre vorher begann, folgt jetzt eine rasante Entwicklung. Binnen eines Jahres macht er sich vor allem durch seine Porträts großer Schauspieler wie Alexander Moissi, Albert Bassermann und Karl Valentin einen Namen; er genießt künstlerische Anerkennung und ökonomischen Erfolg, zumindest nach den bescheidenen Maßstäben eines unausgebildeten Berufsanfängers.

Im Sommer 1933 stoppen die Nazis Breitenbachs erstaunliche Karriere. Daß sie dabei nicht auch sein Leben beenden, ist laut einer phantastischen Legende einem Photo zu danken, von dem schon in Oskar Maria Grafs Steckbrief die Rede war: das Porträt Franz von Papens. [3] Wir können die Geschichte um das Bild nicht auf ihren Wahrheitsgehalt überprüfen, aber schön ist sie allemal:

Für die Nationalsozialisten gehören die Beteiligten an der Revolution von 1918 zu den verhaßtesten Gegnern. Sie werden als »Novemberverbrecher« verunglimpft und sind Opfer der ersten Terrorwelle, mit der die legale Opposition liquidiert wird. Wegen seines früheren Engagements (und weniger wegen seiner jüdischen Familie) gerät Breitenbach ins Visier der Nazis. Mitte 1933 erhält er einen jener Besuche der SS, die oft tödlich endeten. Aber Breitenbach konfrontiert die Schergen mit dem Papen-Porträt samt dazugehörigem

years occasioned many shots of cities and landscapes, as well as portraits of members of Breitenbach's private sphere. As the family business declined, Breitenbach distinguished himself in his real profession: in 1932 he opened his own photographic studio and that same year began a steady engagement as stage photographer for the Münchener Kammerspiele (Munich Studio Theater). Only then, after the hesitant experiments with the camera he had begun ten years before, did a rapid development ensue. Within the year he had made a name for himself, especially with his portraits of such great actors as Alexander Moissi, Albert Bassermann and Karl Valentin. He also came to enjoy artistic recognition and financial success, at least by the modest standards of an untrained beginner.

In the summer of 1933, the Nazis put a stop to Breitenbach's astonishing career. If they did not put an end to his life as well it is, according to a fantastic legend, because of a photograph already mentioned above by Oskar Maria Graf: the portrait of Franz von Papen. [3] We have no way of verifying the rumor about the picture, but it certainly makes a good story:

For the National Socialists, the participants in the Revolution of 1918 were among the most hated of opponents. Decried as »November criminals«, they became the victims of the first wave of terror which liquidated the political opposition. Thus, Breitenbach became a target of the Nazis more because of his earlier political commitment than his Jewish birth. In mid-1933 he was visited by the SS – whose »visits« were often fatal. Breitenbach confronted the thugs with the Papen portrait and the accompanying letter of thanks. [4] The chancellor of the »Cabinet of Barons« had lifted the ban on the SA in 1932, thus winning the

Dankschreiben. [4] Der Kanzler des »Kabinetts der Barone« hatte 1932 das SA-Verbot aufgehoben und sich damit bei den Nazis große Sympathien erworben, jetzt ist er in der NS-Regierung Hitlers Stellvertreter. Breitenbach gibt dem verblüfften SS-Kommando zu lesen:

»Sehr geehrter Herr Breitenbach !
Mit der Übersendung des Bildes, das Sie anläßlich meines Vortrags im Akademisch-Politischen Klub aufgenommen haben, haben Sie mir eine ganz besondere Freude gemacht. Ich finde die Aufnahme ausserordentlich künstlerisch und werde mir erlauben, gelegentlich weitere Aufnahmen gegen Erstattung der Kosten zu bestellen.
    Mit vorzüglicher Hochachtung
    Ihr ergebener Papen« [5]

Auf so eine erstklassige Referenz sind die SS-Männer nicht gefaßt. Sie lassen von Breitenbach ab, um sich zu vergewissern, ob nicht der Falsche heimgesucht wurde. Breitenbach weiß, daß die Zeit nun läuft. Er muß sofort außer Landes und bricht nach Frankreich auf. Die Flucht glückt. Breitenbach gehört fortan für Jahre zu den »Unbehausten« des Exils. Nach Deutschland wird er später nur als Besucher zurückkehren. Seine Eltern starben Anfang der dreißiger Jahre, und so läßt er in München außer einem hoffnungsvollen Berufsstart zwei Schwestern und die frühere Ehefrau zurück, die alle den Nationalsozialismus überleben werden, wenn auch unter teils elenden Bedingungen.
    Breitenbachs Ziel heißt Paris, das er bereits von seinen früheren Reisen kennt. In der zweiten Septemberhälfte 1933 steigt er mit seinem Sohn Hans in einem Hotel des Quartier Latin ab. Er hat nichts außer seiner Energie, Ambition und Kreativität, um sein Leben neu aufzubauen und seine künstlerische Arbeit fortzusetzen. In dieser

Nazis' appreciation; he was then Hitler's deputy in the National Socialist government. Breitenbach shows the baffled SS commando the following:

»Dear Herr Breitenbach!
Your delivery of the picture which you took on the occasion of my lecture in the Academic-Political Club afforded me great pleasure. I find the photograph extremely artistic and will take the liberty of commissioning further photographs at your quoted prices.
    Your obedient servant Papen« [5]

The SS men were not prepared for such a first-class reference. They left Breitenbach alone this time to confirm that they had not descended upon the wrong person. Breitenbach knew that time was short. He must leave the country at once, and he headed for France. The flight was successful. For years Breitenbach would belong to the »unhoused« in exile. He would return to Germany only as a visitor. His parents died in the early 1930s, and so in Munich he left behind – aside from a promising professional debut – two sisters and his ex-wife, all of whom would survive National Socialism, though in part under miserable circumstances.

    Breitenbach's goal is Paris; he already knows the city from his earlier trips. In the second half of September, 1933, he and his son Hans take up residence in a Latin Quarter hotel. With nothing but his energy, ambition and creativity, he must make a new life for himself and continue his artistic work. And Breitenbach is not the only person in this situation; the flight of the political

**4** Breitenbachs »Certificat de Domicile«, Paris, 25. Oktober 1933
*Breitenbach's »Certificat de Domicile«, Paris, October 25, 1933*

Situation ist Breitenbach nicht allein, denn parallel zur Flucht der politischen Opposition verläuft der »Exodus der Kultur« aus Deutschland, nach dem sich viele Künstler und Intellektuelle in Paris wiederfinden.

Die Exilierten interpretieren die Stadt als Schauplatz einer großen Tradition, die von der Deklaration der Menschenrechte am 26. August 1789 an ihren Lauf nahm und durch die »Paris« mit zwei Komplexen verbunden wird: dem individuellen Recht auf Asyl und dem Exil der »Freien Deutschen Kultur« im Ausland. Die Flüchtlinge von 1933 berufen sich nämlich auf die deutschen Ehrenbürger der ersten französischen Republik, Schiller und Klopstock, und sie sehen sich als jüngstes Glied einer Kette, die über Heine und Börne bis zu zeitgenössischen Paris-Korrespondenten wie Kurt Tucholsky reicht. Insofern ist Paris anfangs nicht nur Flucht-, sondern auch Wunschort des künstlerischen Exils. Die Stadt strahlt über historische Bezüge hinaus eine aktuelle Attraktivität aus. Paris symbolisiert Kreativität und Eros, was die Illustrationen von Heinz Lohmar zeigen. Lohmar, ein exilierter Maler, mit dem Breitenbach Freundschaft schließt, spielt mit theatralischer

opposition is paralleled by the »exodus of culture« from Germany which brings throngs of artists and intellectuals to Paris.

The exiles interpret the city as the scene of a great tradition which began with the Declaration of the Rights of Man on August 26, 1789, and links »Paris« with two complexes of ideas: the individual right to asylum and the exile of »free German culture« abroad. For the refugees of 1933 see themselves as the heirs of the honorary German citizens of France's First Republic, Friedrich Schiller and Friedrich Gottlieb Klopstock, and as the most recent links in a chain which reaches from Heinrich Heine and Ludwig Börne to contemporary Paris correspondents such as Kurt Tucholsky. From this vantagepoint, Paris is not just a refuge; it is also the ideal location for the artistic exile scene. Far beyond its historical connotations, Paris radiates a thoroughly modern seductiveness. The city symbolizes creativity and Eros, as shown in the illustrations of Heinz Lohmar, an exiled painter whom Breitenbach becomes friends with in Paris. Playing with theatrical, romanticized images, Lohmar depicts the metropolis as a cosmopolitan

Romantisierung und stellt die Metropole als kosmopolitische Spielwiese dar, auf der Einladungen zu schneller Fraternisierung leicht zu haben sind.

Frankreichs Hauptstadt wird ab 1933 zum kulturellen Zentrum des »anderen Deutschland«. Dafür schmieden die geflohenen Künstler, Intellektuellen und Wissenschaftler neue Allianzen, in deren Netzwerk Breitenbach eingebunden ist. Der Freie Künstlerbund, der Schutzverband deutscher Schriftsteller, die Deutsche Freiheitsbibliothek, der Verband deutscher Journalisten in der Emigration, die Vereinigung Deutscher Bühnenangehöriger, der Deutsche Volkschor und die Freie Deutsche Hochschule sind die wichtigsten Organisationen. Sie bilden zusammen mit Verlagen, Zeitschriften und politischen Zirkeln den Apparat der »Freien Deutschen Kultur«, mit dem die Exilierten ihre Identität gegenüber Nazideutschland behaupten.

Das ausschließlich positive Paris-Bild ist jedoch nur ein Klischee. *Paris – ein Fest fürs Leben*, diese von Hemingway als Buchtitel ausgegebene Parole hat mit der gesellschaftlichen Realität im Frankreich der 1930er Jahre wenig zu tun. Bereits 1929 fand der Kunstkritiker Adolphe Basler mit einem gegenläufigen Buchtitel den Namen für die veränderte Stimmung: *Der Kater nach dem Fest*. [6] Die Exilierten leiden aus verschiedenen Gründen besonders stark darunter. Hemingway konnte amüsiert davon berichten, daß in den besten Restaurants für umgerechnet ein bis zwei Dollar Haute Cuisine und Wein satt zu bekommen sei. Die Flüchtlinge aus Deutschland machen andere Erfahrungen. Sie wissen oftmals nicht, wie sie das billigste Essen bezahlen sollen. Paris gebärdet sich oft schroff, denn die französische Ökonomie ist bei Breitenbachs Ankunft noch immer von der Weltwirtschaftskrise gebeutelt, und Finanzschwäche kann der Gastfreundschaft abträglich sein. Außerdem legt Frankreich keinen Wert darauf, die Asyltradition

playground where invitations to quick fraternization are easily had.

After 1933, the capital of France becomes the cultural center of the »other Germany«. The refugee artists, intellectuals and scientists form new alliances, a network of which Breitenbach becomes a part. The Freier Künstlerbund (Free Artists' League), the Schutzverband deutscher Schriftsteller (Defense League of German Writers), the Deutsche Freiheitsbibliothek (German Freedom Library), the Verband deutscher Journalisten in der Emigration (Association of German Journalists in the Emigration), the Vereinigung Deutscher Bühnenangehöriger (Union of German Stage Workers), the Deutscher Volkschor (German People's Choir) and the Freie Deutsche Hochschule (Free German College) are the most important organizations. Along with publishing houses, journals and political groups, they form the apparatus of »free German culture« with which the exiles assert their identity against Nazi Germany.

However, the exclusively positive image of Paris is a cliché. *A Movable Feast*, the slogan which Hemingway used as the title of a book, has little to do with the social reality of France in the 1930's. Already in 1929, the art critic Adolphe Basler coined a name for the altered mood in another book title: *The Hangover after the Feast*. [6] For various reasons, the suffering of the exiles is especially drastic. Hemingway reported in amusement that the best restaurants gave you your fill of haute cuisine and wine for the equivalent of one or two dollars. Yet the refugees from Germany are often unable to pay for even the cheapest meal. When Breitenbach arrives in Paris, the French economy is still shaken by the world economic crisis, and financial weakness takes its toll on hospitality. France has little interest in reviving the tradition of asylum, and sees itself as a transitional station for exiles, not as their new homeland. Erika and Klaus Mann describe the »three

**5–7** Heinz Lohmar: Illustrationen des Lebens in Paris. Ein privates Album
*Heinz Lohmar: Illustrations of life in Paris. A private album*
**5** Blatt 8 / *Page 8: Park*

**6** Blatt 7 Marktfrauen/
*Page 7: Market women*

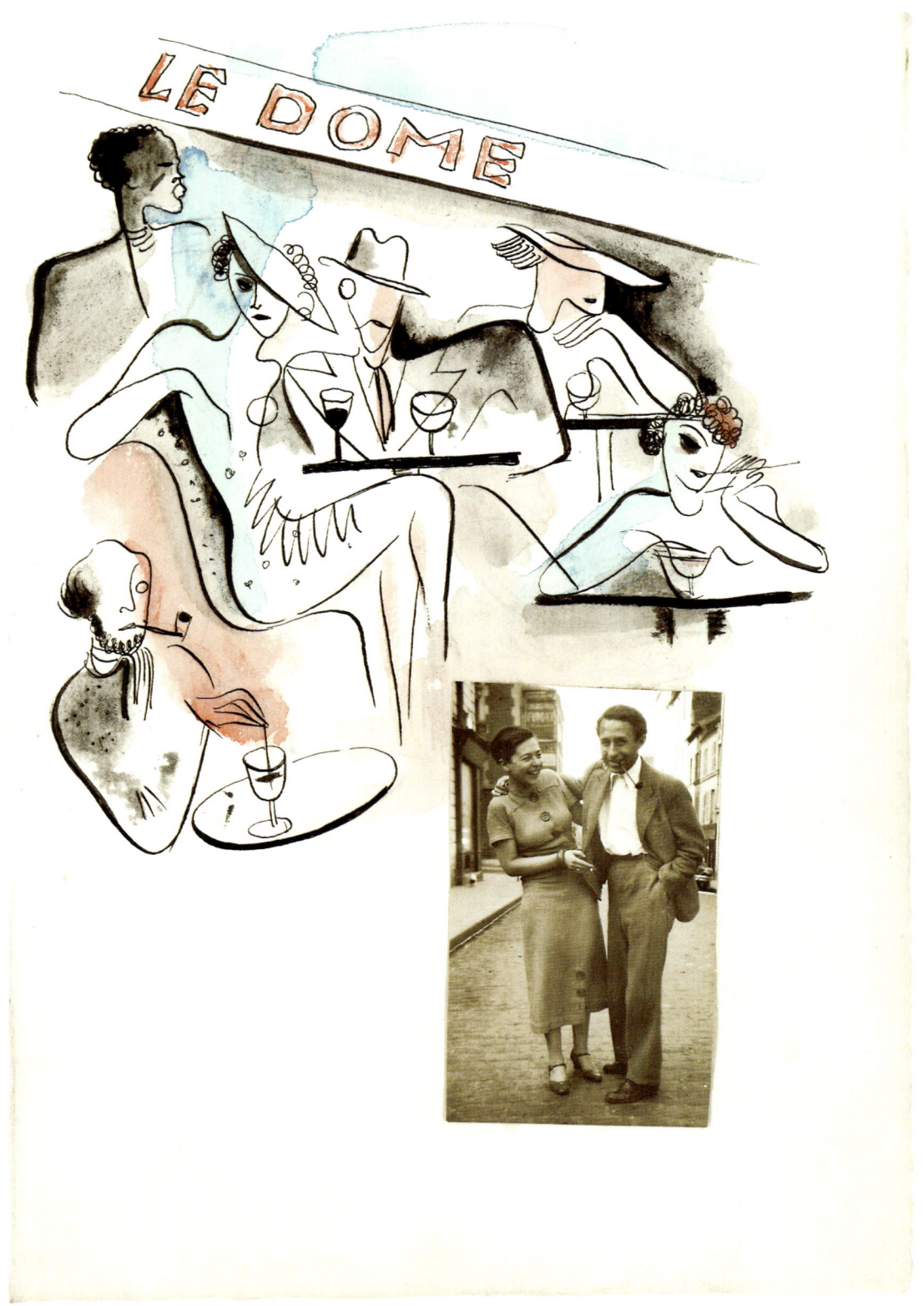

7 Blatt 9/*Page 9: Le Dôme*

zu beleben und sieht sich als Durchgangsland der neuen Flüchtlinge, nicht als deren neue Heimat. Erika und Klaus Mann beschreiben die »drei großen Lebensaufgaben« der Exilierten: »Die Pflichten hießen: (1) nicht arbeiten, (2) nicht der öffentlichen Wohlfahrt zur Last fallen, (3) und vor allem, *nicht bleiben.*«[7] Mit volkswirtschaftlichen Umständen allein ist aber das ungünstige Klima, das den Aufenthalt in Paris so beschwerlich macht, nicht zu erklären. Die restriktiven Fremden- und Arbeitsgesetze, durch die das Leben der Exilierten zu einem bürokratischen Hürdenlauf wird, sind auch politisch gewollte Schutzmechanismen.[8] Die Exilierten überbringen mit ihrer Warnung vor dem Faschismus eine schlechte Botschaft und stören die Koexistenz mit Deutschland. Lautstarke Aktivitäten der deutschen Opposition in Frankreich könnten die kritische Aufmerksamkeit der Nazis auf ihr Nachbarland lenken; das soll vermieden werden. Und schließlich stößt Hitlers Politik in der französischen Gesellschaft nicht durchweg auf Ablehnung.

Im Herbst 1933 versucht Breitenbach fieberhaft, sich in dieser schwierigen Umgebung zurechtzufinden und als Photograph Präsenz zu zeigen; aber auch damit ist er nicht alleine. Kollegen wie Ilse Bing, Gisèle Freund, Tim Gidal und Fred Stein fliehen wie er vor Nationalsozialismus und Antisemitismus nach Paris, und diese Weggefährten sind auch Konkurrenten im professionellen Wettbewerb. Um so erfreulicher ist es für Breitenbach, daß er bereits zwei Monate nach seiner Ankunft, noch bevor er eine feste Bleibe gefunden hat, einige seiner Arbeiten zeigen kann. In der Librairie Lipschutz (4, Place de l'Odéon) findet vom 20. bis 30. November 1933 eine Gemeinschaftsausstellung von Bildern exilierter Photographen statt. Als Veranstalter zeichnet das »Comité Français pour la Protection des Intellectuels Juifs Persécutés«, eine Gruppe arrivierter Universitätsprofessoren,

great obligations« of the exiles: »The obligations are: (1) don't work, (2) don't burden the public welfare, (3) and above all, *don't stay.*«[7] But economic circumstances alone are an insufficient explanation of the hostile
climate which aggravates the difficulties of the stay in Paris. The restrictive laws regarding aliens and work, which turn the lives of exiles into a series of bureaucratic hurdles, are conscious political mechanisms.[8] With their warning against fascism, the exiles are bearers of bad news, disturbing relations with Germany. Vociferous activities on the part of the German opposition in France could call the Nazis' critical attention to their neighbor; and that must be avoided. And finally, Hitler's policies do not meet with unanimous disapproval in French society.

In the fall of 1933, Breitenbach tries feverishly to gain a foothold in this difficult environment and establish himself as a photographer, but he is not alone in this attempt, either. Colleagues such as Ilse Bing, Gisèle Freund, Tim Gidal and Fred Stein have also fled to Paris to escape National Socialism and anti-Semitism; these colleagues not only share Breitenbach's fate, they are also competitors in professional life. It is all the more gratifying for Breitenbach that only two months after his arrival in Paris, before he has even found a permanent place to stay, he is able to exhibit some of his work. A joint exhibition of the works of exiled photographers is held from November 20–30, 1933, in the Librairie Lipschutz (4, Place de l'Odeon). The exhibition is organized by the »Comité Français pour la Protection des Intellectuels Juifs Persécutés«, a group of established

*76-78, Avenue des Champs-Elysées, Bureau 330 - PARIS*
Téléphone ELYsées 99-90

*Cinq artistes photographes juifs, émigrés d'Allemagne et inscrits au Comité Français, Mademoiselle Ruth NEUMANN, Messieurs Josef BREITENBACH, Walter KARDAS, Richard ROSENTHAL, Simon TANNENWALD, exposent leurs œuvres à la Librairie LIPSCHUTZ, 4, Place de l'Odéon, du 20 au 30 Novembre 1933.*

*Le Comité Français serait très honoré de votre visite.*

**8** Ankündigung einer Ausstellung von Artistes Photographes Juifs, Émigrés d'Allmagne des Comités Français pour la Protection des Intellectuels Juifs Persécutés, Paris, 20. bis 30. November 1933
*Announcement of an exhibition of Artistes Photographes Juifs, Émigrés d'Allmagne des Comités Français pour la Protection des Intellectuelles Juifs Persécutés, Paris, November 20–30, 1933*

die europäische Juden bei ihrer Etablierung in Frankreich unterstützen.

Breitenbach kommt nicht anonym nach Paris. Das »Comité National de Secours aux Réfugiés Allemands Victimes de l'Antisémitisme« empfiehlt ihn am 10. Oktober 1933 der Polizeipräfektur; das ist eine Protektion, die ihm bei der gewerblichen Niederlassung helfen wird (das Komitee besteht aus Honoratioren der französischen Gesellschaft). Jedenfalls verläuft Breitenbachs Pariser Geschäftsgründung auffällig reibungslos: Schon im Januar 1934 kann er in 45, rue du Faubourg du Temple (10. Arrondissement) ein Photoatelier anmelden, in dem er auch wohnt. [9] Noch im selben Monat tritt Breitenbach erstmals als Photograph mit einer Pariser Firmenanschrift an die Öffentlichkeit. Im Hotel de la Tremoille stehen Photovitrinen, die durch das oben genannte »Comité Français ...« finanziert werden. Von Breitenbach sind dort mindestens zwei Motive zu sehen. [10]

Als nächstes folgt ein großer Schritt: Breitenbachs erste Pariser Einzelausstellung. Sie wird im

university professors who have made it their task to help exiled Jews from European countries get settled in France.

Breitenbach does not arrive in Paris as an anonymous figure. On October 10, 1933, the »Comité National de Secours aux Réfugiés Allemands Victimes de l'Antisémitisme« recommends him to the Police Prefecture, protection which will help him set up business (the committee consists of notables of French society). In any event, it is striking how little difficulty Breitenbach has setting up business in Paris; by January 1934, he is already able to register a photographic studio at 45, rue du Faubourg du Temple (10. Arrondissement), where he also has his living quarters. [9] That same month Breitenbach makes his first public appearance as a photographer with a Parisian business address. The Hotel de la Tremoille exhibits cases of photographs sponsored by the above-mentioned »Comité Français ...«. At least two of Breitenbach's photographs are shown there. [10]

The next step is a major one: Breitenbach's first

Juni 1934 in der auf Photographie spezialisierten Galerie de la Pléiade gezeigt.[11] Breitenbach präsentiert sich mit Arbeiten aus seinen angestammten Metiers: Porträt, Akt und Landschaftsbild. Eine Zeitschrift, die über aktuelle Tendenzen auf dem Pariser Kunstmarkt informiert, druckt folgende Kritik:

»Joseph Breitenbach präsentiert in der Galerie Pléiade eine Serie von Portraits, Akten und Landschaften. Seine Studien des menschlichen Körpers sind durchaus schön und lassen auch Charakter nicht vermissen; sie sind allerdings gekennzeichnet von einer gewissen Unbeholfenheit, die Dynamik des Ausdrucks aufzuhalten. Seine Portraits erscheinen eher als Fragmente, die aus einem Film ausgeschnitten wurden: Man erwartet das Ende dieses Lächelns, die Fortsetzung, welche die angedeutete Geste abschließen wird. Ein kraftvolles Bild eines unter Spannung stehenden und gleichsam atemlosen Rettungsschwimmers entgeht diesem Mangel genau durch seine Starrheit des Ausdrucks.«[12]

Trotz der Skepsis ist die Besprechung für einen Photographen aus Deutschland, der vor weniger als einem Jahr in der Pariser Szene erschien, ein bemerkenswertes Echo, um das sich beispielsweise exilierte deutsche Maler vergeblich bemühen.

Ende 1934 kann sich Breitenbach einen bedeutsamen Umzug leisten. Nach einem Jahr im Arbeiterviertel des 10. Arrondissement – und am Rand des Existenzminimums – richtet er im November 1934 sein Studio in 70bis, rue Notre Dames des Champs ein. Er firmiert unter den Disziplinen »Portrait, Publicité, Reportage« und »École de Photographie«. Sein Geschäfts-Signet ist eine Allegorie: Ein Pfeil durchzieht von links nach rechts den Körper des klein gedruckten Initials seines Nachnamens.

Die neue Adresse liegt im Herzen von Montparnasse, also im Epizentrum des Pariser Kulturlebens.

solo exhibition in Paris. It opens in June 1934 in the Galerie de la Pléiade, which specializes in photography.[11] Breitenbach presents himself with works from his original metier: portraits, nudes, and landscapes. A journal focussing on current tendencies of the Parisian art market reviews the event:

»Joseph Breitenbach presents at the Galerie de la Pléiade a series of portraits, nudes and landscapes. His studies of the human figure are sometimes beautiful and do not lack character; they are marked, however, by a certain clumsiness in retaining mobility of expressions. His portraits resemble cut-out fragments of a film: one awaits the end of this smile, the continuation completing an exquisite gesture. One powerful image of a tense and out of breath lifeguard escapes this fault precisely by its immobility of expression.«[12]

For a photographer from Germany who emerged on the Parisian scene less than one year before, the review is a remarkable response in spite of the scepticism – one to which exiled German painters, for example, aspire in vain.

At the end of 1934, Breitenbach is able to afford a major move. After a year spent living barely above the poverty level in the working-class quarters of the 10th arrondissement, in November, 1934 he sets up his studio at 70bis, rue Notre Dames des Champs. He advertises services in »Portrait, Publicité, Reportage« as well as an »École de Photographie«. His business logo is an allegory: an arrow pierces the lowercase initial of his last name from left to right.

Breitenbach's new address is in the heart of Mont-

Die gewundene rue Notre Dame des Champs hat eine Geschichte, die bis ins 14. Jahrhundert zurückreicht und in deren Verlauf sich schon viele Generationen von Künstlern dort niederließen. Um die Jahrhundertwende war Montparnasse Angelpunkt der »Schule von Paris«; unzählige Maler, darunter viele osteuropäische Juden, Exilrussen und andere Ausländer brachten neues Leben in das Viertel. In den frühen 1860er Jahren malte Léon Gérôme in dem Ateliergebäude, in dem Breitenbachs Studio untergebracht ist; direkt gegenüber, im Haus Nr. 75, richtete sich Bouguereau seine fürstliche Werkstatt ein; und auf Breitenbachs Straßenseite, im Obergeschoß des Nachbarhauses mit der Nr. 73, unterhielt während der 1870er Jahre John Singer Sargent eine Mischung aus Atelier und Salon. Breitenbach ist nicht der erste deutsche Künstler, der sich in dieses Ensemble der Pariser Boheme einfügt. So wirkte zwischen 1900 und 1914 der Maler Richard Goetz in einem großen Studiokomplex abwärts der Straße (Haus Nr. 86; das Atelier gehörte vorher James McNeill Whistler und einige Stockwerke darunter begannen 1916 Fernand Léger und seine Frau Jeanne zu arbeiten).

Es ist eine kosmopolitisch geprägte Gegend. Direkt um die Ecke von Breitenbachs Block, in 4, rue de la Grande Chaumière, befindet sich das Haus der »Union des Artistes Russes«, ein Schauplatz berüchtigter Kostümbälle, und mit dem »Le Dôme« und dem »Rotonde« liegen zwei Zentren der Pariser Café-Kultur in Breitenbachs Nachbarschaft, in denen schon vor dem Ersten Weltkrieg jüdische Künstler aus Osteuropa und Deutschland ein informelles Forum fanden. [13]

Breitenbach findet seinen Platz in einer Umgebung, die er als kunstgeschichtliche Schatztruhe entdeckt, in der er sich wohl fühlt und die ihn stimuliert. Er sucht seine Rolle vor einer Kulisse

parnasse, the epicenter of Parisian cultural life. The history of the winding rue Notre Dame des Champs reaches back into the 14th century, and over the course of this history many generations of artists settled there. At the turn of the century, Montparnasse was the center of the »School of Paris«; countless painters, among them many Eastern European Jews, Russian exiles and other foreigners, brought new life to the district. In the early 1860's, Léon Gérôme painted in the studio building where Breitenbach's studio is located; in No. 75, directly opposite, Bouguereau had his handsome working quarters; and on Breitenbach's side of the street, on the top floor of the neighboring house, No. 73, John Singer Sargent had a combined studio and salon in the 1870s. Breitenbach is not the first German artist to find his place in this ensemble of bohemian Paris. Between 1900 and 1914, for example, the painter Richard Goetz worked in a large studio complex down the street (No. 86; the studio had previously belonged to James McNeill Whistler, and in 1916, Fernand Léger and his wife Jeanne began to work there).

It is a cosmopolitan area. Just around the corner from Breitenbach's block, at 4, rue de la Grande Chaumière, is the headquarters of the »Union des Artistes Russes«, the scene of notorious costume balls. Other highlights of Breitenbach's neighborhood are »Le Dôme« and the »Rotonde«, two centers of Parisian café culture which provided an informal forum for Jewish artists from Eastern Europe and Germany even before World War I. [13]

Breitenbach finds his place in an environment which proves a treasure trove of art history, an environment that stimulates him and in which he is in his

von Weltkultur, mit der sich die Avantgarde der bayrischen Hauptstadt nicht messen konnte. Auch seine Verortung in Paris verläuft nicht ohne die Brüche und Talfahrten, von denen die Sozialgeschichte der Emigration gekennzeichnet ist. Für das damit verbundene Leiden fand Thomas Mann den Begriff »Herzasthma« des Exils. Die von der Krankheit potentiell befallenen Künstler und Intellektuellen versuchen dagegen eine Imunisierungsstrategie zu entwickeln. Sie blicken auf die europäische Kunst- und Literaturgeschichte zurück und entdecken darin einen Stammbaum des Exils, dessen Verästelungen von Ovid über Dante bis in die Gegenwart führen. Das Klischee vom Künstler als Exiliertem schlechthin soll die aktuelle Not relativieren. Tatsächlich ist der literarische Kanon voll von Sagen um Subjekte auf der Flucht, Erzählungen von entrissenem Erbe und perforierter Identität. 14 Dazu gehört oft der Topos »Heimweh«. Das schmerzliche Festhalten am Verlorenen zählt auch 1933 für viele zu den Stolpersteinen auf dem neuen Weg. Von Breitenbach ist nichts dergleichen überliefert. Er wird mit seiner Herkunft und vor allem mit der deutschen Sprache zeitlebens eng verbunden sein, ohne daß dadurch seine Positionierung in der Fremde behindert wird. An Deutschland erinnert ihn in den Anfangsjahren des Exils photographische Fachliteratur, etwas Behördenkorrespondenz und die Familie, doch insgesamt bleiben die Kontakte und Bezüge eher schwach. Seinem Blick zurück steht die energische Suche nach einer Zukunft in Paris entgegen, deren Versprechen er selber einlösen muß. Oftmals wehren Exilierte die Assimilierung an ihre neue Umgebung ab, aber Breitenbach versucht gar nicht erst, Paris zu widerstehen.

Um sich mit einem neuen Photostudio zu profilieren, muß sich Breitenbach auf neues Terrain begeben, hält aber gleichzeitig an Bewährtem fest.

element. He seeks a role for himself against a backdrop of world-class culture for which the avant-garde of the Bavarian capital is no match. His acclimatization to Paris is not without the ruptures and sudden declines so characteristic of the social history of emigration. Thomas Mann used the term »asthma of the heart« for this complaint of exile. The artists and intellectuals at risk for this disease attempt to develop an immunization strategy against it. They look back at European art and literary history and find a family tree of exiles whose branches reach from Ovid to Dante and on into the present. The cliché of the artist as the exile per se is meant to relativize the current crisis. The literary canon is indeed full of tales of characters on the run, tales of lost heritage and perforated identity. 14 This often includes the topos of homesickness. It is not surprising, then, that in 1933, the anguished attempt to cling to the lost past is a stumbling block for many. Yet there is no record of this in Breitenbach. All his life he will be closely tied to his origins and above all to the German language, but neither will hamper his ability to position himself abroad. His ties to Germany consist of photography journals in the early years of exile, some official correspondence, and his family, but on the whole his contacts and points of reference remain rather weak. His backward gaze is countered by his energetic search for a future in Paris, a future whose promises he must fulfill himself. Exiles frequently resist assimilation into their new environment, but Breitenbach fails to resist Paris.

To drum up interest in his new photography studio, Breitenbach has to venture into new terrain, while still

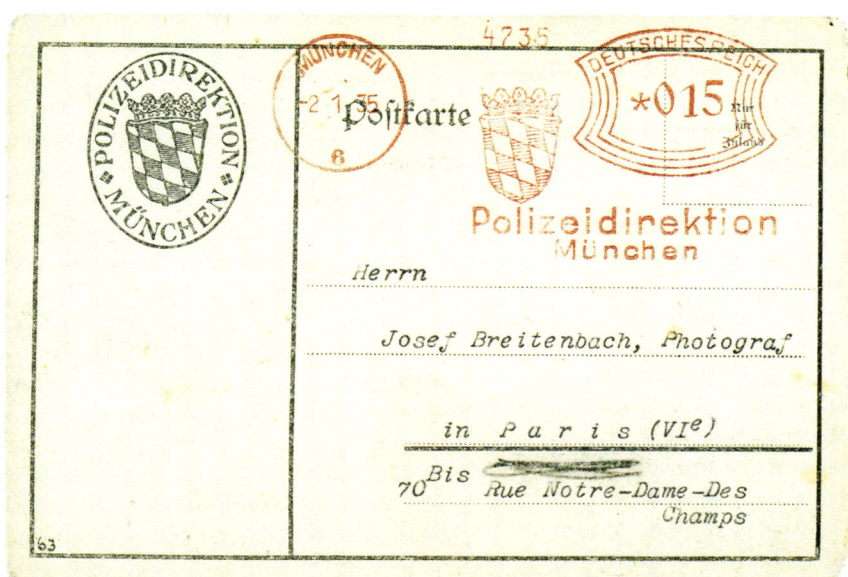

Daraus entsteht eine gewaltige Spanne von Tätigkeiten, die von Prominenten-Porträts zu Allerweltsaufträgen, von Reportagen zu surrealistischer Experimentalphotographie, von Lehrtätigkeit zu Dokumentationen reicht. Mit der Arbeit in verschiedenen Sparten erschließt er sich jeweils unterschiedliche Milieus, deren Schnittmenge freilich die Pariser Kulturszene und die Exilierten sind, mehrheitlich jüdisch und auf seiten der Linken. So etwas wie eine politische Heimat findet Breitenbach bei der Sozialistischen Arbeiterpartei um Hans Kalischer und Willy Brandt, dazu kommen die Gremien zur Vorbereitung einer Deutschen Volksfront, die er ab Oktober 1935 besucht. [15]

In einem professionellen Bereich kann Breitenbach am ehesten an das anknüpfen, was in München unterbrochen wurde: Er ist in Paris für große Künstlerporträts zuständig. Sie gehören zu den besten Photos von Leitfiguren der klassischen Moderne überhaupt; die von Bert Brecht, James Joyce, Wassily Kandinsky oder Max Ernst werden berühmt. Für die Kandinsky-Bilder unternimmt Breitenbach einen Abstecher ins westlich gelegene

holding on to the tried-and-true. This results in an enormous spectrum of activities which ranges from portraits of prominent figures to mundane commissions, from journalistic reports to experimental surrealist photography, from teaching to documentary projects. The work in various areas introduces him to different milieus which intersect in the Parisian cultural scene and the exile, mainly Jewish and left-wing community. Breitenbach finds a kind of political homeland in the Sozialistische Arbeiterpartei (Socialist Workers' Party) of Hans Kalischer and Willy Brandt, as well as in the committees for the preparation of a German people's front, which he begins to attend in October 1935. [15]

There is one professional field in which Breitenbach is best able to continue what was interrupted in Munich: portraiture. His are among the very best photographs of leading figures of the classical modern period; the portraits of Bert Brecht, James Joyce, Vasily Kandinsky and Max Ernst achieve great renown. For the Kandinsky pictures Breitenbach makes a excursion to Neuilly to the west, while the many pictures he

**11** Louise Brille: Breitenbach
am Arbeitstisch, Paris 1936
*Louise Brille: Breitenbach at
his desk, Paris 1936*

**12** Anonym: Josef Breitenbach, Paris, ca. 1935

Neuilly, während die vielen Aufnahmen, die er von
Max Ernst in dessen Atelier (26, rue les Plantes)
macht, fast eine Nachbarschaftsangelegenheit sind.
Der erste Spaziergang dorthin findet laut Breitenbachs Taschenkalender am 14. Mai 1935 statt; von
da an entsteht eine Serie der sensibelsten Photos
von Ernst in seiner privaten Umgebung sowie eine
Freundschaft, die Breitenbach und Ernst später in
New York wiederaufnehmen werden. [16]

Unmittelbar nach dem Umzug in die rue Notre
Dame des Champs, zum Jahreswechsel 1934/35,
schlüpft Breitenbach in eine berufliche Rolle, die
er für den Rest seines Lebens innehaben wird: Der
Autodidakt, der sich seine Fähigkeiten durch Anschauung, Experiment und Reflexion aneignete,
arbeitet als Lehrer. Was in Paris aus der schieren
Not heraus beginnt, wird mit den Jahren eine Leidenschaft. [17] Die Anzeigen des Studios Breitenbach
im *Pariser Tageblatt* versprechen »gründliche individuelle Fachausbildung«, die er in mehrmonatigen
Kursen oder in Kompaktseminaren vermittelt.

Breitenbach reizt an der Aufgabe nicht allein
der Transfer von Fertigkeit, Fachwissen und
Fachgeschichte. Die Lehrerrolle verschafft ihm
Anerkennung; er versteht zu begeistern und hat
damit Erfolg. Zur schmeichelnden Resonanz
gehört eine Zeichnung, die ihn an seinem Arbeitstisch zeigt. Sie ist von einer Schülerin namens
Louise Brille signiert, trägt die rätselhafte Widmung »Monsieur Pourquoipas?« und ist eine der
empfindsamsten Darstellungen Breitenbachs aus
jener Zeit. Sie kontrastiert die Porträts, für die er
sich als souveräner Dandy inszeniert.

Auf seinem Lehrplan steht auch Photographie-
geschichte, und dieser Teil des Programms weckt
bei ihm noch eine neue Leidenschaft. Bereits in
Paris sammelt Breitenbach alles, was mit historischer Photographie zu tun hat; fortan betreibt er
das hemmungslos. Zum Zeitpunkt seines Todes

makes of Max Ernst in his studio (26, rue les Plantes) are almost a neighborhood affair. According to Breitenbach's date book, the first trip to Ernst's studio took place on May 14, 1935. The visit ultimately resulted in a series of highly sensitive photos of Ernst in his private surroundings and a friendship which Breitenbach and Ernst would later renew in New York. [16]

**13** Breitenbachs Anzeige:
Unterricht, gründliche, individuelle Fachausbildung ...,
im *Pariser Tageblatt*,
3. Oktober 1935
*Breitenbach's advertisement:
Lessons, thorough individual
professional training ...,*
in Pariser Tageblatt,
October 3, 1935

Immediately after his move to the rue Notre Dame des Champs, New Year 1934/35, Breitenbach assumes a professional role he would perform for the rest of his life: the autodidact who gained his skills through observation, experiment and reflection works as a teacher. What begins in Paris out of sheer desperation turns into a passion over the years. [17] Advertisements for Breitenbach's studio in the *Pariser Tageblatt* promise a »thorough individual specialist training«, which he provides in courses of several months or in compact seminars.

What interests Breitenbach about the job is not only the transmission of skills and knowledge, and the history of the discipline. The teacher role also brings him recognition and success; he knows how to inculcate enthusiasm in students. The flattering response includes a drawing of him at his desk, signed by the pupil Louise Brille, and bearing the mysterious dedication »Monsieur Pourquoipas?«. It is one of the most sensitive portrayals of Breitenbach from these years, standing in contrast to the portraits which show him as a self-confident dandy.

His curriculum includes the history of photography, and this part of the program fuels another new passion. Breitenbach begins to collect everything related to historical photography; and from this time on he pursues his hobby without inhibition. At the time of his death

**14** Helene Weigel,
Paris 1937

**15** Wassily Kandinsky,
Paris 1938

(1984) umfaßt die Kollektion ca. 18 000 Objekte.[18] Breitenbach historisiert seine eigene Tätigkeit zu einer Zeit, die vom Verlust von Sicherheit und konventionellen Identifikationsmustern gekennzeichnet ist; die »Sammlung Breitenbach« kann also auch als ein Ergebnis der Exilsituation angesehen werden.

Bereits zu Beginn der Lehrtätigkeit unterrichtet Breitenbach seine wichtigste Schülerin: Ruth Snowman. 1934 kommt die 24jährige Engländerin nach Paris, um bei ihm Photographie zu studieren. Die beiden trafen Jahre zuvor als Touristen aufeinander, und jetzt wird Ruth von der Schülerin zur Freundin, zur Geliebten, zur Verlobten, und schließlich zu einer Schlüsselfigur bei Breitenbachs Rettung in die USA (1941) – diese Geschichte wird ein Thema des letzten Kapitels des Buches sein. Ruth Snowman kehrt 1935 nach England zurück, was aber der Beziehung keinen Abbruch tut. Vielmehr kommt ein professionelles Verhältnis hinzu; sie versucht als Breitenbachs Agentin seine Arbeiten in britischen und amerikanischen Magazinen zu plazieren. Das wird ihr 1938 im *New York Times Magazine* mit Photographien von Düften gelingen, einer surrealistisch anmutenden Serie, die zeigt, daß Breitenbach trotz der Alltagsnöte von seinen experimentellen Projekten nicht abläßt.

Das geeignete Material zur Vorlage bei Magazinen und somit die nächste Disziplin, die Breitenbach für sich entdeckt, um nach neuen Auftraggebern und Publikum zu suchen, ist jedoch die klassische Photoreportage. 1935 arbeitet er an einer Dokumentation der »Académie Moderne« von Othon Friesz, die in der rue Notre Dame des Champs neben dem schon angesprochenen Studiogebäude Nr. 86 untergebracht ist. Der Maler wirkt dort als erfolgreicher Künstler und Lehrer, hat also das Ziel bereits erreicht, von dem Breitenbach träumt. Aus dem Projekt liegt eine Sequenz von acht Photos mit Bildunterschriften vor.

(1984), the collection includes around 18 000 objects. [18] That Breitenbach would begin to historicize his professional activities at a time when his own situation is fraught by loss of security and other conventional modes of identification, suggests the »Breitenbach Collection« was born of his exilic condition.

At the outset of his teaching career, Breitenbach instructs his most important pupil: Ruth Snowman. In 1934, the 24-year-old Englishwoman comes to Paris to study photography with him. The two met there in 1928 as tourists. Beginning as his pupil, Ruth becomes his friend, lover, fiancée, and finally a key figure in Breitenbach's rescue to the USA (1941), a story told in the last chapter of this book. In 1935, Ruth Snowman returns to England. Their relationship takes on a professional dimension at this point, as Snowman becomes Breitenbach's agent, attempting to place his work in British and American magazines. In 1938 she succeeds in selling Breitenbach's photographs on the theme of odors to *The New York Times Magazine*, a rather surrealistic series which shows that Breitenbach, despite existential difficulties, has not abandoned his experimental projects.

**16** Georg Bernhard, Paris 1935

The next discipline which Breitenbach develops in his search for new clients and audiences is classical photojournalism. In 1935, he works on a photojournalistic report on the »Académie Moderne« of painter Othon Friesz, located in the rue Notre Dame des Champs next to the aforementioned studio building No. 86. The painter is a successful artist and teacher; he has already achieved the goal of which Breitenbach dreams. What is left of the journalistic project is an introduction and a sequence of eight photos with captions. In this introduction, Breitenbach writes:

17 James Joyce,
Paris 1937

I. Josef Breitenbach in der Topographie des Exils

**18** Bert Brecht,
Paris 1937

Breitenbach schreibt in seiner Einleitung: »Über 40 000 Künstler aller Nationen, darunter 25 000 Maler, haben in Paris ihren permanenten Wohnsitz aufgeschlagen. Es gibt etwa hundert Kunstakademien, die man vorwiegend in Montmartre und Montparnasse findet; diese Akademien sind private Unternehmen, die in der Mehrzahl von namhaften Künstlern geleitet werden. Die Fotoserie verdeutlicht, daß sie nicht wie Schulen geführt werden, obwohl die Arbeit einmal wöchentlich begutachtet wird, sondern sich eher als Zentren für alte wie junge Künstler verstehen. Ihr Hauptanliegen besteht darin, dem Maler oder Bildhauer gemeinsames Arbeiten in einem Studio zu einem äußerst geringen Preis zu ermöglichen (etwa 250 bis 400 frs im Monat). Er kann sich so seiner Aufgabe widmen, ohne sich ein eigenes Studio einrichten zu müssen, für das er Miete zahlen muß, und vor allem, ohne für seine eigenen Modelle zahlen zu müssen.«[19]

Die Reportage über die »Académie Moderne« bleibt ungedruckt; ebenso scheitert der spätere Plan, Breitenbachs Dokumentationen der Brecht-Inszenierung von *Die Gewehre der Frau Carrar* (1937) und der Internationalen Surrealismus-Ausstellung (1938) in *LIFE* unterzubringen. [20]

Das erste Halbjahr 1935 hingegen verläuft hinsichtlich eigener Ausstellungen außerordentlich gut. Im Februar findet Breitenbachs zweite Werkschau statt. Das *Pariser Tageblatt* bespricht die ca. 50 Abzüge, die in der Galerie Fernand Nathan aufgehängt sind, durchweg positiv; es sind Porträts, Landschafts- und Architekturstudien. Ein nicht namentlich genannter Kritiker der Zeitung, der Breitenbachs Arbeit offenbar schon auf den zurückliegenden Präsentationen begegnet war, zeigt sich beeindruckt von dessen technischer Souveränität im Umgang mit dem Medium und der künstlerischen Umsetzung. [21]

»More than 40.000 artists of all nations of which 25.000 are painters have made Paris their permanent abode. There are some hundred academies of art which are to be found more especially [sic.] in Montmartre and Montparnasse; these academies are private enterprises run mostly by artists of repute. From the series of photographs it will be understood that they are not run like a school even though the work is criticised on one day of the week but that they are rather like centres for artists young and old. The main purpose is to facilitate the painter or sculptor to work in a studio all together at an extremely low fee (about 250–400 frs a month). He is thus able to carry on his task without having to furnish a studio of his own with a rent to pay and most of all to pay for the hire of models.«[19]

The report on the »Académie Moderne« is never published, and Ruth Snowman's attempts to place Breitenbach's documentation of the Brecht production *Die Gewehre der Frau Carrar* (Señora Carrar's Rifles, 1937) and the International Exhibition of Surrealism (1938) in *LIFE* magazine are unsuccessful. [20]

Yet as far as exhibitions are concerned, the first half of 1935 goes exceptionally well. In February, Breitenbach holds his second exhibition. The *Pariser Tageblatt* gives the approximately 50 photographs displayed at the Galerie Fernand Nathan a thoroughly positive review. The photographs include portraits, landscapes and architectural studies. An anonymous critic, clearly familiar with Breitenbach's photography from previous shows, is impressed by Breitenbach's skillful work with the medium and by his artistic proficiency. [21]

La section photographique de l'A.E.A.R.
organise une exposition de
**Documents de la vie sociale**

du 21 mai au 21 juin
à la galerie de la **Pléïade**
**73, bd Saint-Michel**

Vernissage le 21 mai à 16 h.

Von Mai bis Juni 1935 trägt Breitenbach zu den »Documents de la vie sociale« bei, einer Gruppenausstellung der AEAR (Association des Écrivains et Artistes Révolutionnaires) in der Galerie de la Pléiade (73, Bd. Saint-Michel).[22] Breitenbachs Aufnahmen hängen zwischen den Arbeiten prominenter Kollegen. Zu den ca. 40 beteiligten Photographen gehören Brassaï, Henri Cartier-Bresson, John Heartfield, Germaine Krull, André Kertész und Man Ray. Wie der Titel vermuten läßt, geht es in der Ausstellung um Bilder des Lebens jenseits der glitzernden Fassaden von Paris. Breitenbach unternimmt Streifzüge durch den »roten Gürtel« der Metropole, die Zonen von Fabriken, Arbeitersiedlungen und industriellem Niemandsland, und er bringt von dort Photos der Marginalisierten und der Verlierer des Kapitalismus nach Hause.[23] Er richtet die Kamera mit kritischem, wenn nicht sozialistischem Blick auf die Peripherie von Paris, so wie sie vor ihm schon von Raffaëli, Seurat und Manet im Medium der Malerei dargestellt worden war.

Um 1936/37 beginnt sich Breitenbachs berufliche Position langsam zu stabilisieren, was aber nichts daran ändert, daß Geldsorgen zu seinen treuesten Begleitern gehören. Ende 1936 bilanziert er in einer Bitte um Unterstützung an das »Comité d'Assistances aux Réfugiés«:

»Trotz intensivster Arbeit und einiger künstlerischer Anerkennung (Ausstellung Photographie Contemporaire Louvre 1936, Salon de Photographie 1933, 34, 35, 36, Mitarbeit am englischen Jahrbuch Modern Photography 1935, 36) bin ich über ein sehr bescheidenes Einkommen nicht hinausgekommen.«[24] Im gleichen Jahr siedelt sein Sohn Hans nach London über, um an der »Battersea Polytechnic« Ingenieurwesen zu studieren; dessen finanzielle Unterstützung und die Besuchsreisen belasten das schmale Budget zusehends. Breitenbach kommt nicht zur Ruhe, auch nicht zur Erholung, denn die Anschaffung von Photomaterial hat gegenüber allen anderen Aspekten der Lebenshaltung Vorrang. Die Honorare für Auftragsarbeiten fließen in seine freien Projekte.

Die Anerkennung als Künstler, die Breitenbach erfährt, mindert nicht die materiellen Probleme, ist aber um so mehr ein unverzichtbarer Stabilitätsfaktor für sein Selbstbild. Von der jährlichen Teilnahme an den Photo-Salons hat er in dem Brief an das »Comité d'Assistance aux Réfugiés« bereits berichtet, so bleibt noch seine Aufnahme in die »Société Française de la Photographie« (1938) und in die »Royal Photographic Society« (1939) zu erwähnen. Breitenbach gehört nun den beiden bedeutendsten photographischen Gesellschaften Europas an, was einer ausgleichenden Regie zu folgen scheint, denn zur selben Zeit wird er offiziell aus einer anderen Gesellschaft ausgeschlossen, mit der ihn allerdings keine gemeinsamen Ziele mehr verbinden. Am 26. September 1938 annonciert der *Reichsanzeiger* in der 70. Ausbürgerungsliste »die Aberkennung der deutschen Staatsbürgerschaft« von Josef Breitenbach.

Womit löst Breitenbach diese positive Resonanz aus, bevor seine photographische Laufbahn im September 1939 mit der Internierung durch französische Behörden wieder unterbrochen wird? Seine

From May to June 1935, Breitenbach contributes to the »Documents de la vie sociale«, a group exhibition of the AEAR (Association des Écrivains et Artistes Révolutionnaires) in the Galerie de la Pléiade (73, Bd. Saint-Michel).[22] Breitenbach's photographs are hung alongside those of prominent colleagues. The nearly 40 participating photographers include Brassaï, Henri Cartier-Bresson, John Heartfield, Germaine Krull, André Kertész and Man Ray. As the title indicates, the exhibition shows images of a life beyond the glittering facades of Paris. Breitenbach sets out on expeditions through the »red belt« of the metropolis, the zones of factories, workers' housing estates and the industrial no man's land, bringing home photos of the marginalized and the victims of capitalism.[23] With a critical, if not socialist gaze, Breitenbach trains his camera on the periphery of Paris as Manet, Raffaëlli, and Seurat had portrayed it in the medium of painting before him.

In 1936/37, Breitenbach's professional position gradually begins to stabilize, though financial worries would remain among his most faithful companions. At the end of 1936, in a request for support from the »Comité d'Assistances aux Réfugiés«, he sums it up:

»Despite intensive work and a degree of artistic recognition (Exhibition Photographie Contemporaire Louvre 1936, Salon de Photographie 1933, 34, 35, 36, collaboration on the English Yearbook of Modern Photography 1935, 36) my income has remained at a very modest level.«[24] That same year Breitenbach's son Hans moves to London to study engineering at Battersea Polytechnic; his financial support and the cost of visits become an increasing burden on the meager budget. Breitenbach has little chance to rest, for the purchase of photographic materials has priority

Arbeiten der dreißiger Jahre sind der neuen Photographie verpflichtet und haben »sachliche« Qualität, ohne der reduktionistischen Ideologie der »Neuen Sachlichkeit« oder einem fanatischem Realismus aufzusitzen. Viele von Breitenbachs Parisansichten halten neben dem Motiv das Faible des Photographen für Restlicht fest. Es sind unprätentiöse Bilder einer Stadt im Dunklen,[25] die zeigen, daß Breitenbach gängige Klischees wenig schätzt. *Barge on the Seine* oder sein Bild der heruntergekommenen Fassade eines Hauses, hinter dessen Fenstern nur ein Licht brennt, sind dramatisch, verklären aber nicht.

Bisher erschien Breitenbach als Künstler, Porträtist, Reporter und Lehrer, mitunter auch als notgedrungener Klinkenputzer, der auf seine Existenznot und Krisensituation mit gesteigerter Aktivität reagiert. Solch eine Zerfaserung ist typisch für das Exil, sie entspricht den materiellen, sozialen und emotionalen Anfechtungen, denen die kreativen Flüchtlinge ausgesetzt sind. Weniger typisch ist hingegen, wie Breitenbach während seiner vielen, teils peripheren Engagements unmerklich ins Zentrum des deutschen künstlerischen Exils von Paris gelangt. Er besucht die Veranstaltungen, auf denen das »andere Deutschland« unter Berufung auf die Kultur gegen die Nazis agitiert; vereinzelt ist er an ihrer Vorbereitung beteiligt. Meist hat er die Kamera dabei, und so entsteht beiläufig die umfassendste Bebilderung der »Freien Deutschen Kultur« in den Bereichen Literatur, bildende Kunst, Theater und politischer Aufklärung, hier wird sie erstmals gezeigt:

Breitenbach dokumentiert »Das Freie Deutsche Buch«, eine Ausstellung des Schutzverbandes deutscher Schriftsteller und der Deutschen Freiheitsbibliothek, mit der die Exilierten auf die »Deutsche Buchwoche« der Reichsschrifttumskammer reagieren (1936, Kapitel II); er begleitet Brecht bei der Produktion von *Die Gewehre der Frau Carrar*,

over other necessities of life. The fees from commissions finance his independent projects.

Artistic recognition does not aleviate his financial situation, but becomes an increasingly crucial stabilizing factor in Breitenbach's self-image. In his letter to the »Comité d'Assistance aux Réfugiés« he mentioned his annual participation in the photo salons; also notable is his acceptance into the »Société Française de la Photographie« (1938) and the »Royal Photographic Society« (1939). Breitenbach's membership in Europe's two most important photographic societies seems like some divine principle of compensation – for at the same time he is officially expelled from a different society, one with which he no longer shares any common goals. On September 26, 1938, the *Reichsanzeiger* (Reich Gazette) announces in the 70th expatriation list »the forfeiture of the German citizenship« of Josef Breitenbach.

But what are the aesthetic qualities which bring Breitenbach's work recognition before his photographic career shuts down in September 1939, the date of his internment by the French authorities? In the 1930s, his work owes much to the new photography; it has an »objective« quality without, however, embracing the reductionist ideology of »New Objectivity« or a fanatical realism. Many of Breitenbach's views of Paris record not only the subject, but also the photographer's penchant for fading light. They are unpretentious images of a city in the dark,[25] showing that Breitenbach is staying away from common clichés. *Barge on the Seine*, or his image of the dilapidated facade of a house in whose windows only one light burns, are dramatic, but do not romanticize.

photographiert *Furcht und Elend des III. Reiches* (1937/38, Kapitel III) und liefert damit die intimste Innenansicht des Exiltheaters; seine Photos der Ausstellung »Fünf Jahre Hitlerdiktatur« (1938, Kapitel IV) machen es möglich, dieses radikalste Projekt, mit dem das Exil über Terror und Kriegsvorbereitung in Deutschland informierte, zeitgeschichtlich zu bewerten; Breitenbach zeigt die Ausstellung »Freie Deutsche Kunst«, die Antwort des Freien Künstlerbunds auf die Nazi-Schau »Entartete Kunst« (1938, Kapitel V); schließlich gelingt ihm mit den Aufnahmen der 32 Wandtafeln, die eine »Freie Deutsche Kultur« auf der New Yorker Weltausstellung von 1939 präsentieren sollten, eine Dokumentation von unschätzbarem historischem Wert: Die Tafeln, gestaltet von einer Künstler- und Autorengruppe um Francis Bott, Max Ernst, Eugen Spiro u.a., gehen auf dem Weg in die USA verloren und sind seitdem in Kunstgeschichte und Exilforschung Objekte lebhafter Spekulation, ohne jedoch jemals gesehen worden zu sein (Kapitel VI).

Breitenbachs Entwurzelung aus Paris, die Internierung und die fortgesetzte Flucht, die ihn von Frankreich nach New York führt (1939–1941, Kapitel VII) repräsentieren eine Art von Schicksal, das nur selten anhand von Photos, Illustrationen und Dokumenten lebendig gemacht werden kann. Bei all dem wird Breitenbach als Persönlichkeit dadurch faßbar, *was* er sieht und *wie* er es sieht, denn sein Platz bleibt hinter der Kamera. Er gibt mit seinen Photos nicht allein dem kulturellen und politischen »anderen Deutschland« ein Gesicht. Sie zeugen auch von Josef Breitenbach als einem im besten Wortsinn engagierten Künstler, der sein Profil durch die Arbeiten im Pariser Exil gewinnt. Breitenbach ist dort eine »displaced person« am richtigen Ort.

Breitenbach has appeared so far in the role of artist, portraitist, reporter, teacher, and occasionally as a door-to-door salesman out of necessity, reacting to his existential difficulties and crisis with energized activity. This fragmentation is typical of exile, a result of the material, social and emotional challenges to which creative refugees are exposed. Less typical is that in the course of his many, sometimes peripheral commitments, Breitenbach moves into the center of the German artistic exile in Paris. He attends the events at which the »other Germany« deployed culture to agitate against the Nazis; occasionally he is involved in their preparation. His camera is always at hand, and thus, as if in passing, he produces the most extensive portrayal of »free German culture« in the fields of literature, fine art, theater and political education, shown here for the first time:

Breitenbach documents »Das Freie Deutsche Buch« (The Free German Book), an exhibition sponsored by the Schutzverband deutscher Schriftsteller (Defense League of German Writers) and the Deutsche Freiheitsbibliothek (German Freedom Library), the exiles' reaction to the Reich Chamber of Literature's »German Book Week« (1936, Chapter II); he accompanies Brecht during the production of *Die Gewehre der Frau Carrar* and documents *Furcht und Elend des III. Reiches* (1937/38, Chapter III), providing the most intimate insider view of exile theater; his photographs of the exhibition »Five Years of Hitler Dictatorship« (1938, Chapter IV) enable an historical analysis of the most radical project with which the exiles exposed the war preparations and terror in Germany; Breitenbach records the exhibition »Free German Art«, the response of the Freier Künstlerbund (Free Artist's League) to the Nazi exhibition »Degenerate Art« (1938, Chapter V);

**20** Lastkahn auf der Seine,
Paris, 1933–39
*Barge on the Seine, Paris,
ca. 1933–39*

and he photographs the 32 panels prepared in Paris to present »Free German Culture« at the 1939 New York World's Fair (Chapter VI). These panels, created by a group of artists and writers including Francis Bott, Max Ernst and Eugen Spiro, were lost en route to the USA. They were never seen again, but have since been the object of speculation among art historians and exile scholars.

**1** Brecht-Porträt, Kontakt-
bogen, Paris, Oktober 1937
*Brecht portrait, contact sheet,
Paris, October 1937*

**2** Brecht-Porträt, Kontakt-
abzug, Paris, Oktober 1937
*Brecht portrait, contact sheet,*
*Paris, October 1937*

## II. Das Freie Deutsche Buch (November 1936)

**Wolfgang Schopf**

## II. The Free German Book (November 1936)

Wolfgang Schopf

Vom 14. bis zum 23. November 1936 ist im Haus der Société de Géographie (184, Boulevard St. Germain) die Ausstellung »Das Freie Deutsche Buch« zu sehen. Es ist eine Werkschau der deutschsprachigen Literatur im Exil, die von der Deutschen Freiheitsbibliothek mit Unterstützung des Schutzverbandes deutscher Schriftsteller ausgerichtet wird.[1] Die exilierten Autoren gründeten den Schutzverband 1933 in Paris als eine kulturelle und politische Dachorganisation, mit der sie an die Tradition der gleichnamigen Interessenvertretung von Schriftstellern im Kaiserreich und in der Weimarer Republik anknüpften. Sie demonstrierten damit auch ihren Anspruch, daß die »wahre« deutsche Literatur nur außerhalb des »Dritten Reichs« fortlebt. Die Freiheitsbibliothek wurde zum 10. Mai 1934, dem ersten Jahrestag der nationalsozialistischen Bücherverbrennung, ins Leben gerufen. Sie unterhält in 65, Boulevard Arago ein Asyl für die Werke der Autoren, die die Nazis aus der deutschen Literaturgeschichte streichen wollen. Heinrich Mann, er präsidiert der Freiheitsbibliothek, eröffnet »Das Freie Deutsche Buch« mit einem Postulat, in dem er für die Literatur im Exil weitreichende Kompetenzen beansprucht: »Ein Volk mit so einer reichen Vergangenheit des Denkens und Dichtens wird aus einer erzwungenen Verarmung baldigst auferstehen. Dessen zum Zeugnis zeigen wir es in seiner wahren Gestalt: so der Sinn dieser Ausstellung. Wenn Völker schweigen müssen, redet ihr Buch.«[2]

Die exilierten Autoren klagen mit der Selbstdarstellung des »Freien Deutschen Buchs« das nationalsozialistische Regime an. Darüber hinaus ist die erste Buchmesse des Exils auch eine Gegenveranstaltung, da knapp vor ihrem Beginn, seit dem 13. November 1936, eine staatliche deutsche Bücherschau in Paris gastiert. Diese NS-Ausstellung, die nur ein paar Häuser entfernt auf dem

From November 14 to 23, 1936, the exhibition »Das Freie Deutsche Buch« (The Free German Book) was held on the premises of the Société de Géographie (184, Boulevard St. Germain). It was a retrospective of German literature in exile, organized by the Deutsche Freiheitsbibliothek (German Freedom Library) with the backing of the Schutzverband deutscher Schriftsteller (Defense League of German Writers).[1] The exiled authors founded the Schutzverband in Paris in 1933 as a cultural and political umbrella organization, carrying on the tradition of the institution of the same name which had represented the interests of writers in the Empire and the Weimar Republic. In so doing they also demonstrated their claim that the »true« German literature lived on only outside the »Third Reich«. The Freedom Library came into being on May 10, 1934, the first anniversary of the National Socialist book burning. At 65, Boulevard Arago it offered asylum for the works of authors whom the Nazis hoped to expunge from the history of German literature. Heinrich Mann, president of the Freedom Library, opened »The Free German Book« with an avowal which claimed far-reaching authority for the literature in exile: »A people with so rich a tradition of thought and poetry will soon rise up out of its forced impoverishment. In witness of this we are showing it in its true form: that is the object of this exhibition. When a people is forced into silence, its books speak.«[2]

In such self-representations of the »Free German Book«, the exiled authors indicted the National Socialist regime. Furthermore, the first book fair of the exiles was also a counter-event; on November 13, 1936, the day before its opening, a German book fair sponsored by the German government opened in Paris. This National Socialist exhibition, housed on the same boulevard just doors away, concealed more than

gleichen Boulevard untergebracht ist, verheimlicht mehr, als sie zeigt, denn während das Berliner Propagandaministerium die deutsche Bevölkerung auf Genozid und Krieg vorbereitet, ist in Paris bei dem Auslandsauftritt der Reichsschrifttumskammer von »Kriegs-, Rassen-, und Völkerhetze« nichts zu sehen.[3] »Das Freie Deutsche Buch« hat deshalb zwei Ziele: Das französische Publikum soll sich davon überzeugen, wie sehr die Exilierten den Nazis kulturell überlegen sind und daß »Deutschland« in seiner verbotenen Literatur besser zu erkennen ist als in seiner Regierung. Zudem wollen die Veranstalter mit Beispielen des nationalsozialistischen »Schrifttums« zeigen, in welchem Maß das NS-Regime auf Chauvinismus und Terror gegründet ist und Europa militärisch bedroht. Die künstlerischen und die aufklärerischen Intentionen sind aneinander gekoppelt, denn die meisten exilierten Autoren verstehen die poetische und politische Bedeutung von Literatur als Wechselbeziehung.

Josef Breitenbach dokumentiert »Das Freie Deutsche Buch« in der zweiten Novemberhälfte 1936. Bei seinem Ausstellungsbesuch ist er nicht nur als Chronist des Exils unterwegs, er hat auch persönliches Interesse an Literatur. Am 24. Dezember 1936 notiert er das Lektüreprogramm für die Weihnachtstage in seinem Kalender; es enthält das *Nibelungenlied*, Briefe von Marx, Heines *Schnabelewopski,* Tragödien von Hebbel, Erzählungen von Wedekind und Strindbergs *Nach Damaskus*.

Literatur ist für Breitenbach mehr als bildungsbürgerliche Unterhaltung. Im Pariser Exil wird viel über die Verbindung von Kunst und Kampf gesprochen, eine Diskussion, die Breitenbach gut kennt. Schon zwei Jahrzehnte vor dem politischen Mandat der Exilliteratur machte er eine entscheidende Erfahrung im Milieu engagierter Schriftsteller. Er lernte in der Münchner Gefolgschaft von Kurt Eisner, dem ersten Ministerpräsidenten nach

it showed. While the Propaganda Ministry in Berlin prepared the German people for war and genocide, in Paris the presentation of the Reichsschrifttumskammer (Reich Chamber of Literature) showed no trace of »war, race and nationalist propaganda«.[3] Thus, »The Free German Book« adopted two goals: to let the French public see for itself that the exiles were culturally superior to the Nazis and that »Germany« was better represented by its banned literature than by its governmental propaganda. In addition, using examples of National Socialist »Schrifttum«, the organizers intended to show the extent to which the National Socialist regime is based on chauvinism and terror, and that it is preparing for a war. Artistic and educational intentions are closely linked, for most of the exiled authors view the poetic and political significance of literature as intertwined.

Josef Breitenbach documents »The Free German Book« in the second half of November 1936. He visits the exhibition not only as a chronicler of exile, but also following his personal interests in literature. On December 24, 1936 he notes books he plans to read over the Christmas holidays: the *Nibelungenlied*, the letters of Marx, Heine's *Schnabelewopski*, tragedies by Hebbel, stories by Wedekind and Strindberg's *To Damascus*.

For Breitenbach, literature is more than educated bourgeois entertainment. In Parisian exile there is a great deal of talk about the connection between art and struggle, a discussion with which Breitenbach is quite familiar. Two decades before the political exigencies of exile literature, the milieu of politically committed writers provided Breitenbach with a pivotal experience. In Munich, he met such writers as Oskar Maria Graf, Ernst Toller and Erich Mühsam

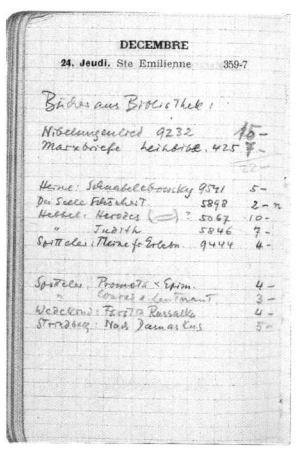

**3** Breitenbachs Taschenkalender, 24. Dezember 1936: »Bücher aus Bibliothek« *Breitenbach's date book, December 24, 1936: »Books from Library«*

**4** Oskar Maria Graf,
New York, ca. 1955

der Revolution von 1918, Autoren wie Oskar Maria Graf, Ernst Toller und Erich Mühsam kennen. Sie machten ihm im Kontext von Boheme und Revolutionsvorbereitung deutlich, daß Literatur kein Rückzugsgebiet ist.

Zu dieser biographischen Beziehung zum Buch kommt nach 1933 eine aktuelle: Breitenbach nimmt im Exil professionell am literarischen Geschäft teil. Die Verlage sind jetzt in Amsterdam, Paris, Prag, London und in der Schweiz angesiedelt; die Autoren, Lektoren und Gestalter schlagen sich über verschiedene europäische Länder verstreut als Flüchtlinge durch. Zum Beispiel schreibt Brecht in Dänemark und stellt dort seine Gesamtausgabe zusammen, die beim Malik-Verlag in Prag ediert und in London zu Ende geführt wird. Für den Umschlag der Bände fehlt ein Photo des Autors, das Breitenbach im Oktober 1937 in seinem Pariser Atelier anfertigt.

Breitenbachs Nachlaß enthält Dokumente seiner verschiedenen Arbeitsschritte. Dazu gehören abgelegte Skizzen, Notizen zur Produktionsplanung, Momentaufnahmen aus dem Entstehungsprozeß der Bilder, schließlich die Photos selbst und Korrespondenz mit den Beteiligten. Dank dieser Quellen läßt sich Breitenbachs Vorgehen bei der Herstellung eines Porträts rekonstruieren: Während des Phototermins zeichnet er einen charakteristischen Brecht-Kopf in sein Notizbuch, daneben hält er technische Daten der Aufnahme fest. Das nächste Stadium ist als Kontaktabzug überliefert. Sechs Bildvarianten stehen zur Verfügung, mit einem Rotstift markiert Breitenbach den Ausschnitt des Abzugs, den er weiterverwenden will.

Brecht ist wegen des Umschlagphotos nervös und korrespondiert darüber mit Wieland Herzfelde, seinem Verleger und Freund. Schließlich ist er über Breitenbachs Arbeit erleichtert, trifft

among the followers of Kurt Eisner, the first minister-president after the 1918 revolution. In an atmosphere of bohemianism and preparation for revolution, they made it clear to him that literature was anything but an area of retreat.

This longstanding relationship to books becomes more active after 1933. In exile, Breitenbach participates professionally in the business of literature. The publishers are now based in Amsterdam, Paris, Prague, London and Switzerland, while authors, editors and designers struggle along as refugees, scattered throughout various European countries. For example, Brecht writes in Denmark and compiles the complete edition of his works there, which is edited at the Malik-Verlag in Prague and completed in London. Malik-publisher Wieland Herzfelde requires a photograph of the author for the bookjacket, and this is made by Breitenbach in October 1937 in his Paris studio.

Breitenbach's estate contains documents of the different stages of his work. These include discarded sketches, notes for production planning, contact and test prints, and finally the photographs themselves and correspondence with the parties involved. These sources make it possible to reconstruct the genesis of a portrait: During the sitting Breitenbach sketches a characteristic Brecht head in his notebook, alongside it technical data relating to the photograph. The next stage is documented in the form of a contact print. There is a choice of six photo variants. Using red pencil, Breitenbach marks the trimmed area of the print that he has singled out for further use.

Brecht is nervous about the jacket photo and writes about it to Wieland Herzfelde, his friend and editor. In the end he is relieved by Breitenbach's results, makes his choice and writes to Herzfelde: »Please, only use

seine Auswahl und schreibt Herzfelde zu den Photos: »Nimm, bitte, nur das mit der Brille, das ist wirklich gut.«[4] Es landet auf der Bauchbinde der *Gesammelten Werke*.

Breitenbach schickt das Brecht-Bild an verschiedene Kollegen und Bekannte, so auch an die Zeichnerin Eva Herrmann, die sich im Dezember 1937 brieflich bei ihm für das Porträt bedankt.[5] Herrmann entwirft Buchumschläge für Exilverlage und bindet Breitenbach als Repro-Photographen in ihre Aufträge ein. Gut ein Jahr später erhält Breitenbach ihren Gestaltungsentwurf zu Feuchtwangers Roman *Exil*. Sie bittet Breitenbach dringend, die Grafik sofort zu duplizieren und das Original als Einschreiben an folgende Adresse weiterzuschicken:

Fritz Landshoff, Querido Verlag,
333 Kreizersgracht, Amsterdam.

Querido schreibt mit der Rettung der deutschen Literatur vor den Nazis Geschichte. In Berlin leitete Fritz Landshoff den Gustav Kiepenheuer Verlag, als ihn im April 1933 der Vorschlag des Amsterdamer Kollegen Emanuel Querido erreichte, die von den Nazis verjagten oder zum Schweigen verurteilten Autoren zu betreuen. Landshoff stieg umgehend in den Zug, verhandelte am nächsten Tag mit Querido und arbeitete seitdem am Programm des eigens gegründeten Verlags, dessen Name zu einem Synonym für die substantielle deutschsprachige Literatur der Epoche wurde: »Querido«. Die ersten Titel erschienen noch 1933, ihre Autoren sind Alfred Döblin, Lion Feuchtwanger, Heinrich Mann, Gustav Regler, Joseph Roth, Anna Seghers, Ernst Toller und Arnold Zweig. Feuchtwangers Roman *Exil*, dessen Umschlagentwurf Breitenbach photographiert, ist die 133. Querido-Publikation und eines der letzten Bücher des »anderen Deutschland«, die 1940 vor dem Einmarsch der Nazis in Amsterdam produziert werden.

the one with the glasses, it's really good.«[4] It ends up on the volume of the *Collected Works*.

Breitenbach sends the Brecht photo to various colleagues and friends, including the graphic designer Eva Herrmann, who writes in December 1937 to thank him for the photograph.[5] Herrmann, a designer of bookjackets for exile publishers, uses Breitenbach as a repro-photographer for her commissioned designs. A good year later she sends Breitenbach her design for Feuchtwanger's novel *Exil* (Exile). She urges him to reproduce the graphic immediately and to send the original on by certified mail to the following address:

Fritz Landshoff, Querido Verlag,
333 Keizersgracht, Amsterdam.

Querido makes history by rescuing German literature from the Nazis. Fritz Landshoff was the head of the Gustav Kiepenheuer Verlag in Berlin, when, in April 1933, he received a proposal from his Amsterdam colleague Emanuel Querido suggesting that he look after authors whom the Nazis had expelled or condemned to silence. Without hesitation, Landshoff took the train to Amsterdam, entered negotiations with Querido the next day, and from that point on worked on the list of their newly-founded publishing house, whose name became synonymous with the enduring German literature of the epoch: »Querido«. The first titles appear in 1933; the authors are Alfred Döblin, Lion Feuchtwanger, Heinrich Mann, Gustav Regler, Joseph Roth, Anna Seghers, Ernst Toller and Arnold Zweig. Feuchtwanger's novel *Exil*, whose cover design Breitenbach photographed, is the 133rd Querido publication and one of the last books of the »other Germany« to be produced in Amsterdam before the invasion of the Nazis in 1940.

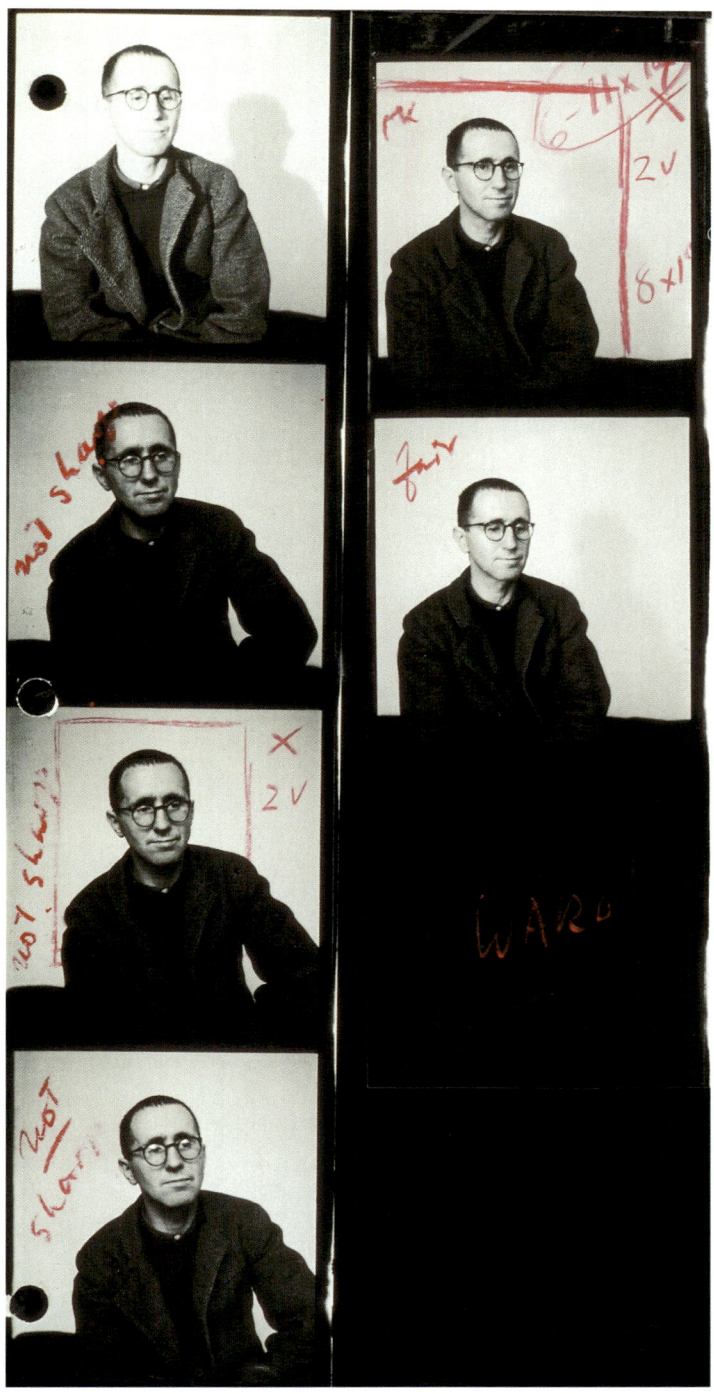

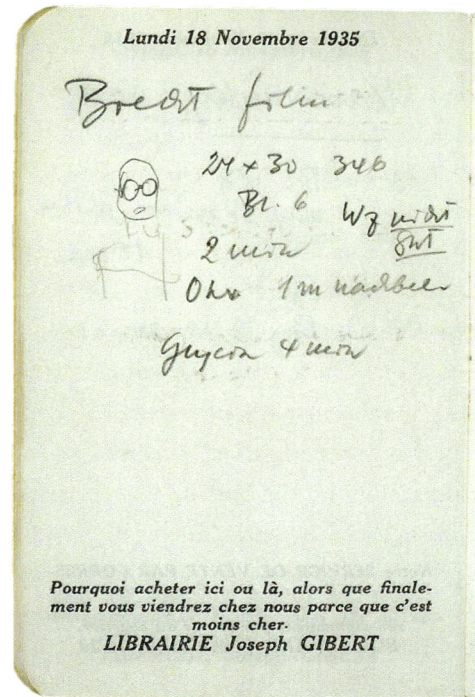

**5/6** Brecht-Porträt, Kontakt-
bogen, Paris, Oktober 1937
*Brecht portrait, contact sheet,
Paris, October 1937*

**7** Skizze zu Brecht-Porträt,
Paris, Oktober 1937
*Sketch of Brecht, Paris,
October 1937*

Mit *Exil* schließt Feuchtwanger seine *Wartesaal*-Trilogie ab. Es gibt in der Geschichte um die Hauptfigur Sepp Trautwein, einen Komponisten aus Deutschland, der für die Pariser Exilpresse schreibt, eine kleine Szene. Feuchtwanger entwirft sie als Gleichnis der Bedeutung von Kunst in den widrigen Umständen, denen die exilierten Schriftsteller ausgesetzt sind. Sie handelt von der Überwindung eines Konflikts, der vielen Autoren zu schaffen macht: Trautwein gelingt der große künstlerische Wurf, nachdem er das Getöse des politischen Tagesgeschäfts nicht länger als Störfaktor seiner Arbeit empfindet: »Früher einmal hatte er sich mit der Idee getragen, ein Oratorium zu schreiben ›Inferno‹. Damals waren es Dantes Verse gewesen, die ›es‹ in ihm hatten erklingen machen; wieviel weiter war er gekommen, daß es jetzt das Leben war, das aus ihm aufklang. (...) Er brauchte für seine Kunst jetzt nicht mehr den Umweg über die Kunst anderer, er hatte in die Wirklichkeit hineingefunden; denn der Wartesaal war nichts anderes als das Inferno, aber viel wirklicher, viel mehr existent.«[6]

Eva Herrmann visualisiert auf ihrem Umschlagentwurf den Druck, unter dem die Exilierten stehen. Die Graphik zeigt eine Zeitungsseite, die am oberen und unteren Rand von Händen gepackt und fast auseinandergerissen wird; aber das Papier hält der Belastung stand. Das Alltagsleben der Geflohenen ist nicht allein wegen der vielen praktischen Probleme, die der plötzliche Verlust der Existenzgrundlage mit sich bringt, eine endlose Anspannung. Der innere Druck ist ebenso groß. Er entsteht auch dadurch, sich als deutscher Schriftsteller gegenüber dem nationalsozialistischen Deutschland positionieren zu müssen. Die Autoren vertreten wie keine andere Künstlergruppe des Exils das »andere Deutschland«. Das ist zum Verständnis der Erleichterung wichtig, mit der Wolf

8 Bertolt Brecht, signierter Vintage-Print, Paris, Oktober 1937
*Bertolt Brecht, signed vintage print, Paris, October 1937*

9 Bauchbinde der Malik-Ausgabe von Brechts *Gesammelten Werken*, London 1938
*Band of Brecht's* Collected Works *(Malik), London 1938*

**10** Umschlagentwurf von
Eva Herrmann für Lion
Feuchtwangers *Exil*, Paris,
Februar 1939
*Bookjacket of Lion
Feuchtwanger's Exile,
designed by Eva Herrmann,
Paris, February 1939*

**11** Eva Herrmann an
Breitenbach, 31. Januar 1939
*Eva Herrmann to Breitenbach,
January 31, 1939*

With *Exil*, Feuchtwanger concluded his *Wartesaal* (Waiting Room) trilogy. In the story of the main character, Sepp Trautwein, a composer from Germany who writes for the exile press in Paris, there is one small scene which has a wider significance. Feuchtwanger conceives it as a parable of the meaning of art under the adverse circumstances to which the exiled writers are exposed. It describes the overcoming of a conflict with which many writers must struggle: Trautwein achieves his artistic goal once he ceases to experience the hubbub of daily political life as a disruptive factor for his work. »Once he had contemplated the idea of writing an oratorio ›Inferno‹. Then it had been Dante's verses which made ›it‹ resound within him; how much further had he come now that it was life itself which rang out from him. (...) For his art he no longer required the roundabout way through the art of others, he had found his way into reality; for the waiting room was nothing other than the Inferno, but much more real, much more existent.«[6]

In her cover design Eva Herrmann visualizes the pressure under which the exiles live. The image shows a page of a newspaper seized from above and below by hands which nearly tear it apart; however, the paper withstands the strain. The everyday life of the refugees is in a constant state of tension, and not only due to the many practical problems caused by the sudden loss of livelihood. The internal pressure is just as great. It is caused in part by the necessity of positioning themselves as German writers in opposition to National Socialist Germany. More than any other group of exile artists, the authors represent the »other Germany«. This is crucial to understand the sense of relief Wolf Franck expresses in his report on »The Free German Book« for the exile magazine *Das Wort* (The Word). He describes the exhibition as a demonstration

Franck für die Zeitschrift *Das Wort* über »Das Freie Deutsche Buch« berichtet. Er beschreibt die Ausstellung als Demonstration von Geschlossenheit, zu der die Schriftsteller 1936 endlich gefunden hätten.[7]

Tatsächlich verlief während der ersten drei Exiljahre die Positionierung keineswegs geradlinig. Schon im Herbst 1933 hatte der literarische Apparat des Exils den ersten großen Skandal. Sein Aufhänger war ein Zeitschriftenprojekt, mit dem sich der Amsterdamer Querido-Verlag neben seinem gewichtigen literarischen Programm profilierte: *Die Sammlung*, herausgegeben von Klaus Mann.

Für die erste Ausgabe dieser »Literarischen Monatsschrift« im September 1933 gewann Mann viele prominente Gegenwartsautoren. *Die Sammlung* sollte sich nicht um Tagespolitik kümmern, aber trotzdem eine politische Rolle spielen, die Klaus Mann in seiner redaktionellen Einführung so formulierte: »Eben für dieses verstossne, für dieses zum Schweigen gebrachte, für dieses wirkliche Deutschland wollen wir eine Stätte der Sammlung sein«[8] Das war den Nazis bereits zuviel; sie versuchten, die Zeitschrift zu sabotieren. Am Ende einer Kette von Intrigen mußte Klaus Mann vier Namen von der Liste designierter Autoren streichen: Alfred Döblin, Thomas Mann, René Schickele und Stefan Zweig gaben dem Drängen ihrer deutschen Verleger nach und rückten fürs erste von der *Sammlung* ab, um ihre Präsenz auf dem Buchmarkt des »Reichs« nicht weiter zu gefährden. Es kam zum Eklat.[9]

Thomas Mann, der Anfang 1933 von einer Auslandsreise nicht nach Deutschland zurückkehrte und sich in der Schweiz niederließ, schien also von der Emigrantenliteratur abzurücken, während sich die Exilierten bemühten, mit dem Begriff umzugehen: Er konnte als Stigma oder Ehrentitel getragen werden, und dabei standen nicht nur Tantiemen auf

of the solidarity which the writers had finally achieved in 1936.[7]

For in fact, during the first three years of exile, the process of reconciling differences was anything but smooth. In autumn 1933, the literary apparatus in exile had its first big scandal. The trigger being a magazine project which, alongside the impressive literary list, made the image of the Amsterdam Querido-Verlag: *Die Sammlung* (The Collection), edited by Klaus Mann.

For the first issue of this literary monthly in September 1933, Mann was able to win many prominent contemporary authors as contributers. *Die Sammlung* was supposed to play a political role without being concerned with everyday politic issues. As Klaus Mann formulated in his editorial introduction: »For this disowned, for this silenced, for this real Germany we want to be a place of gathering.«[8] Even this was too much for the Nazis; they attempted to sabotage the magazine. At the end of a series of intrigues, Klaus Mann was forced to remove four names from his list of designated contributors: Alfred Döblin, Thomas Mann, René Schickele and Stefan Zweig. They gave in to the pressure from their German publishers and disassociated themselves from *Die Sammlung* for the time being, in order to prevent further endangerment of their presence on the book market of the Reich. This caused a sensation.[9]

Thomas Mann, who settled in Switzerland in early 1933 instead of returning to Germany from a trip abroad, seemed to disassociate himself from exile literature, just as the exiles were struggling to come to grips with the term: It could be borne either as a stigma or as an honorary title, and more than royalties were at stake. It was a question of identity. In the course

dem Spiel. Es geht um Identität. Im Verlauf der Debatte um den literarischen und politischen Standort setzte sich bei den meisten Schriftstellern die Eigenwahrnehmung durch, daß sie dem »wahren, besseren, anderen« Deutschland mit ihrer Sprache Gestalt gaben und es im geistigen Fluchtgepäck vor der nationalsozialistischen Gleichschaltung bewahrten. Sie glaubten, dabei ein Staffelholz zu übernehmen. Sie reklamierten für sich das Kulturerbe und sprachen den Nazis ab, etwas mit dem »wahren Deutschland« zu tun zu haben. Während dieses Selbstfindungsversuchs wirkte das Zaudern des Patriarchen Thomas Mann beklemmend; deshalb war es wie eine Erlösung, als er im Februar 1936 auf die gemeinsame Linie einschwenkte. Das geschah durch seinen offenen Brief an Eduard Korrodi, den Feuilletonchef der *Neuen Zürcher Zeitung*, die Manns Brief abdruckte. Korrodi hatte kurz zuvor in seiner Zeitung gegen den Anspruch der Exilierten, die gesamte deutsche Literatur zu vertreten, einen diffamierenden Einwand formuliert: Nicht die deutsche Dichtung, sondern die weitgehend jüdische Romanindustrie sei emigriert. Thomas Mann verband seine Zurechtweisung dieser Polemik mit dem öffentlichen Abbruch aller Brücken zum »Dritten Reich«: »Die ›internationale‹ Komponente des Juden, das ist seine mittelländisch-europäische Komponente - und diese ist zugleich *deutsch*; ohne sie wäre Deutschtum nicht Deutschtum, sondern eine weltunbrauchbare Bärenhäuterei.«[10]

Angesichts dieser Vorgeschichte ähnelt »Das Freie Deutsche Buch« einer Feier, mit der die literarische Familie des Exils im November 1936 die Beilegung von Unstimmigkeiten besiegelt. Die Ausstellung ist in einem Raum des Hauses der »Société de Géographie« untergebracht und als Rundgang entlang der Wände konzipiert. Josef Breitenbach folgt bei seinem Besuch mit der Kamera dem didaktischen Konzept der Präsentation.

of the debate about their political and literary position, most writers came to see themselves as using language unpacked from their refugee baggage as it were, to give form to the »true, better, other« Germany and to rescue it from forced conformity with the National Socialist party line. They believed that the responsibility had been passed on to them. They claimed the cultural heritage for themselves and denied that the Nazis had anything to do with the »real Germany«. In the context of this attempt at self-definition, the hesitation of the patriarch Thomas Mann was tormenting; thus, it seemed like a kind of deliverance when he eventually fell in with the common line in February 1936. This took place in his open letter to Eduard Korrodi, the feuilleton editor of the *Neue Zürcher Zeitung*, who printed Mann's letter. Not long before, Korrodi had formulated in his paper a defamatory rebuttal of the exiles' claim to represent all of German literature: according to him, it was not German writing, but the largely Jewish novel industry which had emigrated. In his rebuke of this polemic, Thomas Mann publicly burned all his bridges to the »Third Reich«: »The ›international‹ component of the Jew is his Mediterranean-European component – and this is simultaneously *German*; without it German-ness would not be German-ness, but a barbarism of no use to the world.«[10]

Against this background, »The Free German Book« takes on the character of a gathering through which the literary family of exiles celebrates the settling of its differences. The exhibition is housed in a room in the house of the Société de Géographie, conceived as a sequence along the walls. On his visit, Breitenbach adheres to the didactic concept of the presentation with his camera.

Sein erstes Bild zeigt das Arrangement zum Autodafé vom 10. Mai 1933, es befindet sich links neben der Eingangstür. Auf einem Plakat prangen 54 Namen von Autoren der verbrannten Bücher; darunter stehen drei verkohlte Bände, flankiert von Photos der Scheiterhaufen, die in Deutschland loderten. Mit der Namensliste spielen die Ausstellungsgestalter die internationale Karte gegen die Nazis aus. Nur gut die Hälfte der genannten Schriftsteller ist deutschsprachig, die anderen stehen dort als Repräsentanten von Weltliteratur. Neben Dostojewski, Byron, Shaw, Hemingway und Huxley sind es französische Kollegen, die dem nationalsozialistischen Kulturbegriff widersprechen: Voltaire, Molière, Balzac, Flaubert, Zola und Maupassant, von den Zeitgenossen werden Gide, Rolland und Barbusse genannt. Die Kombination aus den Namen der internationalen und deutschen Autoren soll im Asylland Frankreich Solidarität mit den Exilierten wecken. Breitenbach verstärkt die Suggestivkraft der Inszenierung. Er photographiert von der Raummitte aus und führt so einen dort stehenden Aufbau aus Büchern und Autorenporträts, das Autodafé-Arrangement und eine Banderole zusammen, die im Hintergrund, am oberen Ende der rechten Wandhälfte hängt. Deren Schriftzug »La Vérité« ist auf Breitenbachs Bild über dem Motto des Mittelaufbaus zu sehen: »La Littérature«.

Der Text auf der Banderole gehört zur Überschrift der zweiten Ausstellungsstation, sie lautet vollständig: »La Vérité sur le 3ième Reich«. In Paris wird die Gegenöffentlichkeit organisiert, die innerhalb Deutschlands von den Nazis unterdrückt ist. Dabei verschwimmt die Grenze zwischen Publizistik und Literatur, denn die Autoren setzen in ihrer Propaganda literarische Techniken ein, und ihre Literatur hat eine meinungsbildende Aufgabe. Die Ausstellung zeigt neben dem Medium literari-

His first picture shows the arrangement depicting the auto-da-fé of May 10, 1933, on the left next to the entrance. The names of 54 authors of the burned books are emblazoned on a poster; beneath it are three charred books flanked by photos of the pyres which blazed in Germany. With the list of names, the organizers of the exhibition play the international card against the Nazis. Only about half of the writers named are German; the others are representatives of world literature. Alongside Dostoyevsky, Byron, Shaw, Hemingway and Huxley, it is the French colleagues who especially clash with the National Socialist concept of culture: Voltaire, Molière, Balzac, Flaubert, Zola and Maupassant, with Gide, Rolland and Barbusse among the contemporary authors. In the asylum of France, the combination of international and German authors is meant to establish a feeling of solidarity with the exiles. Breitenbach augments the suggestive power of the arrangement by photographing from the center of the room, thus linking the auto-da-fé arrangement with a construction of books and author portraits in the center of the room and a banderole on the upper right end of the wall. Its words, »La Vérité«, can be seen in Breitenbach's photo over the motto of the central construction: »La Littérature«.

The text on the banderole is the heading of the second station of the exhibition; in its entirety it reads: »La Vérité sur le 3ième Reich«. In Paris the exiles organize public opposition of the kind which the Nazis suppress in Germany. Here the border between journalism and literature grows blurry, for the authors use literary techniques in their propaganda, and their literature has the task of shaping public opinion. Alongside the medium of the literary book, the exhibition displays three publication formats with which

**12** Die verbrannten Bücher
*The burned books*

sches Buch drei Publikationsformate, mit denen die Exilierten den Kampf gegen Goebbels aufgenommen haben: thematische Aufklärungsbücher, Exil-Periodika und Tarnschriften, die illegal im »Reich« verbreitet werden. Die Monographien behandeln komplexe politische Vorgänge in Deutschland, sie erscheinen gehäuft in der Anfangszeit des Exils. Die größte Abteilung unter den publizistischen Waffen bilden die Zeitschriften. Zwischen 1933 und 1945 werden weltweit über 400 verschiedene Titel herausgegeben; ihre Spanne reicht von redaktionell aufwendigen Projekten, die an Parteien oder Verlage gebunden sind und internationale Resonanz haben, bis zu kurzlebigen Bulletins lokaler Exilgruppen.[11] Die Tarnschriften sind die Trojanischen Pferde der Exilpublizistik. In nachgedruckten Einbänden von existierenden Veröffentlichungen aus Deutschland schleusen die Exilierten Aufrufe, Dokumentationen und Textproben ihrer Literatur ins »Reich«.

the exiles have taken up the struggle against Goebbels: thematic informational books, exile periodicals and camouflaged texts which are disseminated illegally in the »Reich«. The monographs deal with complex political processes in Germany and appear in great numbers in the early period of exile. The magazines comprise the largest sector of journalistic weapons. Between 1933 and 1945, more than 400 different titles appear worldwide, ranging from elaborate magazine projects associated with parties or publishing houses with international readerships, to short-lived bulletins of local exile groups.[11] The camouflaged texts are the Trojan horses of exile journalism. Inside reprinted covers of existing publications from Germany, the exiles smuggle appeals, documentations, and samples of their literature into the »Reich«.

13

14

15

16

17

18

19

**13** »La Littérature allemande libre«
*»The Free German Literature«*

**14** Betrachter vor Exil-literatur, Raummitte
*Visitor in front of exile literature, center of the room*

**15** Betrachter vor NS-Propaganda, linke Wandhälfte
*Visitor in front of NS-propaganda, left part of the wall*

**16** NS-Propaganda, Wandmitte
*NS-propaganda, center of the wall*

**17** Hitler-Wand
*Hitlerwall*

**18** Betrachter vor NS-Propaganda, rechte Wandhälfte
*Visitors in front of NS propaganda, right part of the wall*

**19** Die politische Publizistik des Exils
*Political publishing of the exiles*

Die Publikationen haben mehrere Adressaten: eine Weltöffentlichkeit, die der offiziellen Selbstdarstellung des NS-Regimes ausgesetzt ist, die deutsche Bevölkerung, der von den Nazis mit den faschistischen Werten auch eine Sprache der Lüge beigebracht wird, die Emigranten und schließlich das politisch engagierte Exil selbst. Es sind auch Schriften der Verständigung untereinander, mit denen sich die Opposition beweist, daß sie nicht verstummt.

Auf der linken Seite eines Bords unter dem Schriftzug »La Vérité« stehen Bücher, mit denen die Exilierten der nationalsozialistischen »Wahrheit« Paroli bieten, allen voran das *Braunbuch über Reichstagsbrand und Hitlerterror*. Es ist ein großer publizistischer Erfolg; neben der deutschsprachigen Ausgabe des Basler Universum-Verlags erscheint es 1933 u.a. in Paris, London, New York, Amsterdam, Stockholm und Moskau. Das *Braunbuch* korrigiert nicht nur die NS-Version des Reichstagsbrands vom 27. Februar 1933, der den Nazis als Vorwand diente, noch in der gleichen Nacht alle KPD-Abgeordneten, die nicht sofort untertauchen konnten, zu verhaften und am Tag darauf mit der »Verordnung zum Schutz von Volk und Staat« die demokratischen Grundrechte außer Kraft zu setzen. Das Buch ist auch der Beleg dafür, daß man 1933 wissen konnte, was in Deutschland passiert. Seine Kapitel berichten vom Aufstieg der Nationalsozialisten, von der Zerschlagung der oppositionellen Arbeiterorganisationen, von der Verdrängung der Kultur durch die »völkische« Kulturideologie, von Repression, Folter, Konzentrationslagern und Antisemitismus. Das *Braunbuch* ist die Basis für den einen wirklichen Sieg in Deutschland, den die Oppositionellen vor Ende des Zweiten Weltkriegs feiern können. Ab dem 21. September 1933 wurde dem mutmaßlichen Brandstifter Marinus van der Lubbe gemeinsam mit Ernst Torgler, Leiter der

The publications have a variety of addressees: an international public which is also the target of the National Socialist regime's official self-portrayal; the German public, whom the Nazis are teaching a language of lies, as well as fascist values; the emigrants, and ultimately the politically-committed exile scene itself. These are also texts of mutual communication and understanding with which the opposition demonstrates to itself that it has not fallen silent.

To the left of a shelf under the words »La Vérité« are books with which the exiles defy the National Socialist »truth«, above all the *Braunbuch über Reichstagsbrand und Hitlerterror* (The Brown Book of the Burning of the Reichstag and the Hitler Terror). It is a great success; apart from the German-language edition published by the Basel Universum-Verlag, in 1933, it also appears in, among other cities, Paris, London, New York, Amsterdam, Stockholm and Moscow. The *Braunbuch* corrects not only the National Socialist version of the Reichstag fire of February 27, 1933, which served the Nazis as a pretext to arrest all the KPD Members of Parliament that very same night, and then suspend basic democratic rights the next day with the »Decree for the Protection of People and State«. The book is also proof that even in 1933 it was possible to know what was going on in Germany. It describes the rise of the National Socialists, the crushing of the opposition workers' organizations, the ousting of culture by the »*völkisch*« cultural ideology, repression, torture, concentration camps and anti-Semitism. The *Braunbuch* is the basis for the one real victory which the opposition celebrate in Germany before the end of the Second World War. Beginning on September 21, 1933, the trial of the suspected arsonist Marinus van der Lubbe, along with Ernst Torgler, leader of the KPD faction in the Reichstag, and Georgi Dimitroff, secretary of the Western European bureau of the Executive Committee of the

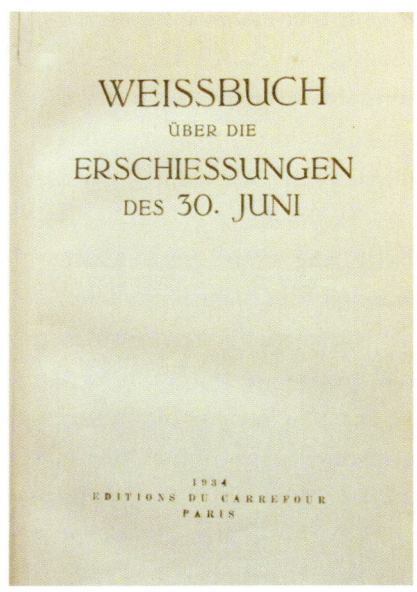

KPD-Reichstagsfraktion, und dem Sekretär des
westeuropäischen Büros des Exekutivkomitees der
Kommunistischen Internationale, Georgi Dimitroff, vor dem Reichsgericht der Prozeß gemacht.
Willi Münzenberg, der in der Weimarer Republik
die kommunistische Presse organisierte, im westeuropäischen Exil für die Komintern den Propa-
gandaapparat aufbaute und auch für das *Braunbuch*
verantwortlich war, initiierte in London zeitgleich
ein Gegentribunal. Er stützte sich auf die weltweite
Resonanz des *Braunbuchs,* dank der die NS-Justiz
Dimitroff und Torgler am 23. Dezember 1933
tatsächlich freisprechen mußte. Van der Lubbe
wurde zum Tod verurteilt, ohne daß der Tathergang
des Reichstagsbrands geklärt war.

In der Ausstellung steht neben dem *Braunbuch*
das *Weißbuch über die Erschießungen des 30. Juni.
Authentische Darstellung der deutschen Bartholomäusnacht.* Es wird 1934 bei Éditions du Carrefour
gedruckt, ein Verlag, der die Plattform von Münzenbergs Aktivitäten in Frankreich darstellt. Der
Titel spielt auf das Massaker an den Pariser Huge-
notten von 1572 an, gemeint ist aber die Serie von

Communist Internationals, was held before the
Supreme Court of the German Reich. Willi Münzenberg, who was the organizer of the Communist press
both in the Weimar Republic, and in Western European exile, who built up the propaganda apparatus
for the Comintern and was also responsible for the
*Braunbuch,* initiated a simultaneous counter-tribunal
in London. He is backed by the worldwide response
to the *Braunbuch,* due to which the National Socialist
court is actually forced to acquit Dimitroff and Torgler
on December 23, 1933. Van der Lubbe is sentenced to
death without any clarification of the details of the
deed.

Beside the *Braunbuch* in the exhibition is the *Weiß-
buch über die Erschießungen des 30. Juni. Authentische
Darstellung der deutschen Bartholomäusnacht* (The White
Book of the Executions of the Thirtieth of June.
Authentic Account of the German Bartholomew
Night). It was published in 1934 by Éditions du
Carrefour, the publishing house which serves as the
platform for Münzenberg's activities in France. The

Morden, mit denen sich Hitler zwischen dem 30. Juni und dem 2. Juli 1934 seiner Gegner in der SA-Führung und im konservativen Lager entledigte. Die Aktion bekam den offiziellen Namen »Röhm-Putsch«, denn die Morde wurden mit der Behauptung begründet, daß Ernst Röhm, Stabschef der SA, eine Revolte gegen Hitler geplant hätte. Die Exilierten trauern Röhm nicht nach, denn in den SA-Kellern wurden viele ihrer Mitstreiter zu Tode gefoltert. Das *Weißbuch* soll vielmehr die kriminelle Energie der NS-Führung bloßlegen, der auch die eigenen »alten Kämpfer« zum Opfer fallen (Röhm nahm an Hitlers Münchner Putschversuch von 1923 teil).

Das nächste Exponat ist *Das Schwarzbuch*. Es wurde ebenfalls 1934 zusammengestellt, als Herausgeber zeichnet Rudolf Olden. Der Untertitel lautet: »Tatsachen und Dokumente. Die Lage der Juden in Deutschland 1933«. *Das Schwarzbuch* vervollständigt das Bild vom neuen Deutschland um Zeugnisse der Brutalität, mit der die deutschen Juden aus der sogenannten »Volksgemeinschaft« gestoßen werden. Allerdings läßt sich die Weltöffentlichkeit dadurch nicht wachrütteln; der Dokumentation bleibt die internationale Aufmerksamkeit versagt, um die es dem Herausgeber ging.

Das vierte erkennbare Buch auf Breitenbachs Photo ergänzt die drei ersten Standardwerke über Nazideutschland um einen internationalen Aspekt. *Das braune Netz* lenkt schon 1935 den Blick des Publikums auf die Kriegsvorbereitung und die deutsche Agentätigkeit im Ausland. Vier Jahre vor Kriegsbeginn mahnt das Buch daran, daß die nationalsozialistischen Greueltaten nicht allein die Zukunft Deutschlands betreffen. Clement Greenberg, der Doyen der amerikanischen Kunstkritik in der Nachkriegszeit, übersetzt es ins Englische und verbreitet so die Warnung in den USA. 12 Den Umschlag der Originalausgabe gestaltet

title is an allusion to the massacre of the Paris Huguenots in 1572, but actually refers to the series of murders between June 30 and July 2, 1934, with which Hitler eradicated his opponents in the SA leadership and the conservative camp. The operation was officially called the »Röhm Putsch«, as the murders were justified with the assertion that Ernst Röhm, the SA Chief of Staff, had planned a revolt against Hitler. The exiles shed no tears over Röhm, for many of their former comrades-in-arms have been tortured to death in the cellars of the SA. Rather, the *Weißbuch* is intended to expose the criminal energy of the National Socialist leadership, which claims even its own »old warriors« as victims. (In 1923, Röhm had taken part in Hitler's attempted Munich putsch.)

The next exhibit is the *Das Schwarzbuch* (The Black Book). It too was compiled in 1934, with Rudolf Olden as editor. The subtitle is: »Facts and documents. The situation of the Jews in Germany in 1933«. *Das Schwarzbuch* completes the picture of the new Germany with evidence of the brutality used to expel the German Jews from the so-called »Volksgemeinschaft« (community of the *Volk*). Yet the world refuses to be shaken from its apathy; the documentation fails to achieve the international attention its publisher had hoped for.

The fourth identifiable book in Breitenbach's photograph supplements the first three standard works on Nazi Germany with an international facet. As early as 1935, *Das braune Netz* (The Brown Network), draws public attention to the preparations for war and to German agents' activities abroad. Four years before the outbreak of war, this book warns that the National Socialist atrocities do not affect the future of Germany alone. Clement Greenberg, the doyen of American art criticism after Second World War, translates it into English, thus spreading the warning in the USA. 12 John Heartfield designs the cover of the first edition. In his montage, the net is being woven by a spider, and

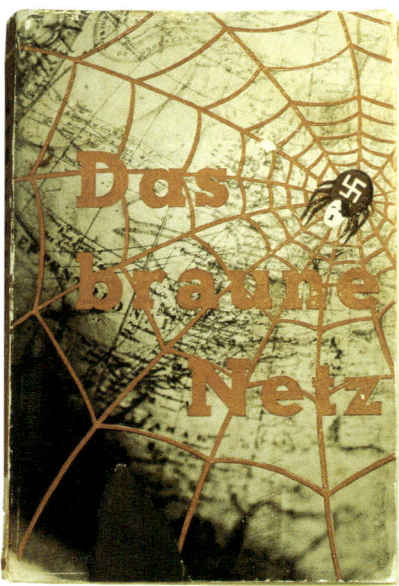

John Heartfield. In seiner Montage ist das Netz
von einer Spinne gewoben, es breitet sich gemäß
der Erdkrümmung über eine Europakarte aus.
Sein Mittelpunkt liegt in Berlin, und da hockt
die Spinne: mit einem braunen Körper, der das
Hakenkreuz trägt, und Hitlers Gesicht.

Rechts von diesen Bänden sind Broschüren und
Titelblätter von Zeitschriften bis unter die Zimmer-
decke an die Wand geheftet. Die kleinformatigen
Ausgaben sind meist Tarnschriften, also Texte, die
in Einbänden von im »Reich« legalen Druckwerken
versteckt werden. Die ersten und letzten Seiten
sind mit denen des Originals identisch. Beim Auf-
schlagen des *Straßen-Verzeichnisses von Berlin* stößt
man auf ein Vorwort des *Berliner Lokal-Anzeigers*,
worauf aber eine Rede von Dimitroff folgt, die
er auf dem VI. Kongreß der Kommunistischen
Jugendinternationale gehalten hat. Die Broschüre
*Odeon – Grammophonplattenfabrikation und Vertrieb*
verspricht Musikvergnügen und enthält den Text
eines weiteren Funktionärs der Kommunistischen
Internationale. Die Titel verraten den Spaß der
Akteure an ihrem Versteckspiel: *Der praktische*

spreads across Europe along the curve of the globe. Its
center is Berlin, where the spider crouches, with the
face of Hitler and a brown body emblazoned with a
swastika.

To the right of these books, brochures and covers
of magazines are pinned to the wall, reaching up to the
ceiling. Most of the small-format editions are camouflaged texts, that is, texts hidden within the covers of
publications permitted in the »Reich«. The first and
last pages are identical with those of the original.
Opening the *Straßen-Verzeichnis von Berlin* (Index of
Berlin Street Names) one finds a foreword from the
newspaper *Berliner Lokal-Anzeiger*, followed, however,
by a speech held by Dimitroff at the VI. Congress of
the International Communist Youth. The brochure
*Odeon – Grammophonplattenfabrikation und Vertrieb*
(Odeon – Gramophone Record Fabrication and Sales)
promises musical enjoyment and contains a text by
another functionary of the Communist Internationals.
The titles betray the actors' fun with the game of hide-
and-seek: *Der praktische Schachspieler* (The Practical

**24** Tarnschrift: *Straßen-Verzeichnis von Berlin,* d.i.: Dimitroff u.a., *Reden auf dem VI. Kongreß der kommunistischen Jugendinternationale* (1935)
*Camouflaged text:* Index of Berlin Street Names, *that is: Dimitroff and others,* Speeches held at the VI. Congress of the International Communist Youth *(1935)*

**25** Tarnschrift: G. K. Steinitz: *Der praktische Schachspieler,* (Reitlingen 1934), d.i.: W. Tschemodanow: *Der Kampf gegen Faschisierung und Militarisierung der Jugend*
*Camouflaged text: G. K. Steinitz:* The Practical Chess Player, *that is W. Tschemodanow:* The Struggle Against the Fascization and Militarization of Youth

**26** Tarnschrift: *Deutsche Mythologie,* (Leipzig 1935), d.i.: Eine Anthologie der Exilliteratur, hg. vom Schutzverband Deutscher Schriftsteller und der Deutschen Freiheitsbibliothek, Juni 1935
*Camouflaged text:* German Mythology, *that is: An Anthology of Exile-Literature, ed. by the Defense League of German Writers and the German Freedom Library, June 1935*

**27** Tarnschrift: Dr. Edgar Winter: *Luftschutz tut not,* d.i.: Nemo (Pseud.): *Vom ersten zum zweiten Weltkrieg* (1934)
*Camouflaged text: Dr. Edgar Winter:* Aircraft Defence is vital, *that is Nemo (Pseud.):* From the First to the Second World War *(1934)*

**28** Tarnschrift: *Erste Hilfe bei Unglücksfällen,* hg. vom Roten Kreuz, d.i.: *Warum faschistischer Terror? / Ernst Thälmann in größter Gefahr* (1934)
*Camouflaged text:* First Aid in Cases of Emergency, *ed. by the Red Cross, that is* Why Fascist Terror? / Ernst Thälmann in Great Danger *(1934)*

*Schachspieler*, eine Anleitung zu Meisterpartien, ist die Tarnung eines Aufsatzes über den »Kampf gegen die Faschisierung und Militarisierung der Jugend«. Das Cover einer Analyse über die Rüstung »Vom ersten bis zum zweiten Weltkrieg« zeigt einen Mann, der seine Familie mit einem Schild vor niedergehenden Bomben zu beschirmen sucht; der Titel ist: *Luftschutz tut not*. Die *Deutsche Mythologie*, angeblich ein Heft aus der Miniatur-Bibliothek des Verlags für Kunst und Wissenschaft in Leipzig, fällt aus der Reihe der bisherigen Beispiele. Sein Inhalt erscheint in der gleichen Aufmachung auch unter dem Titel *Deutsch für Deutsche*, und beide Verpackungen sind nur halb geflunkert. Im Vorwort steht: »Das Feuer, das aus diesem Büchlein euch anstrahlt, ist wortgewordener Wille von Millionen. Gebt es weiter, dass es die heißen Seelen lodern mache, dass es die kaltgewordenen neu entzünde.« Diese pathetischen Zeilen leiten die erste große Anthologie der Exilliteratur ein (das ist sie trotz des kleinen Formats), und sie passen verräterisch gut zum Decknamen. Der Schutzverband deutscher Schriftsteller und die Deutsche Freiheitsbibliothek geben das Bändchen heraus, dessen Texte so repräsentativ sind wie die beiden Organisationen des literarischen Exils. Es enthält Lyrik von Brecht, Becher, Herrmann-Neisse, Heym, Weinert und Zinner sowie Prosa von Bruckner, Feuchtwanger, Graf, Kisch, Heinrich Mann, Regler, Seghers und Toller.

Mit dem Ratgeber *Erste Hilfe bei Unglücksfällen* wird die Entgrenzung von Tarnen und Agitieren auf die Spitze getrieben. Die Einleitungsworte passen zum Original des Roten Kreuzes genauso wie zur Schmuggelware (das sind die Aufsätze »Warum faschistischer Terror« und »Thälmann in größter Gefahr«): »Immer wieder ereignen sich im Betrieb, auf der Straße und im Haus Unglücksfälle, die im Interesse der Gesamtheit in den allermeisten

Chess Player), a guide to master games, is the camouflage for an article on the »Struggle Against the Fascization and Militarization of Youth«. The cover of an analysis of armaments »From the First to the Second World War« shows a man who attempts to protect his family from falling bombs with a shield; the title is: *Luftschutz tut not* (Antiaircraft Defense is Vital). *Deutsche Mythologie* (German Mythology), supposedly a booklet from the Miniature Library of the Publishing House for Art and Science in Leipzig, departs from the previous examples. Its contents also appear under the title *Deutsch für Deutsche* (German for Germans) in the same layout, and in both versions the packaging is only half a lie. The foreword states: »The fire which radiates from this little book is the will of millions expressed in words. Pass it on to others, so that it may make ardent souls blaze, and ignite those grown cold.« These dramatic lines introduce the first major anthology of exile literature (which it is, despite the small format), and they go suspiciously well with the fictitious title. The slender volume is published by the Schutzverband deutscher Schriftsteller and the Deutsche Freiheitsbibliothek, and its texts are as representative as the two organizations of literature in exile. It contains poems by Brecht, Becher, Herrmann-Neisse, Heym, Weinert and Zinner, and prose by equally well-known writers: from Bruckner to Feuchtwanger, from Graf, Kisch and Heinrich Mann to Regler, Seghers and Toller.

The self-help book *Erste Hilfe bei Unglücksfällen* (First Aid for Accidents) carries the blurring of camouflage and agitation to an extreme. The introductory words of the agitational text are just as appropriate to the Red Cross original as they are to the smuggled text (the articles »Why Fascist Terror« and »Thälmann in Extreme Danger«): »Over and over, at work, in the street and at home, accidents happen which in most cases could be avoided or kept to an absolute mini-

Fällen vermieden oder auf ein unbedingtes Minimum eingeschränkt werden können (...) Deswegen ist das erste Gebot und die wirksamste Hilfe: die Unfallverhütung (...) Bei diesem Kampf gegen die zerstörenden Bazillen müssen alle, alle helfen, um die Epidemien, die größten Feinde der Menschheit und Kultur, auszumerzen.«

Zwei in der Ausstellung präsentierte Zeitschriften aus dem sozialistischen Spektrum transportieren ihre Botschaft weniger verhalten: Die *AIZ. Arbeiter-Illustrierte Zeitung* und der *Gegen-Angriff* sind Flaggschiffe der offensiven Exilpresse. Die *AIZ* setzt in Prag fort, was sie seit 1924 in Deutschland getan hat, nämlich auf Wirkung zu zielen. Dabei spielt Photographie eine wichtige Rolle; die Montagen von John Heartfield geben der *AIZ* ihre Signatur. Der *Gegen-Angriff* kontert in Paris ab Ende April 1933 den Goebbelsschen *Angriff* (Goebbels gründete seine Zeitung 1927, nachdem er NSDAP-Gauleiter von Berlin geworden war). Das Titelblatt der ausgestellten Nummer des *Gegen-Angriffs* vom 23. März 1934 ist von einer Zeichnung dominiert, in der Dimitroff mit einem ausgestreckten Finger Thälmanns Schergen verscheucht. (Der KPD-Vorsitzende Ernst Thälmann wurde Anfang März 1933 verhaftet. Alle Versuche, ihn durch internationalen Druck zu retten – auch dafür steht die Zeichnung –, schlagen fehl. Die Nazis ermorden ihn 1944 in Buchenwald.) Daneben zitieren die Redakteure aus Görings Buch *Aufbau einer Nation*. In der abgedruckten Passage schreibt der Architekt des nationalsozialistischen Terrors voller Stolz über seine Methoden. Der *Gegen-Angriff* quittiert das mit einem Racheversprechen.

Jetzt tritt Breitenbach einige Schritte zurück und schwenkt die Kamera um 90 Grad nach rechts. Er richtet sie auf eine Wand mit zwei Fenstern. Zwei Tische im Vordergrund sind mit

mum for the good of the general public (...) Thus, the first rule and the most effective form of help is: accident prevention (...) In this struggle against the destructive bacilli, all, absolutely all must help to eradicate the epidemics, the greatest enemies of humanity and culture.«

Two magazines from the socialist spectrum presented in the exhibition convey their messages with less restraint: The *AIZ. Arbeiter-Illustrierte Zeitung* (Workers' Illustrated Newspaper) and the *Gegen-Angriff* (Counter-Attack) are flagships of an exile press on the offensive. In Prague, the *AIZ* continues to do what it had done in Germany since 1924, that is, to go for the effects. Here photography plays an important role; John Heartfield's montages provide the *AIZ* with its signature. In Paris, starting at the end of April 1933, the *Gegen-Angriff* counters Goebbels' *Angriff* (Attack; Goebbels founded his magazine in 1927, after becoming the NSDAP *Gauleiter* of Berlin). The front page of the exhibited issue of the *Gegen-Angriff* from March 23, 1934, is dominated by a drawing in which Dimitroff drives off Thälmann's tormentors with an outstretched finger. (The KPD chairman Ernst Thälmann was arrested at the beginning of March 1933. All attempts to rescue him by means of international pressure, as symbolized in the drawing, fail. The Nazis murder him in Buchenwald in 1944.) Next to it the editors quote from Göring's book *Aufbau einer Nation* (The Building of a Nation). In the printed passage the architect of National Socialist terror proudly describes his methods. The *Gegen-Angriff* counters this with a vow of vengeance.

Now Breitenbach retreats a few steps and pans the camera 90 degrees to the right. He aims it at a wall with two windows. Two tables stand in the foreground, laden with books, among which *Flucht und Sammlung*

29 *Der Gegen-Angriff,*
Prag–Basel–Paris,
24. März 1934
The Counter-Attack,
*Prague–Basel–Paris, March
24, 1934*

30 AIZ. *Arbeiter-Illustrierte
Zeitung,* Prag, 30. August
1934, Photomontage von
John Heartfield
Workers' Illustrated
*Newspaper, Prague, August
30, 1934, Montage by John
Heartfield*

Büchern bepackt, unter denen *Flucht und Sammlung des Judenvolks* von Döblin (Querido 1935) und eine Marx-Ausgabe zu erkennen ist. Ein Besucher blättert im ersten Band von Konrad Heidens Hitler-Biographie (*Das Zeitalter der Verantwortungslosigkeit*, Zürich: Europa-Verlag 1936). Hinter seinem Rücken, zwischen den Fenstern, hängt eine Tafel. Sie trägt Namen von Schriftstellern, die in der Gewalt der Nazis sind oder waren (Carl von Ossietzky, Carlo Mierendorf, Ludwig Renn), und die der toten Kollegen: Erich Mühsam, Theodor Lessing und Kurt Tucholsky.

Vor dem rechten Fenster beginnt die Ausstellungssektion, in der über nationalsozialistische Schriften informiert wird. Zunächst geht es um die mentale und materielle Aufrüstung Deutschlands, um Kriegsvorbereitung. Auf einem Regal, das die Abteilung von der Raummitte trennt, steht der Band *Wehrgedanke und Schule*; daneben sind Broschüren zur militärischen Erziehung von Jugendlichen ausgelegt. Eine Staffelei trägt zwei Skizzen aus einem Artillerie-Handbuch, es sind standardisierte Angriffspläne. Das nächste Photo – Breitenbach bewegt sich entlang der Wand nach rechts – zeigt wieder einen Ausstellungsbesucher. Er betrachtet einen Fächer von Ausgaben des *Reichssportblatts* und der *Olympiazeitung*, der an der Wand installiert ist. Die Zeitschriften verhehlen nicht, daß der Sport, entgegen aller Friedensheuchelei anläßlich der Olympischen Spiele in Berlin (August 1936), ein Instrument zur Militarisierung der Jugend ist. Ein Titelblatt ist aus drei Photos zusammengesetzt: Eine Abbildung von Leichtathleten beim Kugelstoßen wird von Aufnahmen marschierender Soldaten flankiert.

Die Wand ist von einer Säule unterteilt, auf der die Ausstellungsmacher demonstrieren, was Julius Streicher, der Herausgeber des *Stürmer*, unter einem »Deutschen Wochenblatt zum Kampf um

*des Judenvolks* (Flight and Rallying of the Jewish People) by Döblin (Querido 1935) and an edition of Marx can be identified. A visitor leafs through the first volume of Konrad Heiden's Hitler biography, *Das Zeitalter der Verantwortungslosigkeit* (The Age of Irresponsibility, Zürich: Europa-Verlag 1936). Behind his back, a sign hangs between the windows. It displays the names of writers who have been apprehended by the Nazis (Carl von Ossietzky, Carlo Mierendorf, Ludwig Renn) and those of their deceased colleagues: Erich Mühsam, Theodor Lessing and Kurt Tucholsky.

The section of the exhibition with information about National Socialist texts begins in front of the right-hand window. First the mental and material armament of Germany is thematized, that is, the preparations for war. The book *Wehrgedanke und Schule* (The Idea of Defense and School) is propped atop a stand which divides the section from the center of the room; next to it lie brochures on the militaristic education of young people. An easel displays two sketches from an artillery manual showing standardized attack plans. The next photo, as Breitenbach moves along the wall to the right, shows another visitor to the exhibition. He examines issues of the *Reichssportblatt* (Reich Sports Newspaper) and the *Olympiazeitung* (Olympic Newspaper) which are fanned out on the wall. The magazines make no bones of the fact that, despite the hypocritical show of pacifism for the Olympic Games in Berlin (August 1936), sports are an instrument for the militarization of youth. One cover consists of three photos: the middle one shows athletes putting the shot; it is flanked by two images of marching soldiers.

The wall is divided by a pillar on which the organizers of the exhibition show what Julius Streicher, the editor of the *Stürmer*, means by a »German Weekly for the Struggle for Truth«. The subtitle would have been

die Wahrheit« versteht. Dieser Untertitel wäre lachhaft, hätte die Zeitung nicht ihre verheerende Wirkung gehabt. Die präsentierten Ausgaben sind mit den widerlichen Illustrationen versehen, durch die *Der Stürmer* das antisemitische Klischee einer jüdischen Physiognomie prägen will. Mit einer Montage warnen die Exilierten vor der Stoßrichtung des deutschen Antisemitismus. Zwischen den Zeitungsseiten hängt eine Collage aus dem *Stürmer*-Schriftzug, Hakenkreuzen und einem Zitat (aus: *Deutsche Ostfront*, Juli 1933): »Das jüdische Volk ist ein Teufelsvolk. Es ist ein Volk von Verbrechern und Mördern. Darum muß das jüdische Volk ausgerottet werden unter der Sonne.« Breitenbach photographiert das Arrangement mehrmals; er weiß um die Bedeutung des Versuchs, Paris 1936 mit der tödlichen Konsequenz des nationalsozialistischen Rassenwahns wachzurütteln.

Die Säule wird von Ausgaben der SS-Zeitung *Schwarzes Korps* abgeschlossen. Rechts daneben geht es mit Büchern über die Rassenlehre und mit Dokumenten zur NS-Rüstung weiter. Breitenbach zeigt die Wand in der Totalen, einschließlich eines Schriftzugs unter der Decke. Es ist ein Hitler-Zitat: »In meiner Bewegung geschieht nichts ohne meinen Willen«. Mit Titelblättern von Zeitschriften wird die Natur dieses Willens veranschaulicht; die Broschüren heißen *Militär-Wochenblatt, Der Deutsche Aufbau, Deutsche Wehr, Artilleristische Rundschau* und *Die Luftwacht*. Sie werden um ein Zitat ergänzt, das den Geist der NS-Militärs offenbart: »Man darf nicht vergessen, daß es sich nicht so sehr darum handelt, eine feindliche Nation niederzuringen, sondern darum, ein ganzes im Kriegszustand befindliches Volk zu vernichten.«

Die vorletzte Sektion der Ausstellung enthält nur ein Exponat: Hitlers *Mein Kampf*. Es ist aufwendig in Szene gesetzt, von dem Buch führen schmale Stoffbänder zu Texttafeln mit Zitaten aus

laughable had the newspaper not had such a devastating effect. The issues presented are illustrated with the repulsive pictures which *Der Stürmer* used to hammer in the anti-Semitic cliché of Jewish physiognomy. In one montage, the exiles warn of the thrust of German anti-Semitism. Among the newspaper pages is a collage comprised of the *Stürmer* title, swastikas, and a quote from *Deutsche Ostfront* (German Eastern Front, July 1933): »The Jewish people is a diabolical people. It is a people of criminals and murderers. That is why all Jewish people under the sun must be eradicated.« Breitenbach photographs the arrangement several times; he is well aware of the significance of the attempt, in 1936, to awaken Paris to the deadly consequences of the National Socialist race madness.

The pillar is rounded off with issues of the SS newspaper *Schwarzes Korps* (Black Corps). On the right the exhibition continues with books on racial theory and documents on National Socialist armaments. Breitenbach shows the wall as a whole, including the line of text under the ceiling. It is a Hitler quotation: »Nothing in my movement happens without my will«. The covers of magazines pinned to the wall make the nature of this will evident; the brochures are entitled *Militär-Wochenblatt* (Military Weekly), *Der Deutsche Aufbau* (The German Reconstruction), *Deutsche Wehr* (German Defense), *Artilleristische Rundschau* (Artillerist Panorama) and *Die Luftwacht* (The Air Guard). They are amplified by a quotation which reveals the spirit of the National Socialist military: »One should never forget that it is not so much a matter of forcing an enemy nation to its knees, but of annihilating an entire people which is in a state of war.«

The penultimate section of the exhibition contains one single exhibit: Hitler's *Mein Kampf*. It is elaborately staged; ribbons lead from the book to placards with

der »Bibel des Dritten Reichs«; so wird Hitlers Schrift vorgestellt. Dieser Titel korrespondiert mit einem weiteren Deckenschriftzug, zwei Sätzen aus einer deutschen Zeitschrift von 1934. Der erste ist auf Breitenbachs Photo nicht ganz zu lesen, sagt aber, daß Gott vor 2000 Jahren in der Gestalt von Jesus unter die Menschen gekommen sei. Der andere lautet: »Aujourd'hui Dieu se manifeste au peuple allemand dans la personne de Hitler« (Heutzutage offenbart sich Gott dem deutschen Volk in der Person von Hitler).

Die vier Wände umrahmen das Zentralobjekt in der Raummitte. Es ist ein mehrstufiger Aufbau mit dem Motto »La Littérature allemande libre«. Darunter zeigt »Die Freie Deutsche Literatur« verschiedene Gesichter: Porträtphotos, vor denen die zugehörigen Bücher stehen. Alfred Kantorowicz führt die Galerie an. Er gehört zu den fleißigsten Publizisten, trotzdem notiert er im Sommer 1935 verbittert, daß er noch immer auf eine eigene Buchveröffentlichung wartet. [13] Kantorowicz zählt nicht zur literarischen Oberschicht, ist aber in Paris ein unverzichtbarer Organisator und Verfasser von Aufrufen. Neben ihm hängt das Bild von Franz Carl Weiskopf, dem die Verbindung von publizistischem und literarischem Schreiben leichter fällt. Unter dem Photo ist *Die Versuchung* ausgelegt, ein Roman, in dem Weiskopf die Verbreitung der nationalsozialistischen Ideologie im deutschen Kleinbürgertum nachzeichnet. Zwischen den beiden Porträts steht eine Bücherreihe. Sie beginnt mit *Lieder, Gedichte, Chöre* von Brecht und Eisler (Paris: Éditions du Carrefour 1934). Es folgen zwei Ausgaben von Walter Schönstedts SA-Erzählung *Auf der Flucht erschossen* und historische Romane von Alfred Neumann. Im Idealfall gehören zu diesem Genre keine literarischen Ausflüge in eine bessere alte Zeit, sondern geschichtliche Parabeln mit Aussagekraft für die Gegenwart. Rechts neben

quotes from the »Bible of the Third Reich«, as Hitler's text is presented. This title corresponds with a line of text under the ceiling, two sentences from a German magazine from 1934. The first, which cannot be read in its entirety in Breitenbach's photo, says that 2000 years ago God visited humanity in the form of Jesus. The other states: »Aujourd'hui Dieu se manifeste au peuple allemand dans la personne de Hitler« (Nowadays God manifests himself to the German people in the person of Hitler).

The four walls frame the central object in the middle of the room. It is a construction with several levels; at eye level is the motto »La Littérature allemande libre«. Beneath it the »Free German Literature« shows various faces: portrait photos, with the appropriate books placed in front of them. Alfred Kantorowicz leads off the gallery. He is one of the most active of journalists, yet in summer 1935 he notes with bitterness that he is still waiting for his first book publication. [13] Kantorowicz is not a literary star, but in Paris he is known as an indispensable organizer and composer of proclamations. Next to him hangs a picture of Franz Carl Weiskopf, who is better able to synthesize political and literary writing. Under the photograph *Die Versuchung* (The Temptation) is displayed, a novel in which Weiskopf traces the spread of National Socialist ideology among the German petit bourgeoisie. Between the two portraits is a row of books, beginning with *Lieder, Gedichte, Chöre* (Songs, Poems, Hymns) by Brecht and Eisler (Paris: Éditions du Carrefour 1934). This is followed by two editions of Walter Schönstedt's SA tale, *Auf der Flucht erschossen* (Shot whilst escaping) and historical novels by Alfred Neumann. In ideal cases, this genre encompasses not literary excursions into a golden era in the past, but rather historical allegories with a message for the present. To the right of Weiskopf's book a parable with metaphysical allusions is displayed: *Der Antichrist* by

Weiskopfs Buch wird ein Gleichnis mit metaphysischen Verweisen gezeigt: *Der Antichrist* von Joseph Roth (Amsterdam: Allert de Lange 1934). Roth charakterisiert die Erzählung in seinem Vorwort: »Dieses Buch schreibe ich als eine Warnung und eine Mahnung, damit man den Antichrist erkenne, in allen Gestalten, in denen er sich zeigt.« Breitenbach hat Joseph Roth im Herbst 1935 mehrmals getroffen:[14] Er besuchte ihn im Hotel Foyot, wo Roth Wohnung fand, um ihn in seiner Alltagsumgebung zu porträtieren. Soma Morgenstern, ein Weggefährte und Zimmernachbar von Roth, berichtet von dessen öffentlichem Leben und Arbeiten im Salon des Hotels: »Hier saß er stundenlang, ließ sich vom Laufburschen, der in Paris ›chasseur‹ heißt, seinen flüssigen Betriebsstoff bringen, und schrieb. Hier empfing er seine Besuche. Und schrieb. Hier las er die Zeitungen. Und schrieb.«[15]

Zurück zur Ausstellung: Auf der anderen Seite der Mittelinstallation, sie verläuft parallel zur Wand mit der Exilpublizistik, beginnt die untere Ebene mit *Das Mädchen, mit dem die Kinder nicht verkehren durften* von Irmgard Keun (Amsterdam: Allert de

Joseph Roth (Amsterdam: Allert de Lange 1934). Roth characterizes the story in a foreword: »I am writing this book as a warning and an exhortation, so that the Antichrist may be recognized in all the forms in which he shows himself.« Breitenbach met Joseph Roth several times in the fall of 1935:[14] He saw him in Roth's residence, the Hotel Foyot, to portray him in his everyday surroundings. Soma Morgenstern, a companion and neighbor of Roth, describes his public life and work in the salon of the hotel: »He sat here for hours, had the errand boy, called ›chasseur‹ in Paris, bring him his liquid fuel, and wrote. Here he received his visitors. And wrote. Here he read the newspapers. And wrote.«[15]

Back to the exhibition: on the other side of the central installation, running parallel to the wall with exile journalism, the lower level begins with *Das Mädchen, mit dem die Kinder nicht verkehren durften* (The Girl whith whom the Children were Forbidden to Play)

**33** Joseph Roth, Paris 1935

Lange 1936). Die meisten Bücher liegen in Stapeln und sind deshalb auf Breitenbachs Photo nicht zu identifizieren; das nächste erkennbare ist Hermann Wendels *Die Marseillaise* (Zürich: Europa-Verlag 1936). Wendel will mit seiner Geschichte der Revolutionshymne keine historisch korrekte Lektion erteilen, sondern zeigen, daß die Exilierten nach 1933 an die Ideen von 1789, an »Freiheit, Gleichheit, Brüderlichkeit« anknüpfen. Weiter rechts ist eine Lyrik-Anthologie zu sehen: Heinz Wielek ordnete 1935 für die Karlsbader Verlagsanstalt Graphia die *Verse der Emigration*. Er sammelte Gedichte, die vereinzelt in der Exilpresse erschienen waren und u.a. von Becher, Graf, Herrmann-Neisse, Heym und Lasker-Schüler stammen.

Auf der oberen Ebene des Regals nimmt die Prominenz der porträtierten Autoren von links nach rechts zu. Emil Ludwig macht den Anfang, er ist mit *Hindenburg und die Sage von der deutschen Republik* (Amsterdam: Querido 1935) vertreten; er versteht das Buch als Studie über die politische Mentalität der Deutschen. Daneben liegen Bände von Willi Bredel, und als nächstes stehen unter dem Porträt von Ernst Toller dessen *Briefe aus dem Gefängnis* (Amsterdam: Querido 1935). In der Einleitung pocht Toller auf die Gemeinschaft der Exilierten und Inhaftierten in Deutschland: »(...) ein anderes Deutschland – das schweigende, leidende. Lebt in Zuchthäusern und Konzentrationslagern, lebt kämpfend und verfolgt diesseits und jenseits der deutschen Grenze.« Toller gehörte zu den ersten, die 1933 vor einem internationalen Publikum die kulturelle deutsche Gegenidentität zum Nationalsozialismus verteidigten. Bald nach der »Machtergreifung« konfrontierte er Abgesandte des offiziellen Deutschland vor der literarischen Weltöffentlichkeit mit dem Geltungsanspruch des Exils. Er rief ihnen auf dem PEN-Kongreß am 28. Mai 1933 in Ragusa entgegen, sie besäßen

by Irmgard Keun (Amsterdam: Allert de Lange 1936). Most of the books are in stacks and thus cannot be identified in Breitenbach's photo; the next one is Hermann Wendel's *Die Marseillaise* (Zürich: Europa-Verlag 1936). In his story of the revolutionary hymn, Wendel is not concerned with imparting a historically-correct lesson; rather, he intends to show that the post-1933 exiles are carrying on the ideas of 1789: »Liberty, Equality, Fraternity«. Further to the right a poetry anthology can be seen: In 1935, for the Graphia publishing house in Karlsbad, Heinz Wielek compiled *Verse der Emigration* (Verses of Emigration). He collected poems which had appeared separately in the exile press, by such writers as Becher, Graf, Herrmann-Neisse, Heym and Lasker-Schüler.

On the upper level of the stand the authors are ranked from left to right according to how well-known they are. Emil Ludwig is the first, represented with *Hindenburg und die Sage von der deutschen Republik* (Hindenburg and the Legend of the German Republic, Amsterdam: Querido 1935), a book intended as a study of the German political mentality. Alongside it lie books by Willi Bredel, and next, under the portrait of Ernst Toller, is Toller's *Briefe aus dem Gefängnis* (Letters from Prison, Amsterdam: Querido 1935). In the introduction Toller insists on the solidarity of the exiles with those imprisoned in Germany: »(...) another Germany – the silent, suffering Germany lives in prisons and concentration camps, lives struggling and persecuted inside and outside the borders of Germany.« As early as 1933, Toller was among the first to insist to an international public upon a cultural German identity counter to National Socialism. Soon after the »seizure of power« he confronted emissaries of official Germany with the claims of the exiles in front of an international literary public. At the PEN conference in Ragusa on May 28, 1933, he accused them of possessing »no legitimacy to equate themselves with Germany. Millions of people in Germany are

»keine Legitimation, sich und Deutschland gleich-
zusetzen. Millionen Menschen in Deutschland
dürfen nicht frei reden und frei schreiben. Wenn
ich hier spreche, spreche ich für diese Millionen,
die heute keine Stimme haben.« [16]

Tollers Nachbar in der Galerie von »Das Freie
Deutsche Buch« ist nicht minder engagiert:
Ludwig Renn wurde nach zweieinhalb Jahren in
nationalsozialistischen Gefängnissen Kommandeur
der XI. Interbrigade im Spanischen Bürgerkrieg.
Er repräsentiert in der Ausstellung jene Autoren,
die unter Einsatz ihres Lebens die schriftstelleri-
schen Waffen gegen die militärischen eintauschen
und als Kriegsfreiwillige gegen die Franco-Armee
kämpfen.

Rechts von einem unidentifizierten Porträt ist
die Elite aufgereiht. Der Bücherstoß unter Lion
Feuchtwangers Bild enthält die ersten beiden
Bände des *Josephus-Zyklus* (*Der Jüdische Krieg/
Die Söhne*, Amsterdam: Querido 1933/1935),
Die *Geschwister Oppenheim* (Amsterdam: Querido
1933), *Die häßliche Herzogin Margarete Maultasch*
(Amsterdam: Querido 1935) und die *Stücke in
Prosa* (Amsterdam: Querido 1936). Weiter geht es
mit dem Hause Mann; zuerst mit Klaus Mann und
seinem Roman *Mephisto* (Amsterdam: Querido
1936), dann mit Thomas Mann – ohne eigenen
Titel, statt dessen mit Will Schabers Denkschrift
zu Manns 60. Geburtstag (Zürich: Oprecht 1935) –
und schließlich mit Heinrich Mann, dem »Hindenburg des Exils«. Diesen etwas süffisanten Titel ver-
leiht ihm Ludwig Marcuse aus gutem Grund. [17] Er
bezieht sich weniger darauf, daß Heinrich Mann
1932 als möglicher Gegenkandidat zum greisen
Reichspräsidenten Hindenburg ins Gespräch kam.
Heinrich Mann vereint im französischen Exil wie
kein anderer Schriftsteller künstlerische, moralische
und politische Autorität in einer Person. Er ist *die*
Integrationsfigur, und das weit über den litera-

forbidden to speak and write freely. When I speak
here, I speak for these millions who have no voice
today.« [16]

Toller's neighbor in this gallery of »The Free German Book« is no less committed. After two and a half
years in German prisons, Ludwig Renn became the
commander of the XI. Interbrigade in the Spanish
Civil War. In the exhibition he represents those authors
who risk their lives and exchange literary for military
weapons, fighting as volunteers against Franco's army.

To the right of an unidentified portrait, the elite is
arrayed. The stack of books under Lion Feuchtwanger's
picture contains the first two volumes of the *Josephus*
cycle, *Der Jüdische Krieg* and *Die Söhne* (The Jewish
War/The Sons, Amsterdam: Querido 1933/1935), as
well as *Die Geschwister Oppenheim* (The Oppenheims,
Amsterdam: Querido 1933), *Die häßliche Herzogin
Margarethe Maultasch* (The Ugly Duchess Margarethe
Maultasch, Amsterdam: Querido 1935) and *Stücke
in Prosa* (Plays in Prose, Amsterdam: Querido 1936).
Next comes the House of Mann, first Klaus Mann
and his novel *Mephisto* (Amsterdam: Querido 1936),
then Thomas Mann -without books of his own, instead
with Will Schaber's eulogy for Mann's 60th birthday
(Zürich: Oprecht 1935) - and finally Heinrich Mann,
the »Hindenburg of Exile«. This somewhat supercilious
title is bestowed upon him by Ludwig Marcuse for
good reason. [17] He is not referring to the fact that in
1932 Heinrich Mann was considered as a possible
opposing candidate for the aging Reich President
Hindenburg. Rather in French exile, Heinrich Mann,
more than any other writer, unites artistic, moral and
political authority in one person. He is *the* figure of
integration, far beyond the literary sphere. His portrait

rischen Bereich hinaus. Sein Porträt bleibt auf Breitenbachs Photo außen vor, zu sehen ist nur der Einband von *Es kommt der Tag* (Zürich: Europa-Verlag 1936). Heinrich Mann kombiniert in seinem *Deutschen Lesebuch* Klassikerzitate, eigene Essays und Bibelstellen. Die priesterliche Diktion, die er über den Titel hinaus im ganzen Buch beibehält, ist keine persönliche Marotte. Der »heilige Text« ist vielmehr ein heimliches Motto des ganzen Unternehmens Exilliteratur: Die Autoren versuchen sich als Heilsbringer. Die Idee eines »anderen Deutschland«, das durch seine Literatur und Kunst repräsentiert werde, ist eng mit der Vorstellung vom »deutschen Sonderweg« verknüpft, also mit der Annahme, daß in Deutschland Geist und Macht voneinander getrennt seien. Die meisten exilierten Schriftsteller sehen sich durch den Sieg der Nazis und ihre eigene Vertreibung bestätigt. Sie lassen aber nach Ausbürgerung und Flucht nicht davon ab, sich für Deutschland zuständig zu fühlen und begreifen sich als seine wahren »geistigen Führer«, die gewaltsam von ihrem Publikum ferngehalten werden. Ihre Texte sind deshalb oft mit einer quasireligiösen Bedeutung überfrachtet: Sie sollen die Botschaft für ein künftiges »besseres Deutschland« verkünden.

*Es kommt der Tag* spielt auf das Auferstehungs-motiv an. Heinrich Mann irrt 1936 mit seiner Überzeugung, daß in Deutschland der Tag einer politischen und moralischen Auferstehung aus eigener Kraft kommen wird. Sie bleibt eine literarische Fiktion. »Das Freie Deutsche Buch« ist eine Darstellung des entsprechenden Selbstverständnisses der Schriftsteller. Breitenbach ist es gelungen, die komplexe Inszenierung des »Freien Deutschen Buchs« angemessen ins Bild zu setzen.

is omitted from Breitenbach's photograph; all that can be seen is the cover of *Es kommt der Tag* (The Day Will Come, Zürich: Europa-Verlag 1936). In his *German Reader*, Heinrich Mann combines quotes from the classics, Biblical passages, and his own essays. The priestly diction, maintained not only in the title, but throughout the entire book, is no personal quirk. The »holy text« is a secret motto of the whole enterprise of exile literature: The authors try their hand at bringing salvation. The idea of an »other Germany« represented by its literature and art is closely related to the conception of the »German Sonderweg«, that is, related to the assumption that in Germany intellect and power exist separately. Most exiled writers feel confirmed in their views by the victory of the Nazis and their own expulsion. But even after expatriation and flight, they do not cease to feel responsible for Germany, and to see themselves as its true »spiritual leaders« who are being forcibly kept away from their audience. That is why their texts are often over-burdened with quasi-religious significance: they are meant to spread the word for a future »better Germany«.

*Es kommt der Tag* alludes to the motif of resurrection. In 1936, Heinrich Mann clings to the false assumption that in Germany the day of political and moral resurrection will come on its own. It remains a literary
fiction. »The Free German Book« is a display of the writers' self-understanding. Breitenbach succeeded in giving the complex staging of »The Free German Book« its appropriate visual expression.

**1** Brecht und das Ensemble in *Die Gewehre der Frau Carrar,* Paris 1937
*Brecht and the ensemble in* Señora Carrar's Rifles, *Paris 1937*

**DIE GEWEHRE** DER **FRAU CARRAR**
Künstlerische Gesamtleitung : S. Th. DUDOW
Mitwirkung : **ALS GAST**
**HELENE WEIGEL**
Steffie Spira, H. Altmann, W. Florian, W. Hain,
G. Ruschin, S. Schidloff, Bühnenbild : H. LOHMAR
**SONGS UND BALLADEN**
Am Flügel : J. COSMA
«**Der letze Milliardär**»
Ein Film von RENÉ CLAIR
Unter dem Protektorat des Schutzverbandes Deutscher Schriftsteller
Sonnabend den 16. Oktober 1937 - 8⁴⁵
Sonntag den 17. Oktober 1937 - 8⁴⁵
SALLE ADYAR, 4, Avenue Rapp-7ᵉ
KARTEN zu Fr. 6 - 10 - 15 — In der Ausstellung «Das Deutsche Buch in Paris»
15, Rue Gay-Lussac-5ᵉ oder an den bekannten Vorverkaufsstellen und der Abendkasse, Einlass 8³⁰

**2** Ankündigung für die Uraufführung
der *Carrar*
*Announcement for the opening night of*
Carrar

# III. »Brecht ruft an.«
# Die Inszenierungen in Paris (1937/38) und New York (1945)

**Wolfgang Schopf**

## III. »Brecht calls«
## The Productions in Paris (1937/38) and New York (1945)

Wolfgang Schopf

I. *Die Gewehre der Frau Carrar*
(Paris 1937)

In Breitenbachs Taschenkalender stehen für den
27. September 1937 vier Termine: Der erste
ist in der rue Odessa, dann will er um Viertel vor
zwölf in seinem Studio (70, rue Notre Dame des
Champs) Besuch empfangen, die nächste Verpflichtung ist um 15.00 Uhr, und das Abendprogramm
soll in 118, Champs Elysées beginnen. Die säuber-
lichen Eintragungen sind mit einem Rotstift um
die Notiz eines unvorhergesehenen Zwischenfalls
ergänzt: »Brecht ruft an«. Wie folgenreich das Tele-
phonat für Breitenbach ist, zeigen die ca. 70 Photos
und Dokumente dieses Kapitels.

Brecht und Weigel sind schon seit gut zwei
Wochen in Paris; am Théâtre de L'Étoile läuft die
französische Inszenierung der *Dreigroschenoper*.
Die Kontaktaufnahme durch Brecht hat aber
andere Gründe; Brecht möchte sich portätieren
lassen und zeigt Interesse an Szenenphotos von
einem weiteren Stück: *Die Gewehre der Frau Carrar*.
Der Regisseur Slatan Dudow produziert es mit
dem Ensemble des Emigranten-Kabaretts »Die
Laterne« und Helene Weigel in der Hauptrolle,
am 16. Oktober 1937 soll die Premiere sein.

Slatan Dudow regte das neue Stück an. Er hatte
in Berlin mit Brecht an dem Film *Kuhle Wampe* und
der Inszenierung von *Die Maßnahme* gearbeitet;
jetzt motivierte ihn das Zeitgeschehen, Brecht eine
Fortsetzung der Kooperation vorzuschlagen. Die
Generäle um Franco putschten im Juli 1936 gegen
die spanische Volksfrontregierung. England und
Frankreich einigten sich auf Nichteinmischung.
Das klingt nur scheinbar nach Neutralität. Tatsächlich belegten beide Länder Spanien mit einem Waf-
fenembargo und duldeten gleichzeitig die Unterstützung Francos durch die deutschen Faschisten.
Dagegen regt sich in Paris Protest, und den will

I. *Die Gewehre der Frau Carrar* (Señora Carrar's Rifles,
Paris 1937)

Breitenbach's date book contains four appointments for September 27, 1937. The first is
on rue Odessa; then, at a quarter to twelve, he will
receive a visitor in his studio (70, rue Notre Dame
des Champs); the next engagement is at three in the
afternoon, and the evening agenda is to begin at 118,
Champs Elysées. The neat entries are amended in red
pencil to take note of an unforeseen event: »Brecht
calls«. The telephone conversation has important
consequences for Breitenbach, as the approximately
70 photographs and documents in this chapter show.

Brecht and Helene Weigel have been in Paris for
a good two weeks; the French production of *The
Threepenny Opera* is running at the Théâtre de L'Étoile.
But Brecht has different reasons for contacting
Breitenbach; he wants to have a portrait made, and
is interested in commissioning production photos
of another play: *Die Gewehre der Frau Carrar*. It is
being produced by the director Slatan Dudow with
the ensemble of the emigrant cabaret «Die Laterne»
(The Lantern), with Helene Weigel in the main role,
and is to premiere on October 16, 1937.

Slatan Dudow himself provided the inspiration for
the new Brecht play. In Berlin he had worked with
Brecht on the film *Kuhle Wampe* and the production
of *Die Maßnahme* (The Measures Taken); spurred by
the events of the moment, he suggests to Brecht that
they resume their cooperation. In July 1936, the
Spanish generals, led by Franco, revolted against the
government of the People's Front. England and France
agreed on a policy of non-intervention. At first glance,
this seems to indicate neutrality; in fact, however, both
countries imposed an arms embargo on Spain, while
tolerating the German fascists' support of Franco. This
has caused a wave of protest in Paris, which Dudow

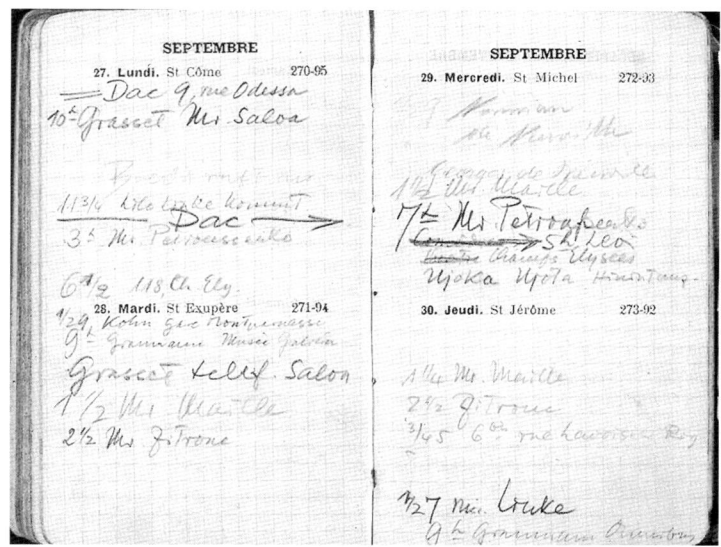

3 Breitenbachs Taschenkalender,
27. September 1937: »Brecht ruft an«
*Breitenbach's date book,*
*September 27, 1937: »Brecht calls«*

Dudow anfachen. Er bittet Brecht deshalb im Herbst 1936 um Material, mit dem er das Publikum gegen die »Nichteinmischung« mobilisieren kann.

Brecht forciert seine Arbeit über Spanien spätestens nach dem verheerenden Bombardement der baskischen Stadt Guernica durch die Flugzeuge der deutschen »Legion Condor« am 26. April 1937. Er sammelt (unterstützt von Margarete Steffin) Informationen und Dokumente über den spanischen Bürgerkrieg, um sein Stück auf authentisches Material zu stützen. Im Sommer 1937 ist *Die Gewehre der Frau Carrar* aufführungsreif. Die Handlung spielt im Spanien der Gegenwart, trotzdem transportiert *Carrar* eine überzeitliche Aussage. Brecht beschreibt diese Verbindung: »Das kleine Stück, von dem wir sprechen, handelt von dem Kampf einer andalusischen Fischersfrau gegen die Generäle. Ich versuche zu zeigen, wie schwer sie sich zu diesem Kampf entschließt, wie sie nur in der äußersten Not zum Gewehr greift.«[1]

Dieser Griff zum Gewehr schließt die Handlung ab. Vorher wird Carrar mit unliebsamen Wahrheiten konfrontiert. Sie ist Witwe und versucht ihre

wants to encourage. In fall 1936, he asks Brecht for material which he can use to mobilize the public against »non-intervention«.

After the devastating bombardment of the Basque city of Guernica by the German »Legion Condor« air squadron on April 26, 1937, Brecht focuses his efforts on the Spanish project. With the help of Margarete Steffin, he collects information and documents about the war in Spain as authentic background material for his play. *Die Gewehre der Frau Carrar* is ready for the stage in summer, 1937. The story takes place in contemporary Spain; at the same time, *Carrar* carries a timeless message. Brecht describes the connection: »The little play we are talking about deals with an Andalusian fisherman's wife and her fight against the generals. I've tried to show how difficult it is for her to decide to fight them: how only the most extreme necessity makes her take up a rifle.«[1]

The act of reaching for the rifle will bring the story to a close. Until then, Carrar must confront unpleasant truths. She is a widow, and attempts to keep both of

beiden Söhne aus den Kämpfen herauszuhalten, in denen sie ihren Mann verlor. Während ihr Bruder sie besucht, um die Gewehre des Toten für den bewaffneten Widerstand gegen Franco zu requirieren (wogegen sie sich sträubt), wird einer ihrer Söhne von faschistischen Einheiten erschossen, obwohl er nur fischen war. Sie überwindet daraufhin ihre ängstliche Defensivhaltung und schließt sich dem Kampf an.

Seit dem Ausbruch des Spanischen Bürgerkriegs stehen viele Exilierte vor der Frage, ob sie sich als Freiwillige der »Internationalen Brigaden« an der militärischen Auseinandersetzung beteiligen. Er ist für die geflohenen Nazigegner ein Stellvertreterkrieg gegen die Faschisten. Sie verließen Deutschland mit der Parole, das Wort zur Tat gegen den Nationalsozialismus zu machen, und müssen sich nun zwischen Schreibmaschine und Gewehren entscheiden. Im Juli 1937 steht der »II. Schriftstellerkongreß zur Verteidigung der Kultur« im Zeichen der physischen Waffen; er ist eine Demonstration auf dem spanischen Kriegsschauplatz. Brecht kommt nicht selbst nach Madrid, seine Rede wird dort verlesen. Er wagt sich weit vor: »Die Kultur, allzu lange nur mit geistigen Waffen verteidigt, angegriffen aber mit materiellen Waffen, selbst nicht nur eine geistige, sondern auch besonders sogar eine materielle Sache, muß mit materiellen Waffen verteidigt werden.«[2]

Im Sommer 1937 hoffen die Akteure der »Freien Deutschen Kultur« in Paris auf ein großes Publikum. Die Stadt beherbergt die Weltausstellung, die noch mehr internationale Aufmerksamkeit nach Paris lenkt als ohnehin üblich. Eine deshalb geplante *Faust*-Inszenierung mit Max Reinhardt als Regisseur bleibt Wunschdenken; es ist Brecht vorbehalten, dem Exiltheater einen Schub zu geben. [3]

Brechts großes Interesse an Szenenphotos von *Die Gewehre der Frau Carrar* hat aber weniger etwas

her sons out of the battles in which she lost her husband. Her brother visits her to collect her husband's rifles for the resistance against Franco, but she is reluctant to comply; in the meantime, one of her sons is shot by the fascist troops while peacefully fishing. At this, she overcomes her fearful, defensive attitude and joins the struggle.

The Spanish Civil War confronts many exiles with the question of whether to participate in the military struggle as volunteers in the »International Brigades«. For the ousted opponents of the Nazis, it is a proxy war against the fascists. They left Germany with the motto of turning words into deeds against National Socialism, and now they must make a decision for either typewriter or arms. In July 1937, the »II. Writers' Congress for the Defense of Culture« takes place against a background of real weapons; it is a demonstration in the Spanish theater of war. Brecht does not come to Madrid himself, but his speech is read there. It is a speech which takes risks: »Culture, too long defended only with intellectual weapons while attacked with material weapons, is not merely an intellectual matter, but also – especially even – a material one, and must be defended with material weapons.«[2]

In summer 1937, the initiators of »Freie Deutsche Kultur« (Free German Culture) in Paris hope for a wide audience. The city is hosting the World's Fair, which attracts even more international attention to Paris than usual. A *Faust* production planned with this in mind, to be directed by Max Reinhardt, remains wishful thinking; it is left to Brecht to give the exile theater new impetus.[3]

However, Brecht's great interest in production

mit der Bedeutung der Aufführung für das Exiltheater zu tun; es sind didaktische Motive, aus denen heraus er Breitenbach um die Aufnahmen bittet. In einem späteren Brief erläutert er dem Photographen den Wert, den die Bilder für ihn haben: »die beschreibung des neuen darstellungsstils des epischen theaters ist ohne solche fotos fast unmöglich, besonders in der emigration, wo wir doch nicht in zureichendem ausmass aufführungen veranstalten und sie vor breiteres publikum bringen können. zudem habe ich die meisten fotos von aufführungen – ich habe die aufführungen systematisch fotografiert – in deutschland verloren. allerdings waren sie nie so schön wie die Ihrigen.«[4]

Für Breitenbach ist die Begleitung der Produktion doppelt bedeutsam. Zum einen knüpft er mit Theaterphotographie an seine Münchner Tätigkeit an. Am dortigen Kammerspiel hatte er sich bis 1933 in den Disziplinen Szenenphoto und Rollenporträt profiliert. Seine Aufnahmen von Schauspielern wie Albert Bassermann, Karl Valentin, Marianne Hoppe und Therese Giehse haben gemeinsam, daß Breitenbach ohne großen technischen Aufwand, aber mit viel Sensibilität die verschiedenen Facetten der Akteure und ihrer Rollen herausarbeitet. Er spürt dabei das unheroische Moment auf, das auch heroischen Charakteren innewohnt. In Paris ist die Rückkehr auf die Bühne anläßlich der *Carrar*-Inszenierung für Breitenbach so wichtig wie für die Hauptdarstellerin Helene Weigel, denn beide, die Schauspielerin und der Photograph, vermissen das Theater seit der Flucht vor den Nazis.

Zum anderen macht Breitenbach während der Brecht-Inszenierung eine Erfahrung, die seine eigene Arbeit verändert. Sie hängt damit zusammen, daß sich das aktuelle Theaterprojekt vom Münchner Spielbetrieb gewaltig unterscheidet. Der programmatische und der äußere Druck auf das Exiltheater sind ähnlich groß. Auf der technischen

photos of *Die Gewehre der Frau Carrar* has less to do with the significance of the production for the exile theater; rather, didactic motives lead him to ask Breitenbach for photographs. In a subsequent letter he explains to the photographer why the pictures are so important for him: »Without such photos it is nearly impossible to describe the new style of acting of the epic theater, especially in emigration, where we are unable to stage enough productions and introduce them to a broad audience. Moreover, I lost most of the photos of productions (...) in Germany. None of them were as good as yours, though.«[4]

For Breitenbach, the job of accompanying the production is doubly significant. For one thing, the theater photography picks up on his activities in Munich. Until 1933, he had made a name for himself there at the Kammerspiel (studio theater) in the disciplines of production photos and stage portraits. In his portraits of actors such as Albert Bassermann, Karl Valentin, Marianne Hoppe and Therese Giehse, Breitenbach brings out the various facets of the actors and their roles with sensitivity rather than technical extravagance. He probes the unheroic qualities which even heroic characters possess. The return to the stage in Paris with the *Carrar* production is as important for Breitenbach as for the lead actress Helene Weigel, for both of them, the actress and the photographer, have missed the theater ever since fleeing from the Nazis.

Additionally, the Brecht production is an experience which alters Breitenbach's own work. This is due to the enormous difference between this theater project and the theater business in Munich. The exile theater experiences programmatic and external pressure in equal measure. On the technical side, every-

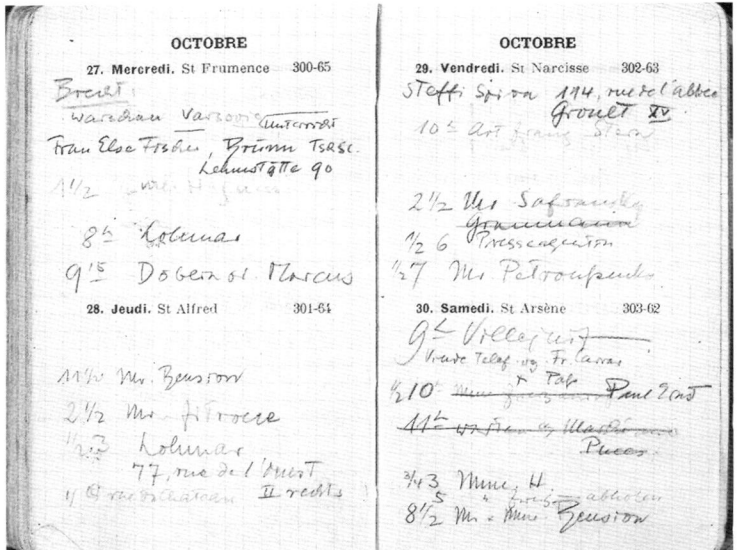

**4** Breitenbachs Taschen-
kalender, 27.–30. Oktober
1937: Verabredungen mit
Lohmar, Steffi Spira u.a.
*Breitenbach's date book,
October 27–30, 1937:
meetings with Lohmar,
Steffi Spira and others*

Seite fehlt es an allem: an Geld, Ausstattung und Räumlichkeiten; *Die Gewehre der Frau Carrar* wird buchstäblich aus dem Nichts produziert. Das gelingt nur, weil alle, vom Regisseur bis zur Kostümbildnerin, den Mangel durch Kreativität ausgleichen. Dabei brechen Hierarchien auf und Kompetenzen verschwimmen. Wegen der Materialknappheit, der geteilten Not und des gleichen politischen Zieles, das alle Mitarbeiter an der Produktion verfolgen, erhält die Idee des »Ensembles« einen greifbaren Inhalt. Breitenbach nutzt seine Chance, zu solch einem Ensemble zu gehören und an der Entstehung dessen teilzuhaben, was er photographiert. Das ist für den Autodidakten und Einzelgänger ein tiefer Einschnitt. Er baut seine Kamera nicht erst zur Schlußprobe auf, sondern läßt sich auf alle Schritte der Produktion ein. Dadurch wird er auch Mitglied der sozialen Gemeinschaft des Projekts; in der Zeit nach der Aufführung stehen die Namen der Beteiligten immer wieder in seinem Taschenkalender.

Der Maler Heinz Lohmar, mit dem Breitenbach sich anfreundet, gestaltet die Bühne; das macht ihn in der Produktionsphase zu einer Hauptfigur. Er muß nahezu ohne Budget Requisiten herstellen.

thing is wanting: money, equipment and space; *Die Gewehre der Frau Carrar* is literally produced out of nothing. This succeeds only because all involved, from director to costume designer, make up for the shortcomings with creativity. In the process, hierarchies break down and areas of authority blur. Due to the scarcity of materials, the shared deprivation and the common political goal pursued by all the participants in the production, the idea of the »ensemble« is made tangible. Breitenbach seizes the chance to become a member of such an ensemble and take part in the genesis of the event which he photographs. For the autodidact and loner, this is a crucial turning point. Rather than waiting until the dress rehearsal to set up his camera, he becomes involved in all steps of the production. In this way he also joins the social network of the project; after the production, the names of the participants turn up in his date book again and again.

The painter Heinz Lohmar, who becomes a friend of Breitenbach, is the stage designer, making him a central figure in the production phase. He must

Wie gut ihm das gelingt, spricht aus Anna Seghers' Kritik in *Internationale Literatur*: »Dank dem Lohmar, der Tür, Fenster und Backofen ›wie für Reinhardt selbst‹ baute.«[5]

Die ganze Vorbereitung der Aufführung, die Breitenbach in allen Schritten dokumentiert, verläuft denkbar ungewöhnlich: Eine Probebühne steht nicht zur Verfügung, also weicht das Ensemble ins Hinterzimmer eines Cafés aus. Steffie Spira (sie spielte die alte Frau Perez) erinnert sich an die seltsame Situation: »Dort ging es auch zu den Toiletten, und die Leute schlurften durch den Raum, während wir probierten, und dann sahen sie diese aufeinandergestellten Tische und Stühle, die für uns die Dekoration ausmachten, hörten uns in dieser fremden Sprache reden und blieben erstaunt und interessiert stehen.«[6]

Damit die Choreographie in der improvisierten Kulisse nicht durcheinandergerät, baut Lohmar einen Guckkasten und erläutert das Bühnenkonzept im eigenen Atelier. Da steht das Modell auf der Wohnzimmerkommode. Im gleichen Raum studieren die Schauspieler ihre Texte, und nebenan überprüft Heinz Lohmar den Andruck des Plakats, während seine Frau Hilde die Kostüme schneidert.

produce props virtually without a budget. The degree of his success can be seen from Anna Seghers' review in *Internationale Literatur* (International Literature): »Thanks to Lohmar, who built the door, window and oven ›as if for Reinhardt himself‹.«[5]

The entire preparations for the production takes an highly unusual course, and Breitenbach documents all the steps. No rehearsal stage is available, and so the ensemble uses the back room of a café. Steffie Spira (who played Old Mrs. Perez) recalls the peculiar situation: »It was on the way to the toilets, and people shuffled through the room while we were rehearsing; when they saw the stacked-up tables and chairs which made up our scenery and heard us speaking this strange language, they stopped in their tracks, startled and intrigued.«[6]

To keep the choreography from disintegrating into chaos in the improvised scenery, Lohmar builds a model and explains the staging concept in his own studio. The model stands on a chest of drawers in the living room. The actors learn their lines in the same room, and next door Heinz Lohmar looks over the proofs of the posters while his wife Hilde sews the

**5** Probe im Hinterzimmer eines Restaurants (stehend: Helene Weigel)
*Rehearsal in the backroom of a restaurant (standing: Helene Weigel)*

**6** Lohmar erklärt Ensemblemitgliedern in seinem Atelier das Bühnenmodell.
*In his studio, Lohmar explains the stage design to the actors.*

Zur Beschaffung von Requisiten unternimmt das Ensemble einen Ausflug auf den Pariser Flohmarkt. Regisseur und Schauspieler schlendern an den Ständen voller Gerümpel vorbei und halten Ausschau nach günstiger Dekoration. Dudow beäugt einen Ofen – Theresa Carrar soll darin das Brot backen –, aber er ist zu teuer, deshalb wird Lohmar ihn schreinern. Auf der Einkaufsliste stehen auch die Gewehre der Carrar. Breitenbach zeigt, wie Lohmar an der Mechanik einer Flinte tüftelt, Dudow vergräbt derweil seine Hände in den Manteltaschen.

Mit seiner Dokumentation geht Breitenbach weit über Brechts Wünsche hinaus. Er verfolgt einen eigenen Plan: Die Produktion des Stücks ist für ihn das Thema einer Reportage geworden, die sein bisheriges Arbeitsfeld erweitert. Seit seiner Ankunft in Paris im September 1933 hat er die Stadt auch mit journalistischem Blick betrachtet. Zu seinen Aufzeichnungen gehört die Skizze einer sozialkritischen Paris-Studie. Breitenbach hat das Vorhaben nicht umgesetzt; an seine Stelle tritt »Eine Uraufführung für 183 Dollar«, die Geschichte der *Carrar*-Inszenierung. Am 20. November 1937

costumes.

For the props, the ensemble makes an excursion to the Paris flea market. Director and actors stroll along among the junk stands, on the lookout for cheap decor. Dudow eyes an oven which is needed for Theresa Carrar to bake her bread, but it is too expensive, so Lohmar ends up building it himself. The shopping list also includes Carrar's rifles. Breitenbach shows Lohmar fiddling with the mechanism of a rifle, while Dudow buries his hands in his coat pockets.

Breitenbach's documentation far exceeds Brecht's wishes. He has his own plans: For Breitenbach, the production of the play has become the topic of a journalistic project which expands his previous range of work. Ever since arriving in Paris in September 1933, he has observed the city with the eye of a journalist. His notes include a sketch of a socially critical study of Paris. Breitenbach never realized the plan; in its place he produces »Eine Uraufführung für 183 Dollar« (A Premiere for 183 Dollars), the story of the *Carrar* production. On November 20, 1937, Breiten-

**7** In Lohmars Atelier: Er betrachtet seinen Holzschnitt für das Plakat, Hilde Lohmar näht ein Kostüm. *In Lohmar's studio: he inspects his woodcut, used for the poster, Hilde Lohmar sews a costume.*

**8** Regisseur und Schauspieler liebäugeln auf dem Flohmarkt mit einem Ofen. *Director and actors eye an oven at the flea marked.*

bietet Breitenbach die freie Arbeit mit einem Begleittext der New Yorker Illustrierten *LIFE* an. Die Redaktion lehnt das Projekt ab, lädt Breitenbach aber brieflich ein, möglichst rasch weitere Dokumentationen von Pariser Geschehnissen mit internationalem Charakter einzusenden.[7]

Die *Carrar*-Reportage beginnt mit den genannten Aufnahmen von der Vorbereitung; im zweiten Teil skizziert Breitenbach mit Photos und Bildunterschriften die Handlung des Stücks. Diese Serie entsteht während der Generalprobe. Breitenbach hat offenbar genug Zeit, um an ausdrucksstarken close-ups zu arbeiten, denn die Bilder changieren zwischen Szenenphotos und Rollenporträts. Er startet sein Arrangement mit dem intensivsten Porträt von Helene Weigel als Theresa Carrar; sie blickt in die Kamera und exponiert die Figur. Breitenbach kommentiert das Photo in seiner Reportage so: »Frau Carrar (von Helene Weigel gespielt) ist die Witwe eines spanischen Fischers, der bei einem früheren Aufstand umkam. Nun ist sie fromm geworden, will ihre Söhne jedem Aufruhr fernhalten: ›Wir sind arme Leute. Arme Leute können keinen Krieg führen.‹«

bach submits the freelance work, with accompanying text, to *LIFE* magazine in New York. The editors reject the project, but in their letter invite Breitenbach to submit further documentations of Parisian events with an international character as soon as possible.[7]

The *Carrar* article begins with the above-mentioned photographs of the preparations; in the second part Breitenbach uses photos and captions to outline the plot of the play. The series originates during the dress rehearsal. Breitenbach evidently had time enough to work on expressive close-ups: the pictures alternate between production photos and stage portraits. He starts off his arrangement with the intense portrait of Helene Weigel as Theresa Carrar; she gazes into the camera and presents the essence of the character. In the photo report the image is captioned: »Señora Carrar (played by Helene Weigel) is the widow of a Spanish fisherman who was killed in an earlier rebellion. Now she has become deeply religious and hopes to keep her sons out of all the disturbances: ›We are poor people. Poor people can't wage war.‹«

**9** Dudow und Lohmar untersuchen auf dem Flohmarkt ein Gewehr. *Dudow and Lohmar examinate a rifle at the flea marked.*

**10** Theresa Carrar (Helene Weigel)

Auf dem nächsten Bild sieht man sie vor dem Ofen knien: »Sie bäckt Brot. Es ist ihr letztes Mehl – die Kanonen Francos haben die Lebensmittelschiffe zur Umkehr gezwungen.« Es wird zum Finale des Stücks der Proviant für den aushäusigen Kampf sein. Nach dieser Vorstellung der Hauptfigur zeichnet Breitenbach den Verlauf des Stücks nach. Das unternimmt er aus der gleichen Perspektive, mit der er Helene Weigel in den beiden ersten Photos porträtierte: Er richtet seinen Blick mehr auf das dramatische Personal als auf die Bühne insgesamt. Das nächste Bild zeigt die Konfrontation der Charaktere miteinander. Sie sitzen am Tisch der Fischerhütte und lesen: »Ein Flugblatt Francos: ›Wer nicht mitkämpft, wird verschont.‹ Frau Carrar glaubt es; ihr Bruder, ein Soldat im loyalistischen Heer, und ihr junger Sohn glauben es nicht. Der Padre ist ein ehrlicher Mann; er weiß nicht, was wahr ist.«

Breitenbach verfolgt die Eskalation des Streits: »Der Bruder will die Gewehre haben, die ihr Mann in Verwahrung hatte. Frau Carrar will sie nicht hergeben: ›Es geht nicht mit Gewalt. Ich bin nicht für

The next picture shows her kneeling in front of the oven: »She bakes bread. It is the last of her flour – Franco's cannons have forced the supply ships to turn back.« In the finale of the play it will provide sustenance for the battle away from home. After introducing the main character, Breitenbach traces the progression of the play, using the same perspective with which he portrayed Helene Weigel in the first two photos: he focuses more on the characters than on the stage as a whole. The next picture shows the confrontation among the characters. They sit at the table in the fishing hut, reading: »A pamphlet from Franco: ›Those who do not fight will be spared.‹ Señora Carrar believes it; her brother, a soldier in the loyalist army, and her younger son do not. The Padre is an honest man; he does not know what is true.«

Breitenbach traces the escalation of the argument: »The brother wants the weapons which her husband had in his safekeeping. Señora Carrar does not want to

**11** Theresa Carrar (Helene Weigel) backt das Brot.
*Theresa Carrar (Helene Weigel) bakes the bread.*

**12** Der Padre (Günter Ruschin)
*The Priest (Günter Ruschin)*

die Generäle. Aber wenn ich mich still verhalte, dann verschonen sie uns vielleicht.‹«

Das zugehörige Bild erinnert an eine Studioproduktion, denn die Kamera bestimmt mehr die Aussage, als daß sie dem dramatischen Geschehen nachschwenkt. Breitenbach photographiert vom rechten Bühnenrand aus. Er zeigt folgenden Ausschnitt: Der Sohn und der Bruder stehen auf der Bühnenmitte und fixieren die Carrar. Sie befindet sich zwischen der Kamera und den beiden Männern, denen sie den Rücken zukehrt, und umklammert die Gewehre, sie drückt sie an ihren Körper. Breitenbach läßt durch diese Perspektive eine Achse erscheinen, die von den Kämpfern über die Carrar mit den Gewehren in die Kamera mündet, was eine Sackgasse ist. Der Ausweg wird im Bühnenszenario sichtbar, wo eine Tür den Weg weist, den die Beteiligten schließlich gehen: den des wirklichen Kampfes mit dem Gegner.

Die Hoffnung von Theresa Carrar, für ihre Passivität belohnt zu werden, schwindet im Verlauf der Dialoge und wird durch den Tod ihres anderen

surrender them: ›Violence will get us nowhere. I'm not for the generals. But if I keep still, then maybe they'll spare us.‹«

The accompanying picture is reminiscent of a studio production; the camera determines the message rather than following the dramatic action. Breitenbach photographs from the right-hand edge of the stage. He shows the following constellation: the son and the brother stand in the center of the stage, their eyes fixed on Carrar. She stands between the camera and the two men, her back turned to them, and clutches the firearms, pressing them to her body. Breitenbach's perspective creates an axis which reaches from the fighters to Carrar, holding the weapons, and ends at the camera – a dead end. The alternative becomes visible in the stage scenario: here a door points to the path which the characters ultimately take by choosing to take up the actual struggle with the enemy.

Theresa Carrar's hope that she will be rewarded for her passivity dwindles in the course of the dialogues

**13** Am Tisch in Theresa Carrars Hütte: Der Padre (Günter Ruschin), José Carrar (Walter Hain), Theresa Carrar (Helene Weigel), der Arbeiter Pedro und ihr Bruder (Werner Florian)
*Around the table in Theresa Carrar's hut: the Priest (Günter Ruschin), José Carrar (Walter Hain), Theresa Carrar (Helene Weigel), the worker Pedro and her brother (Werner Florian)*

**14** Theresa Carrar (Helene Weigel) verteidigt die Gewehre vor ihrem Sohn (Walter Hain) und ihrem Bruder (Werner Florian).
*Theresa Carrar (Helene Weigel) defends the rifles against her son (Walter Hain) and her brother (Werner Florian).*

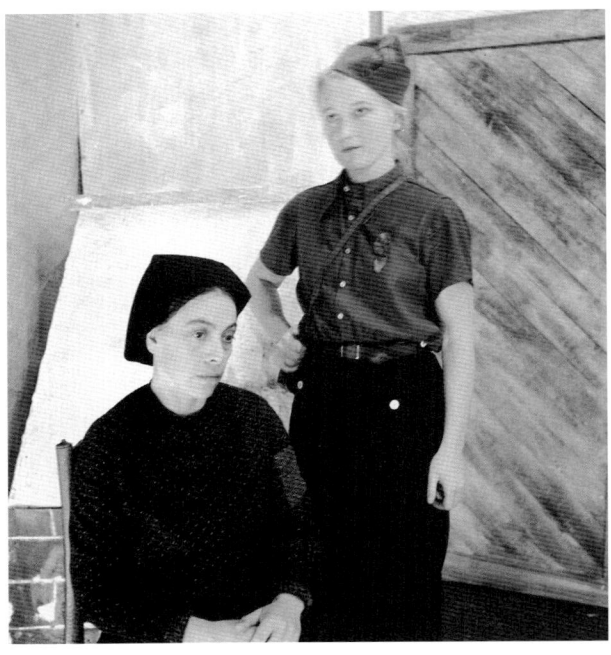

**15** Theresa Carrar (Helene Weigel) und Manuela (Friedel Ferrari)
*Theresa Carrar (Helene Weigel) and Manuela (Friedel Ferrari)*

**16** Juan Carrar ist tot.
Vorne: Theresa Carrar (Helene Weigel), Juan Carrar (Heinz Lohmar), Manuela (Friedel Ferrari);
stehend: Der Verwundete (Hans Altmann), eine Frau (unbekannt), die alte Frau Perez (Steffie Spira), ein Fischer (S. Schidloff), Pedro (Werner Florian), José Carrar (Walter Hain)
*Juan Carrar is dead.*

*In front: Theresa Carrar (Helene Weigel), Juan Carrar (Heinz Lohmar), Manuela (Friedel Ferrari);*
*standing: the Wounded Man (Hans Altmann), a Woman (unidentified), Old Mrs Perez (Steffie Spira), a Fisherman (S. Schidloff), Pedro (Werner Florian), José Carrar (Walter Hain)*

**17** Pedro (Werner Florian), José (Walter Hain) und Theresa Carrar (Helene Weigel) vor dem Aufbruch.
*Pedro (Werner Florian), José (Walter Hain) and Theresa Carrar (Helene Weigel) before the awakening*

Sohns endgültig erschüttert: »Schweigend bringen ihr die Nachbarn den älteren Sohn tot heim: er ist beim Fischen von den Soldaten Francos ohne jeden Grund erschossen worden.« Das vorletzte Bild des Zyklus ist verloren gegangen, es zeigte die Sequenz, in der Brecht die Ermordung des Fischerjungen als Verbrechen an der Klasse kennzeichnet: »Die Mutter hält die Mütze des Toten: ›Schuld war die Mütze. Sie ist schäbig. So etwas trägt kein Herr.‹« Schließlich trägt die Carrar eine Waffe, in der linken Hand hält sie das Brot: »Es gibt kein Neutralbleiben. Jetzt gibt Frau Carrar die Gewehre heraus - eins dem Bruder, eins dem jungen Sohn, und das dritte nimmt sie selbst, sie wird mitkämpfen. In ihrem Bündel ist das fertig gebackene Brot.«

Wichtiger als diese psychologisierenden Studien sind für Brecht aber die Premierenbilder. Das erstaunt im ersten Moment, denn sie sind von viel schlechterer Qualität als die Aufnahmen der Generalprobe. Breitenbach beschreibt gut 20 Jahre später in einem Brief an Helene Weigel die Photos der Aufführung vom Oktober 1937: »Diese letzteren sind technisch nicht sehr gut, entsprechend den unguenstigen Verhaeltnissen (schwache Buehnenbeleuchtung, etc.).«[8]

Er liefert in dem gleichen Schreiben aber auch die Erklärung für Brechts Begeisterung über die Photos: »(...) etwa 20 Bilder, aufeinanderfolgende Szenen die ich vom Balkon aus nach den Anweisungen von Brecht machte, der neben mir saß.« Die Aufnahmen zeigen die Bühne in der Totalen, das bedeutet, daß sie jeweils Momentaufnahmen der ganzen Szene sind, also ein zeitlicher, aber kein räumlicher Ausschnitt des Bühnengeschehens. Sie machen dessen dramatische Knotenpunkte kenntlich, die Brecht selbst festlegte, während Breitenbach mit den Aufnahmen der Probe seine eigene photographische Interpretation der Figuren vorlegte.

and is shattered by the death of her other son: »In silence, her neighbors bring home the dead body of her eldest son: while fishing, he was shot by Franco's soldiers without any reason whatsoever.« The next to last picture in the cycle has been lost; it showed the sequence in which Brecht characterizes the murder of the fisher boy as a crime against class: »The mother holds the cap of the dead boy: ›It was the cap's fault. It's shabby. No gentleman wears a cap like that.‹« Finally Carrar carries a weapon; in her left hand she holds the bread: »Neutrality is impossible. Now Señora Carrar distributes the weapons – one for her brother, one for her younger son, and the third she takes herself; she will fight with the others. In her bundle is the freshly baked bread.«

For Brecht, though, the premiere photos are more important than these psychological studies. This is initially surprising, as they are of much poorer quality than the photographs from the dress rehearsal. A good 20 years later, Breitenbach describes the photos from the October 1937 production in a letter to Helene Weigel: »These last are not very good, due to the unfavorable conditions (dim stage lighting, etc.).«[8]

In the same letter, though, he provides the explanation for Brecht's enthusiasm about the photos: »(...) about 20 pictures, successive scenes which I photographed from the balcony according to the directions of Brecht, who sat next to me.« The photographs show the stage as a whole, meaning that each is a snapshot of the entire scene, a temporal, not spatial excerpt of the action onstage. They indicate the nodal points of the action, those which Brecht himself selected, while Breitenbach's rehearsal photographs present his own photographic interpretation of the characters.

Die Aufführung am 16. Oktober 1937 in der Salle Adyar (eine Wiederholung findet wegen des enormen Andrangs im weitaus größeren Théâtre Pigalle statt) wird mit Plakaten beworben, auf denen Holzschnitte von Heinz Lohmar dominieren. Sie drücken die Ambivalenz der Titelfigur aus. Theresa Carrar hält mit einem Arm drei Gewehre fest umschlossen und blickt dabei in die entgegengesetzte Richtung. Augen und Arme sind Bildelemente, mit denen Lohmar den inneren Kampf vor dem Schritt in den äußeren sichtbar macht: Unter dem Auge des Halbprofils liegt ein Schatten, der das Gesicht fast bis zum heruntergezogenen Mundwinkel abdunkelt; der Blick zeugt von Scheu und Aufbruch zugleich. Auch der Arm symbolisiert Abwehr und Angriff im selben Moment: Seine enorme Muskulatur trotzt unberufenem Zugriff auf die Waffen, während die Hand schon in offensiver Absicht ein Gewehr erfaßt.

Auf dem Plakat steht auch, wem *Die Gewehre der Frau Carrar* gewidmet ist: »Dem heroischen Freiheitskampf des spanischen Volkes«. Aber es geht um mehr: »Spanien« ist die Chiffre für bewaffneten Widerstand gegen den Faschismus, und vor der Wahl zwischen Rückzug und Angriff stehen die Exilierten überall. Das ist ein Grund für die Begeisterung des Publikums in dem ausverkauften Saal, die Wolf Franck in seiner Rezension (*Deutsche Volkszeitung*, 24.10.1937) beschreibt: »(...) die Zuschauer werden an ihren eigensten, täglichsten politischen Problemen angepackt«. Anna Seghers reagiert emotionaler auf die Premiere: »Es war unser Stück, gespielt für uns und von uns.« Das ist es auch, weil Brecht darin nicht nur die Parabel auf die individuelle Entscheidung zum Kampf transportiert. Er formuliert die darüber hinausgehende Botschaft des Stücks so: »Und zugleich ist es ein Brief an die Fischersfrau, in dem ihr versichert wird, daß nicht alle, die deutsche Sprache sprechen,

The performance on October 16, 1937, in the »Salle Adyar« (due to the enormous demand, it would be repeated in the much larger Théâtre Pigalle) is advertised with posters dominated by Heinz Lohmar's woodcuts. They convey the ambivalence of the title character. Theresa Carrar, with one arm, holds three rifles in a tight embrace, while looking in the opposite direction. The eyes and arms are pictorial elements which Lohmar uses to make visible the internal struggle before the step is taken into the external struggle: under the eye of the three-quarter profile, a shadow darkens the face almost all the way down to the downturned corners of the mouth; the gaze bespeaks both fear and transformation. The arm symbolizes attack and defense at the same time: its powerful musculature defends the weapons, while the hand itself already grips a rifle with offensive intent.

The poster makes it clear to whom *Die Gewehre der Frau Carrar* is dedicated: »The Spanish people's heroic struggle for freedom«. But there is more at stake: »Spain« is the code word for armed resistance against fascism, and exiles everywhere are confronted with the choice between retreat and attack. That is one reason for the enthusiasm of the audience in the sold-out theater, described by Wolf Franck in his review for *Deutsche Volkszeitung* (German People's News) from October 24, 1937: »(...) the members of the audience feel that their own, daily political problems are being grappled with«. Anna Seghers had a more emotional reaction to the premiere: »It was our play, played for us and by us.« And that it was, for in it Brecht transmits not only the parable of the individual decision to do battle. He phrased the overriding message of the play as follows: »At the same time it is a letter to the fisherman's wife to assure her that not everybody who speaks the German language

es mit den Generälen halten und Bomben und Tanks in ihr Land schicken. Und diesen Brief schreibe ich im Namen vieler Deutschen innerhalb und außerhalb der deutschen Grenzen, der meisten Deutschen. Des bin ich sicher. «[9]

Breitenbach illustriert mit seinen Szenenphotos diesen Brief des »anderen Deutschland«. Sie zeigen das schrittweise Umdenken von Theresa Carrar, die sich lange einer Wahrheit verweigert, die immer augenscheinlicher wird: Defensive ist gegenüber diesem Gegner zwecklos. Sie führt in den Tod. Breitenbach hält die anfängliche Skepsis der Mutter gegenüber dem unerwarteten Besuch ihres Bruders fest. Theresa Carrar wähnte ihre Söhne in der privaten Umgebung der Fischerhütte sicher, und der politisch wie militärisch engagierte Bruder macht sie nervös. Das dritte Bild der Premieren-Serie zeigt die Szene, in der erstmals offen von Gewehren die Rede ist: Der Bruder erkundigt sich nach der Bewaffnung der Dorfbewohner, die Theresa Carrar strikt abstreitet, während sich der Sohn mit seinem Onkel verständigt. Er schlägt sich auf dessen Seite und berichtet von dem versteckten Erbe des Vaters. Hier beginnt ein psychologisches Spiel im Spiel. Onkel und Neffe vertreiben sich die Zeit mit Karten. Der Ältere will vorsichtshalber abheben, was er begründet: »Im Krieg gelten alle Tricks, wie?« Er warnt José Carrar, seinen Neffen, vor genau der Kühnheit, mit der dieser daraufhin seinen Stich ausführt, den Onkel schlägt und die Botschaft des großen Spiels auf der Bühne vorwegnimmt: »Ich mußte so spielen. *Er steckt einen Stich ein.* Es war meine einzige Chance. «[10]

Theresa Carrar verdrängt die Realität noch eine Weile. Als aber ihr Bruder auf die verzweifelte Lage zu sprechen kommt, unbewaffnet in den Kampf ziehen zu sollen, erwidert sie ihm: »Du solltest nicht wieder davon anfangen, es hat

is in favor of the generals and is despatching bombs and tanks to her country. This letter I write in the name of many Germans both inside and outside Germany's frontiers. They are the majority of Germans, I am sure. «[9]

Breitenbach's production photos illustrate this letter from the »other Germany«. They show the gradual change of heart in Theresa Carrar, who long refuses to accept what becomes more and more obvious: a defensive attitude is of no use against this enemy. Its reward is death. Breitenbach's photos show the mother's skepticism at her brother's unexpected visit. Theresa Carrar believes her sons are safe in the private environment of the fishing hut, and her brother, with his commitment to politics and military action, makes her nervous. The third picture in the premiere series shows the scene in which weapons are first mentioned: the brother asks whether the villagers are armed, which Theresa categorically denies, while her son comes to an understanding with his uncle. He takes his side and tells of his father's hidden legacy. Here begins a psychological game within the play. Uncle and nephew pass the time with cards. The older man takes the precaution of cutting the deck, justifying himself: »All's fair in cards and war.« He warns José Carrar, his nephew, against boldness, the boldness with which the latter then makes his trick, beats his uncle and anticipates the message of the larger game on the stage: »I had to. *He takes the trick.* It was my only chance. «[10]

For a while longer, Theresa Carrar continues to deny reality. But when her brother begins to speak of the desperate position of having to go to battle without a weapon, she replies: »Please, don't start in

 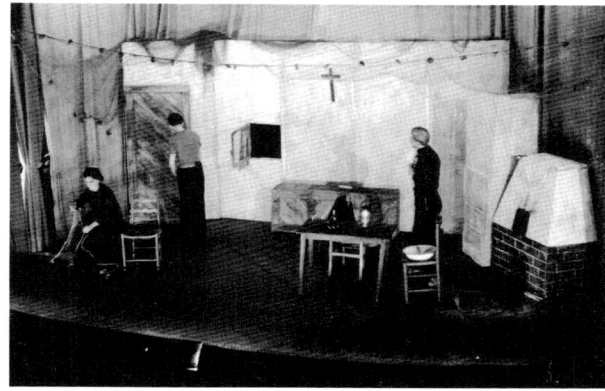

**19–27** Prototyp von Brechts
»Modellbuch«
*Prototype for Brecht's »model
book«*

**19** Die Mutter: Diese Reden
sind nicht anders als die, die
sie in Valencia halten.
Der Junge: Sag doch gleich,
sie sind besser!
Die Mutter: Du weißt, daß
ich sie nicht besser finde.
Warum soll ich für die
Generäle sein? Ich bin dagegen, daß Blut vergossen wird.
*The Mother: Those speeches
are no different from the ones
they make in Valencia.
José: Why not just say they're
better?
The Mother: You know I
don't think they're better.
Why should I be for the generals? I'm against bloodshed.*

**20** Der Arbeiter: Wie alt ist
Juan jetzt eigentlich?
Die Mutter: Einundzwanzig
im September.
Der Arbeiter: Und José?
Die Mutter: Hast du etwas
Besonderes vor hier in der
Gegend?
Der Arbeiter: Nichts
Besonderes.
*The Worker: How old would
Juan be now?
The Mother: Twenty-one in
September.
The Worker: And José?
The Mother: Have you
got something special to
do around here?
The Worker: Nothing special.*

**21** Der Arbeiter: Haben Sie
denn alle Gewehre?
Der Junge: Nein. Nicht alle.
Der Arbeiter: Das ist nicht
gut. Gewehre sind jetzt das
Nötigste. Habt ihr nicht noch
Gewehre im Dorf?
*The Worker: Have they all
got rifles?
José: No. Not all.
The Worker: That's bad.
Guns are the main thing now.
Aren't there any rifles left in
this village?*

**22** Man hört Kinderstimmen
von draußen plärren.
Die Kinderstimmen:
Der Juan ist nicht Soldat
Weil er nicht Courage hat.
Der Juan, der feige Tropf
Zieht sich die Decke über
den Kopf.
*Children's voices are heard
howling outside.
Children's Voices:
Juan's not a soldier
He'd rather stay in bed.
Juan's a lousy coward
Pulls the blanket over his
head.*

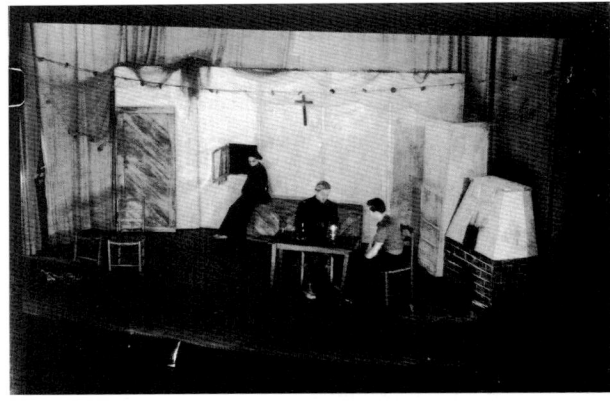 

**23** Der Arbeiter: Mir war so. Dann will ich auf alle Fälle abheben. Also, alles erlaubt! Im Krieg gelten alle Tricks, wie?
Die Mutter schaut mißtrauisch auf.
*The Worker: Used to think so. I'll just cut to be on the safer side. Right then, anything goes. All's fair in cards and war.*
*The Mother looks up suspiciously.*

**24** Der Arbeiter: Vielleicht hatte er nicht so viele Netze?
Die Mutter: Er hatte auch nicht so viele Leben. – Komm nur herein, Pablo!
In der Tür steht ein Mann in der Uniform der Miliz mit verbundenem Kopf, den Arm in der Schlinge.
*The Worker: Maybe he didn't have all that many nets.*
*The Mother: Didn't have all that many lifes either.*
*In the doorway stands a man in the uniform of the militia. His head is bandaged, one arm is in a sling.*
*The Mother: Come in, Pablo.*

**25** Die Mutter kommt mit dem Ortsgeistlichen herein. Er ist ein großer, starker Mann in sehr abgetragenem Rock.
Der Padre: Guten Abend, José! Zum Arbeiter: Guten Abend!
Die Mutter: Das ist mein Bruder aus Motril, Padre.
Der Padre: Ich freue mich, Ihre Bekanntschaft zu machen.
*The Mother comes in with the local priest. He is a tall, strong man in a worn-out cassock.*
*The Priest: Good evening, José. To the Worker: Good evening.*
*The Mother: Father, this is my brother from Motril.*
*The Priest: I'm glad to make your acquaintance.*

**26** Die Mutter: Ich meine, sie könnte noch leben.
Die alte Frau Perez: Aber wie?
*The Mother: What I mean is that she could still be living.*
*Old Mrs Perez: But how would she be living?*

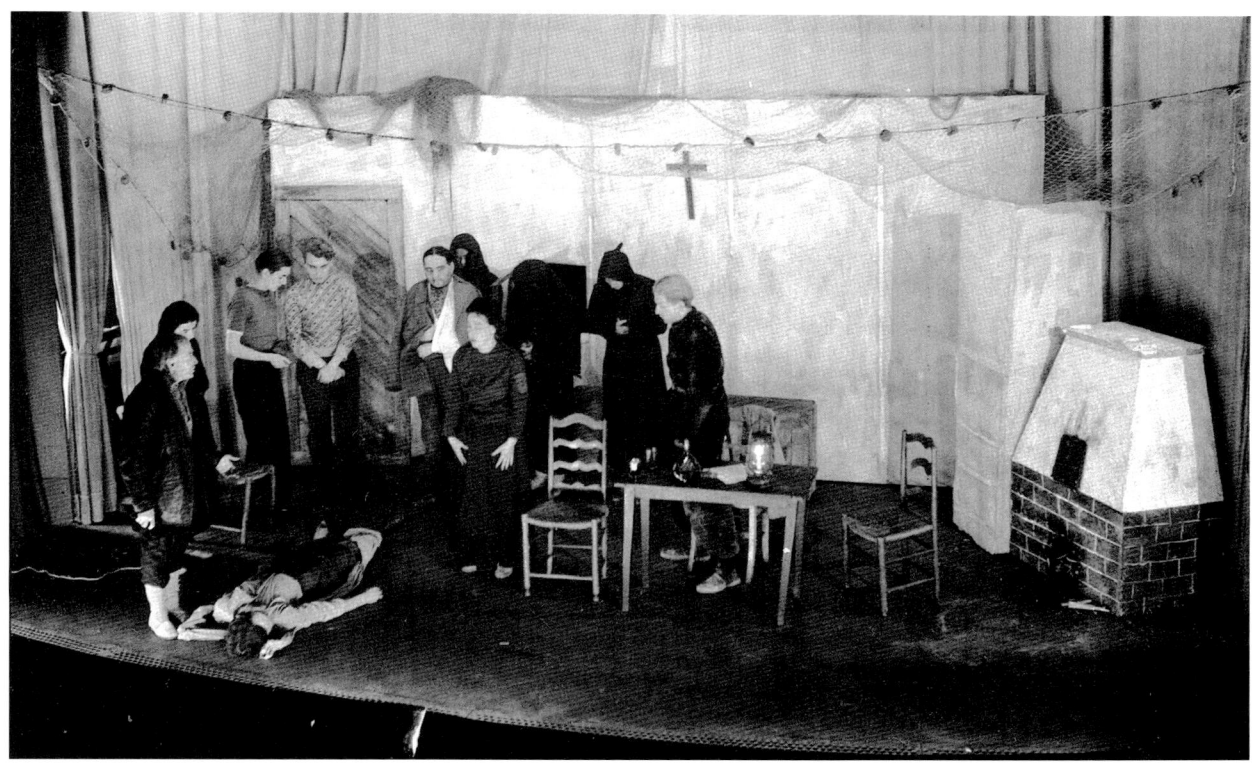

**27** Erster Fischer: Es war einer von ihren Fischkuttern mit Maschinengewehren. Sie haben ihn im Vorbeifahren einfach abgeschossen.
Die Mutter: Das kann nicht sein! Das ist ein Irrtum! Er ist doch fischen gegangen!
*First Fisherman: It was one of their fishing cutters with machine guns. They gunned him down as they passed him.*
*The Mother: It can't be! There must be a mistake! He only went fishing!*

**28** Antwort der Volks-Illustrierten auf Breitenbachs Rechnung, Prag, 14. Februar 1938
*Response of the Volks-Illustrierte to Breitenbach's bill, Prague, February 14, 1938*

keinen Sinn.«[11] Noch immer weigert sie sich, die Gewehre herauszugeben. Die Zeit für den inneren Konflikt ist jedoch abgelaufen, denn während sie in der Hütte ihre Position zu verteidigen sucht, erschießen draußen die Franco-Einheiten den älteren Sohn. Carrars Aufbruch – sie kapituliert jetzt nicht, sondern greift selbst zur Waffe – kommt für das persönliche Drama zu spät, nicht aber für den Kampf außerhalb der Hütte.

Aus Breitenbachs Premierenphotos entsteht ein Prototyp des »Modellbuchs«, das Brecht und Weigel später als Inszenierungsvorlage weiterreichen: nach Prag, Kopenhagen und an Curt Trepte, der eine Aufführung in Schweden besorgt. Darüber hinaus gelangen sie zu Brechts Verlag in Prag und zu diversen Zeitschriften. Zusammen mit den Szenentexten sind sie eine bebilderte Zusammenfassung des Stücks und zeigen Brechts Intentionen im Herbst 1937.[12]

Theresa Carrar kann aus ihrem persönlichen Verlust Stärke für den Kampf gewinnen; damit ist sie für die Exilierten eine Figur mit Vorbildfunktion. Breitenbachs Aufnahmen sorgen für die Popularisierung ihres Beispiels, und darum dreht sich der Briefwechsel zwischen dem Photographen, Brecht und Weigel. Die beiden verlassen Paris im Oktober 1937, bevor Breitenbach die Abzüge fertig hat. Während Brecht wieder nach Svendborg zurückkehrt, ist Weigel auf dem Weg nach Wien. Am 22. Oktober bittet sie Breitenbach brieflich um die Übersendung der Photos an die Adresse ihres Vaters (Berggasse 30, IX. Bezirk). Sie spricht in dem Brief von deren Verwendung in Prag, ihrem nächsten Ziel. Zum Monatsende korrespondiert sie von dort mit Brecht über eine Aufführung[13] und hat jetzt die Bilder: Nach ihrem Besuch erscheint in der Prager *Volks-Illustrierten* eine Seite über die Pariser Produktion. Die Exilzeitschrift druckt sechs der Bühnen-Studien aus Breitenbachs Reportage-

again, it's no use.«[11] She still refuses to surrender the rifles. However, the time for inner conflict has run out; while she attempts to defend her position in the hut, the fascists shoot her eldest son outside. Carrar's awakening – this time, instead of capitulating, she takes up arms herself – comes too late for her personal drama, but not for the struggle outside the hut.

Breitenbach's premiere photos become a prototype for the »model book« which Brecht and Weigel later pass on as a blueprint for subsequent productions, to Prague, Copenhagen, and to Curt Trepte, who directs the Swedish production. They also reach Brecht's publisher in Prague as well as numerous journals. Along with passages excerpted from corresponding scenes in the play, they provide an illustrated summary of the play and of Brecht's intentions in the fall of 1937.[12]

Theresa Carrar's personal loss gives her strength for the struggle; thus, she functions as a role model for the exiles. Breitenbach's photographs help popularize her example, and this is the subject of the correspondence between the photographer and Brecht and Weigel, who leave Paris in October 1937, before Breitenbach has finished the prints. While Brecht returns to Svendborg, Weigel is on her way to Vienna. On October 22, she writes to Breitenbach, asking him to send the photos to her father's address (Berggasse 30, IX. Bezirk). In her letter, she speaks of using the photos in Prague, her next destination. At the end of the month she corresponds with Brecht in Prague regarding a production;[13] she now has the pictures. After her visit, the Prague *Volks-Illustrierte* (People's Illustrated) carries a page about the production. The exile journal prints six stage studies from Breitenbach's journalistic material, yet without making use of his concept. In a reply to Breitenbach, who

Material ab, allerdings ohne daß von seinem
Konzept etwas zu sehen ist. In einer Antwort an
Breitenbach, der von der *Volks-Illustrierten* mehr als
das übliche Bildhonorar fordert, beruft sich die
Redaktion auf Weigel: »Die Bilder von der
Aufführung der ›Gewehre der Frau Carrar‹ hat uns
seinerzeit Helene Weigel persönlich übergeben.
Von einer Sondervereinbarung war keine Rede.«

Mittlerweile wird Brecht ungeduldig. Er bittet
am 28. Oktober den »Lieben Genossen Breitenbach«, die Photos nach Svendborg zu schicken.
Zudem steht die Kopenhagener Inszenierung
des Stücks durch Ruth Berlau an, die Sache eilt.
Breitenbach ist bereits im Labor und arbeitet die
Aufträge ab, was er in seinem Notizbuch vermerkt:
»Brecht bekommt 30 Szenenbilder, Dudow, 7,
rue du Dragon ca 15, davon 12 Pressebilder.«
Zudem kalkuliert Breitenbach die Kosten einer
kompletten Serie für Regiezwecke. Brecht zeigt
sich in einem Brief mit der Datierung »nov. 37«
höchst zufrieden: »haben sie *vielen* dank für die

requested more than the usual photo fee from the
*Volks-Illustrierte*, the editors appeal to Weigel: »The
pictures of the production of ›Die Gewehre der Frau
Carrar‹ were given to us by Helene Weigel personally.
There was no mention of any special agreement.«

In the meantime, Brecht is growing impatient.
On October 28, he asks »dear comrade Breitenbach«
to send the photos to Svendborg. The Copenhagen
production by Ruth Berlau is coming up, and time
is short. Breitenbach is already in his laboratory, completing the orders, as he notes in his notebook: »Brecht
gets 30 production photos, Dudow, 7, rue du Dragon
approx. 15, 12 of them press photos.« In addition,
Breitenbach calculates the costs of a complete series
for directing purposes. In a letter dated »nov. 37«,
Brecht expresses his satisfaction: »*many* thanks for the
production photos; they mean a great deal to me.« At

31 *Volks-Illustrierte:* »Die Gewehre der Frau Carrar«, November 1937

szenenfotos, die für mich ganz ausserordentlichen wert haben.« Währenddessen wartet Berlau noch immer auf ihre Abzüge, obwohl der 19. Dezember 1937 näher rückt; für diesen Termin ist die dänische Premiere angesetzt. Ende November interveniert sie direkt bei Breitenbach, der Prioritäten setzen mußte, denn letztlich unbezahlte Lieferungen in solcher Menge (an Brecht, Weigel, Berlau und Dudow in Paris) kann er sich nicht leisten. Notgedrungen bringt er eine Serie der Bilder zwischen Adressaten in den europäischen Exilzentren in Umlauf. Er antwortet Berlau, daß er die Photos umgehend an sie abgeschickt habe, nachdem er sie per Post von einem anderen Interessenten zurückerhielt.

Der nächste Brief aus Svendborg, den Breitenbach erhält, ist auf den 10. Januar 1938 datiert. Weigel bedankt sich für die Bilder und schreibt weiter: »(...) sie sind sehr schön, leider hat Brecht sie mir gleich alle weggenommen, weil sie ihm so gut gefallen.« Sie berichtet Breitenbach über die Kopenhagener Aufführung und die Hilfe, die seine Photos dabei geleistet hätten. Sie sind durch Brecht also noch rechtzeitig angekommen.

Brecht setzt unter Weigels Typoskript eine handschriftliche Anmerkung. Es geht ihm darin um ein Porträt von sich selbst: [14]
> »Gutes Neues Jahr!
> das bild von mir, das helli [Helene Weigel] mitbrachte, ist das beste, das ich je von mir bekam. wenn Sie um bilder gebeten werden, schicken Sie, bitte, immer dieses! auch ich hätte gern noch eines oder zwei davon. geht das?
> herzlich Ihr dankbarer
> brecht«

Zu *Die Gewehre der Frau Carrar* bleibt Brecht auf größerer Distanz. Er kritisiert sein eigenes Stück als »aristotelische (Einfühlungs-) Dramatik« und »allzu opportunistisch«, als mehr an traditioneller

the same time, Berlau is still waiting for her prints, though December 19, 1937, the date set for the Danish premiere, is approaching. At the end of November, she contacts Breitenbach directly. He is forced to set priorities; he cannot afford to deliver such extensive material (for Brecht, Weigel, Berlau and Dudow in Paris) knowing that, eventually, he will probably not get paid. Unable to provide copies for all those interested, he circulates a series among various contacts in the European exile centers. He replies to Berlau that he has already sent the photos to her, as soon as they had been returned to him by another interested party.

The next letter which Breitenbach receives from Svendborg is dated January 10, 1938. Weigel thanks him for the pictures and writes: »(...) they are very good, unfortunately Brecht took them all away from me because he likes them so well.« She tells Breitenbach about the Copenhagen production and the help which his photos provided. Thus, it seems that they arrived in time, via Brecht.

Below Weigel's typescript Brecht adds a handwritten note, referring to a portrait of himself: [14]
> »Happy New Year!
> the picture of me which helli [Helene Weigel] brought is the best i've ever had of me. whenever you are asked for pictures, please send this one! and i'd like one or two more too. is that possible?
> Yours gratefully
> brecht«

Brecht distances himself from *Die Gewehre der Frau Carrar*. He criticizes his own play as »Aristotelian (empathy) drama« and »all too opportunistic«, oriented

Theaterkonzeption als an seinem eigenen Modell orientiert. 15 Brecht ist ein wenig ungerecht gegenüber sich selbst, denn mit den Identifizierungsangeboten, die von den Figuren in *Carrar* gemacht werden, kommt er in der Exilsituation von 1937 einem Publikum entgegen, das nicht auf das epische Theater vorbereitet ist. Der Schutzverband deutscher Schriftsteller folgt als Veranstalter der Uraufführung vom 16. Oktober 1937 der Empfehlung von Brecht, das vermeintliche Manko auszugleichen und das Stück mit einer didaktisch korrespondierenden Veranstaltung zu verbinden. 16 Das wäre nicht nötig gewesen. Brecht erkennt später: Helene Weigel spielte das Stück in eben der epischen Form, an der es in seiner Textvorlage mangelte. Er notiert zu der Pariser Aufführung: »die Weigel [erzwang] durch jede Haltung und durch jeden Satz eine Stellungnahme des Publikums«. 17

Insofern lag Breitenbach mit seiner Konzentration auf die Hauptfigur richtig. Auch das weiß Brecht nach der Premiere: »Helli war besser als je, sie hat nichts eingebüßt durch die Pause und war froh darüber. Ihr Spiel war das Beste und Reinste, was bisher an epischem Theater irgendwo gesehen werden konnte.« 18 Und er wird die Würdigungen von Weigels Auftritt gelesen haben. Die pointierteste stammt von Anna Seghers: »Eine Stimme, die soviel wert sein könnte wie Zeitungsauflagen oder viele Packen Flugblätter oder ein paar Waggon Munition.« 19 Brecht, mit Liebes- und Achtungserklärungen eher zurückhaltend, bedankt sich bei Weigel so lakonisch wie innig mit einem Gedicht. Er schickt es ihr Anfang November 1937 nach Prag; es trägt den Titel »Die Schauspielerin im Exil (Helene Weigel gewidmet)«. In den Zeilen schildert Brecht sensibel, wie sich Weigel auf die Darstellung der Carrar vorbereitet: Sie sind eine Hommage an die »kleine Gestalt / Große Kämpferin«:

more toward traditional conceptions of theater than toward his own model. 15 Brecht is somewhat unfair to himself; in the exile situation of 1937, he accommodates an audience unprepared for epic theater by offering characters in *Carrar* with whom they can identify. As the sponsor of the world premiere on October 16, 1937, the Schutzverband deutscher Schriftsteller (Defense League of German Writers) follows Brecht's recommendation that the supposed shortcoming be made up for by showing the play in combination with an appropriate didactic presentation.16 That proved unnecessary. Brecht later admits: Helene Weigel performed the play according to the epic form which was lacking in the text. He notes on the Paris production: »Weigel managed by every attitude and every sentence to permit, if not force the audience to take a line (...) by continually taking a line herself.«17

In view of this, Breitenbach was right to concentrate on the main character. After the premiere, Brecht realizes this as well: »Helli was better than ever, she lost nothing by the interruption, and she was glad of that. Her acting was the best and purest that has been seen in the epic theatre anywhere.« 18 And he must have read the published praise of Weigel's performance. The most trenchant came from Anna Seghers: »A voice which could be as valuable as press runs or packs of pamphlets or several wagons of ammunition.«19 Brecht who was usually rather reluctant to express love and admiration thanks Weigel laconically but intimately with a poem. He sends it to her in Prague at the beginning of November, 1937; it is entitled »The Actress in Exile (dedicated to Helene Weigel)«. In its lines, Brecht provides a sensitive description of Weigel's preparations for the role of Carrar: the poem is an homage to »a small figure, a / Great battler«:

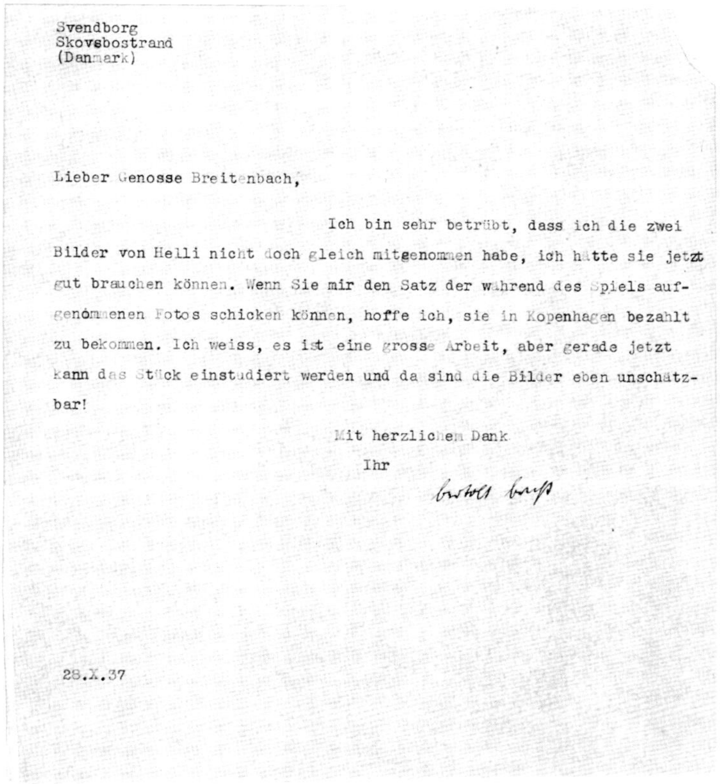

Svendborg
Skovsbostrand
(Danmark)

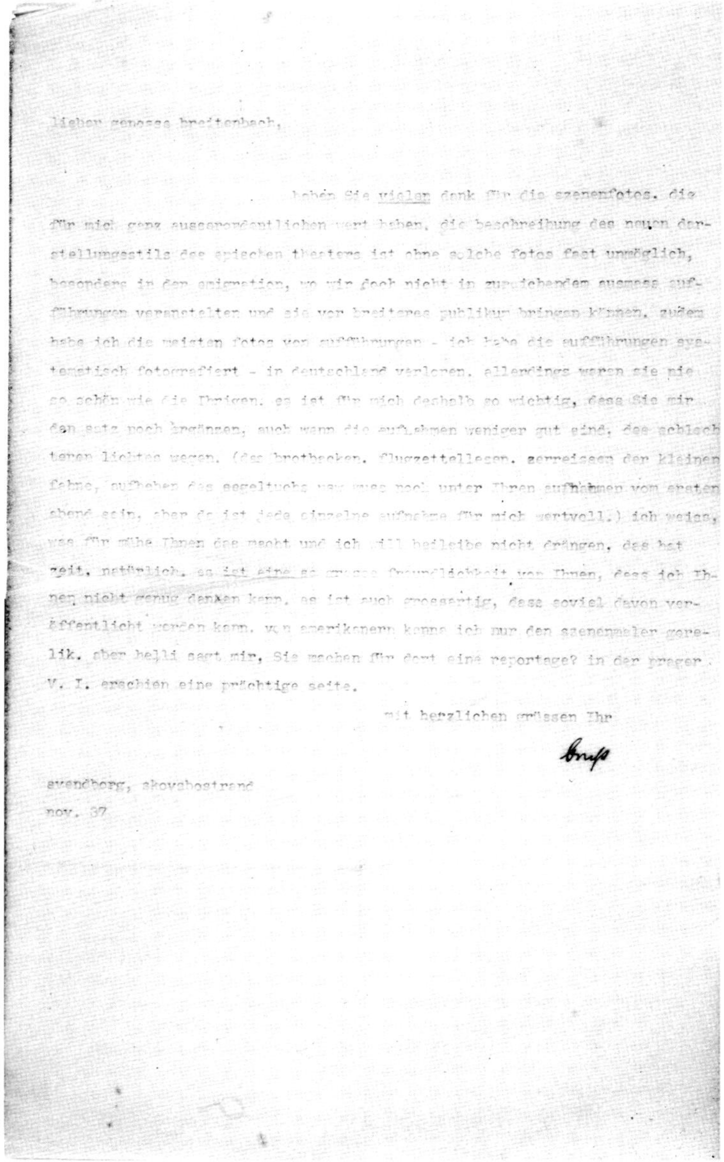

Lieber Genosse Breitenbach,

Ich bin sehr betrübt, dass ich die zwei Bilder von Helli nicht doch gleich mitgenommen habe, ich hätte sie jetzt gut brauchen können. Wenn Sie mir den Satz der während des Spiels aufgenommenen Fotos schicken können, hoffe ich, sie in Kopenhagen bezahlt zu bekommen. Ich weiss, es ist eine grosse Arbeit, aber gerade jetzt kann das Stück einstudiert werden und da sind die Bilder eben unschätzbar!

Mit herzlichem Dank
Ihr
bertolt brecht

28.X.37

**32** Brecht an Breitenbach,
Svendborg, 28. Oktober 1937
*Brecht to Breitenbach,*
*Svendborg, October 28, 1937*

lieber genosse breitenbach,

haben Sie vielen dank für die szenenfotos. die für mich ganz ausserordentlichen wert haben. die beschreibung des neuen darstellungsstils des epischen theaters ist ohne solche fotos fast unmöglich, besonders in der emigration, wo wir doch nicht in zureichendem ausmass aufführungen veranstalten und sie vor breiteres publikum bringen können. zudem habe ich die meisten fotos von aufführungen - ich habe die aufführungen systematisch fotografiert - in deutschland verloren. allerdings waren sie nie so schön wie die Ihrigen. es ist für mich deshalb so wichtig, dass Sie mir den satz noch ergänzen, auch wenn die aufnahmen weniger gut sind, des schlechteren lichtes wegen. (das brotbacken. flugzettellesen. zerreissen der kleinen fahne, aufheben des segeltuchs usw muss noch unter Ihren aufnahmen vom ersten abend sein, aber da ist jede einzelne aufnahme für mich wertvoll.) ich weiss, was für mühe Ihnen das macht und ich will beileibe nicht drängen, das hat zeit, natürlich. es ist eine so grosse freundlichkeit von Ihnen, dass ich Ihnen nicht genug danken kann. es ist auch grossartig, dass soviel davon veröffentlicht werden kann. von amerikanern kenne ich nur den szenenmaler gorelik. aber helli sagt mir, Sie machen für dort eine reportage? in der prager V. I. erschien eine prächtige seite.

mit herzlichen grüssen Ihr
brecht

svendborg, skovsbostrand
nov. 37

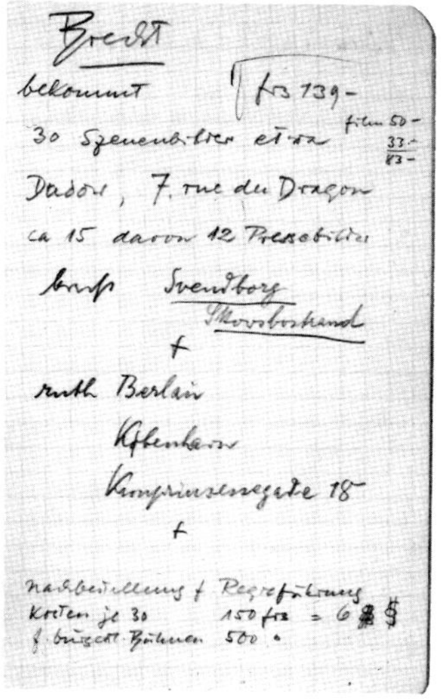

**33** Brecht an Breitenbach,
Svendborg, November 1937
*Brecht to Breitenbach,*
*Svendborg, November 1937*

Brecht
bekommt frs 139.–
30 Szenenbilder etwa
Dudow, 7. rue du Dragon
ca 15 davon 12 Pressebilder
brecht Svendborg
Skovsbostrand
+
ruth Berlau
København
Kronprinsensgade 18
+

**34** Breitenbachs Notizbuch,
undatiert (1937/38),
Bestellung von Carrar-Sätzen
für Brecht, Dudow und Berlau
*Breitenbachs notebook,*
*undated (1937/38), orders*
*of Carrar prints for Brecht,*
*Dudow and Berlau*

**35** Brecht und das Ensemble
nach der Generalprobe
*Brecht and the ensemble
after dress rehearsal*

»Jetzt schminkt sie sich. In der weißen Zelle
Sitzt sie gebückt auf dem ärmlichen Hocker
Mit leichten Gebärden
Trägt sie vor dem Spiegel die Schminke auf.
Sorgsam entfernt sie von ihrem Gesicht
Jegliche Besonderheit: die leiseste Empfindung
Wird es verändern. Mitunter
Läßt sie die schmächtigen und edlen Schultern
Nach vorn fallen, wie die es tun, die
Hart arbeiten. Sie trägt schon die grobe Bluse
Mit den Flicken am Ärmel. Die Bastschuhe
Stehen noch auf dem Schminktisch.
Wenn sie fertig ist
Fragt sie eifrig, ob die Trommel schon gekom-
    men ist
Auf der der Geschützdonner gemacht wird, und
    ob das große Netz
Schon hängt. Dann steht sie auf, kleine Gestalt
Große Kämpferin
In die Bastschuhe zu treten und darzustellen
Den Kampf der andalusischen Fischersfrau
Gegen die Generäle.«[20]

Ein Photo von Breitenbach macht die individuellen Rollen von Brecht und Weigel, aber
auch ihre Symbiose sichtbar. Man muß genau
hinschauen. Die beiden befinden sich im Vordergrund des *Carrar*-Ensembles: Alle Beteiligten
stehen auf der Bühne und zeigen ihre Freude,
an Gelungenem gearbeitet zu haben. Eine Aus-
schnittsvergrößerung filtert Brecht und Weigel
aus ihrer Umgebung heraus. Als Hintergrund
bleiben gespenstisch verwischte Gesichter, und,
lustigerweise in Brechts Nacken, die Jesusfigur
auf dem Kruzifix des Bühnenbilds. Dieser Ausschnitt aus Breitenbachs Photo illustriert treffend
die Beziehung zwischen dem Dichter und der
»Schauspielerin im Exil«.

»Now she makes up. In the white cubicle
She sits forward, on the edge of the makeshift stool
Putting on her greasepaints before the mirror
With easy gestures.
Carefully she rids her face of
Everything remarkable: it will reflect
The quietest reaction. Now and then
She lets her fine supple shoulders
Fall forward, as do those who
Work hard. Already she wears the coarse blouse
Whith a patch on the sleeve. The rope slippers are still
Standing on the table.
Once ready, she
Wants to know if the drum has arrived
On which the cannonade is sounded, and whether
the big net
Has been hung. Then she stands up, a small figure, a
Great battler.
To step into the rope slippers and portray
The battle of an Andalusian fisherwoman
Against the generals.«[20]

One of Breitenbach's photos captures the individual
roles of Brecht and Weigel, as well as their symbiosis.
But one must look closely. The two are in the foreground of the *Carrar* ensemble: all the participants
are standing on the stage, showing their satisfaction
in work well done. An enlarged detail filters Brecht
and Weigel out from their surroundings. The ghostly
blur of faces form the background and, amusingly
enough, the Jesus figure on the crucifix, from the set,
looms over Brecht's neck. This modern enlargement
of Breitenbach's photo is the perfect illustration of
the relationship between the poet and the »Actress in
Exile«.

BREITENBACH PHOTOGRAPHE:

unser trup ist sehr arm (und partei zahlt uns nichts) ausser dem sind
wir beinah fertig mit regie und mein trup siet nicht ein die notwendigkeit diese bilder weil wir wie gesagt bald fertig sind.(warum hat
ihr uns das nicht früher geschickt)
ich slage folgendes vor,weil ich will das ihr eure 180  frc haben soll:
       der trup zahlt 10 kronen .ich versuche ein bild im "forum" ein
(blödes) teaterblad anzubringen die zahlen auch lo kronen wenn ich dazu
eine kleine artikkel macht. und dann versuche ich in social-mokraten
sontagsnummer 2 bilder anzubringen,auch mit artikkel,das gibt wieder lo
kronen dann haben wir die 180 frc. dann müst ihr mir bilder schicken
der für zeitungen geeignet sind wo man die ganze dekoration sieht und
vor allem das gesicht von weigel deutlich.
       ich garantiere euch dan  die 180 frc. schicke das aber nicht per nach
-nahme ich habe kein geld auszu legen und mus das erst zusammenkriegen
bei zeitungen,und vom trupkasierer.
       ich hoffe das geht so,wie? sei nicht zu enteusch über kleine däne-
mark.
ich tue was ich kann ,dass heist 180 frc.
                                   ruth berlau.


gib mir aber bald anwort.
    neue portrats von brecht,schreiben sie,kann ich mit ein artikkel über
das stück bringen.dass gibt dann ekstra geld,schicken sie dass bitte
mit.


kronprinsessegade 18                          23 november 37
kopenhagen

Ich danke für Ihren lieben Brief. Die Briefe kamen gestern
zurück, ich hab sie gleich wieder ohne Nachnahme an Sie
abgeschickt. Ich habe 3 Briefe vom Stück und ein Porträt
von Brecht bezahlt, entsprechend Ihrem Vorschlag für
den RB Ihnen danke.    Bitte halten Sie mich auf
dem Laufenden wie die Briefe wiederkommen und sagen
Sie den Redaktronen, dass sie mir ein Belegexemplar
schicken sollen.
    Der Preis für die Briefe, den RB Euch gemacht hat, ist
schon b der normalen für Euch als Parteitruppe Ich
will alles Tun, was RB kann, um Euch behilflich

Svendborg, 10 Januar 1938.


Lieber Genosse Breitenbach,

       vielen Dank für Ihre Bilder, sie sind sehr schön, leider
hat Brecht sie mir gleich alle weggenommen, weil sie ihm s gut gefallen.
Ich wollte Ihnen gerne ein gutes neues Jahr wünschen und Ihnen für Ihre
Freundlichkeit im letzten Danken. Die dänische Aufführung ist vor zwei
Wochen gewesen und Ihre Bilder sind eine grosse Hilfe gewesen, im übrigen
wurde die Aufführung auch fotografiert und wenn ich nach Paris komme, brin-
ge ich Ihnen ein paar der Bilder mit. Nun kommt eine Bitte, brecht erwartet
mit grosser Sehnsucht die Bilder, die sie am ersten Abend, während der
Vorstellung aufgenommen haben, es sind jetzt in der Serie noch grosse
Lücken und er möchte sie gerne ausfüllen, bitte seinen Sie so lieb und
schicken Sie sie recht schnell, auch wenn sie fotografisch nicht so erst-
klassig sein sollten , wie die ersten, so sind sie doch als Arbeitsmaterial
sehr wichtig. Wie steht es mit der Montage ? Ist sie fertig geworden? Leider bin ich jetzt sehr schlecht mit Geld dran, so dass ich Sie bitten muss
mir meine Schulden noch etwas zu stunden, ich hoffe es ist nicht schlimm?
Noch eine Frage? Wissen Sie, welche Zeitungen noch Bilder gebracht haben,
 ich möchte sie mir gerne verschaffen. Lässt es sich noch feststellen ?
Dann schreiben Sie mir bitte die Namen der Zeitungen und vielleicht wenn
Sie mehrere Belegexemplare haben , schicken Sie mir etwas. Mit vielen Grüssen Ihre

                    Helene Weigel Brecht


Geht nicht fort!
Ich bilt an mir, ich fall in Kraft, ich ich bitt, ich ich zu den
wir bekam. wenn Sie um bilder gekocht worden, Sie halten Sie bitt,
immer diese, auch ich fall zur noch einst ober zwei kann, ich die?
                    fertig H drucken
                                       harsch

36 Ruth Berlau an
Breitenbach, Kopenhagen,
26. November 1937
*Ruth Berlau to Breitenbach,*
*Kopenhagen, November 26,*
*1937*

37 Brecht und Weigel an
Breitenbach, Svendborg
10. Januar 1938
*Brecht and Weigel to*
*Breitenbach, Svendborg,*
*January 10, 1938*

II. *Furcht und Elend des III. Reiches*
(Paris 1938)
*The Private Life of The Master Race*
(New York 1945)

Im Neujahrsbrief 1938 versprach Weigel Breitenbach, bei ihrem nächsten Parisbesuch Photos von der Kopenhagener *Carrar*-Aufführung mitzubringen. Anfang Mai ist es soweit: Weigel kommt nach Paris, dieses Mal ohne Brecht, um an einer neuen Produktion zu arbeiten. Die Umstände ähneln sehr denen des zurückliegenden Herbstes: Wieder war es Slatan Dudow, der Brecht zum Schreiben von aktuellem Material anspornte, in Paris sind die künstlerischen Arbeitsbedingungen unverändert schwierig, und Helene Weigel wird in der Szenenfolge, die Brecht entworfen hat, verschiedene Hauptrollen spielen. Die politische Situation ist allerdings noch verzweifelter als im Vorjahr: Der Faschismus in Spanien ist nicht geschlagen (*Die Gewehre der Frau Carrar* sollte die Hoffnung darauf bestärken), und zudem stehen die Exilierten ab März 1938 machtlos vor dem »Anschluß« Österreichs.

Brecht läßt die neuen Szenen in Deutschland spielen: *Furcht und Elend des III. Reiches* ist ihr übergeordneter Titel. Brecht beschreibt die Sammlung als einen »Blick des Verfolgten über die Schulter zurück.«[21] Er führt in den 27 Einaktern und Szenenfragmenten Angehörige nahezu aller Schichten der deutschen Bevölkerung vor und zeigt ihr Verhalten in der vom Nationalsozialismus geprägten Gesellschaft. Die Figuren versuchen jedoch nur, sich zu verhalten, tatsächlich sind sie kaum handlungsfähig und verstricken sich mit jedem Schritt, den sie innerhalb der Legalität des NS-Systems tun, in ein Netz aus Lüge und Verrat. Die einzige Alternative dazu ist Widerstand, den einzelne Charaktere auch leisten. Brecht verfolgt

II. *Furcht und Elend des III. Reiches*
(Fear and Misery of the Third Reich, Paris 1938)
*The Private Life of The Master Race*
(New York 1945)

In her New Year's letter of 1938, Weigel promised Breitenbach to bring him photos from the Copenhagen production of *Carrar* on her next visit to Paris. This would turn out to be the beginning of May, when Weigel came to Paris, without Brecht for once, to work on a new production. The circumstances are much like those of the previous autumn. Once again it was Slatan Dudow who urged Brecht to write topical material; in Paris the conditions for artistic production are as difficult as ever, and Helene Weigel is to play various main roles in the sequence of scenes written by Brecht. The political situation, however, is even more hopeless than the year before. Fascism remains undefeated in Spain (*Die Gewehre der Frau Carrar* was meant to bring hope for its defeat), and in March 1938 the exiles were forced to stand by and watch the »Anschluß« of Austria.

Brecht sets the new scenes in Germany: *Furcht und Elend des III. Reiches* (Fear and Misery of the Third Reich) is their collective title. Brecht describes the collection as »the gaze of the persecuted back over their shoulder.«[21] In 27 one-act plays and scene fragments he presents members of nearly all classes of the German population and shows their conduct in a society molded by National Socialism. Yet the figures can only attempt to determine their own conduct; in fact, they are hardly capable of acting, and with every step they take within the Nazi legal system they become more entangled in a net of lies and betrayal. The only alternative to this is the resistance which is offered by individual characters. In this respect, Brecht is pursuing the same didactic intentions in *Furcht und*

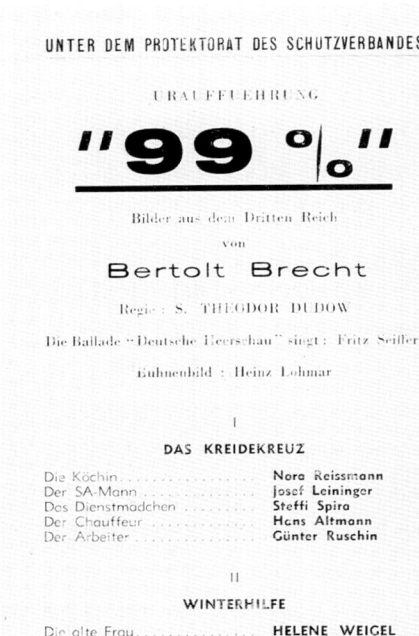

**38/39** Programmheft zu *99%*
*Program of* 99%

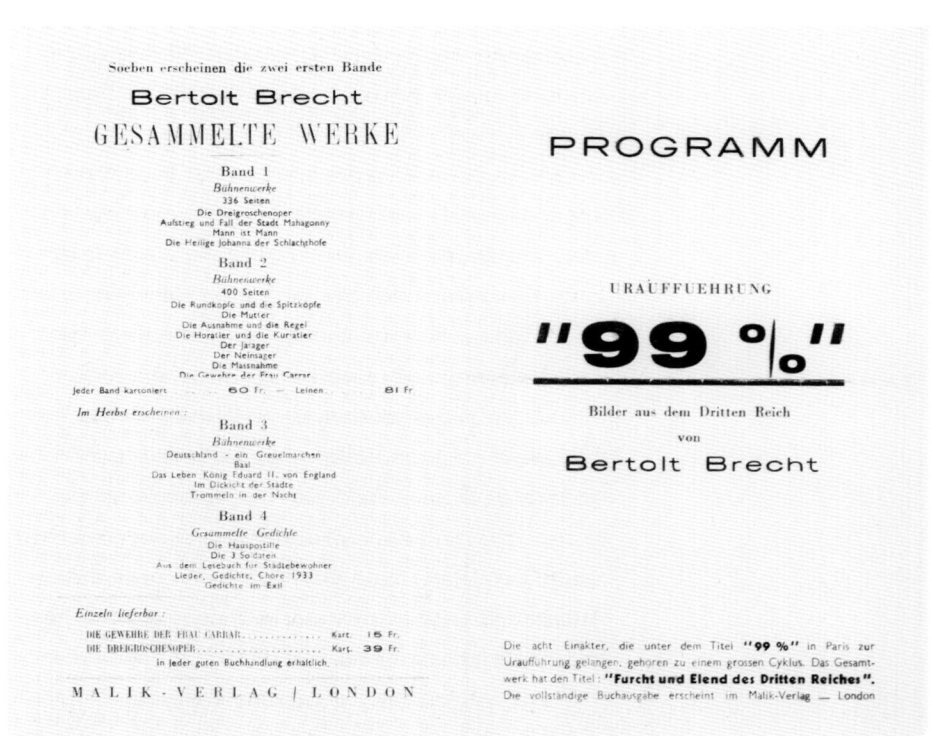

also in *Furcht und Elend* die gleiche didaktische Absicht wie bei *Carrar:* Beide Stücke demonstrieren, daß es kein richtiges Handeln im falschen gibt. Theresa Carrar bezahlt für die Nichteinmischung mit dem Leben des Sohns, die konformen Figuren aus *Furcht und Elend* büßen für die Passivität mit ihrer moralischen Deformation.

Seit 1935 trug Brecht Informationen aus dem »Reich« zusammen: Zeitungsausschnitte und Notizen zu Erzählungen von Besuchern aus Deutschland; möglicherweise gehörten auch die *Deutschlandberichte* des in Prag exilierten SPD-Vorstands zu seinen Quellen (das ist ein Nachrichtendienst, der Stimmungsbilder und Daten aus Nazideutschland verbreitet).[22] Schon während der *Carrar*-Inszenierung vom Oktober 1937 kündigte die Exilpresse die neuen Einakter an. Zu der Zeit hatten sie, als Anspielung auf Heinrich Heines *Deutschland. Ein Wintermärchen* den Arbeitstitel *Deutschland – ein Greuelmärchen.* Brechts 27 Szenen sind im Gegensatz zur Heineschen Vorlage eine Montage, womit er sich einer bei kommunistischen Literaturtheoretikern verpönten Technik bedient.[23]

Ende März 1938 ist der Zyklus ausgereift. Für die Pariser Uraufführung am 21. Mai in der Salle d'Iena bringt Dudow acht Szenen auf die Bühne: *Das Kreidekreuz, Winterhilfe, Der Spitzel, Die Jüdische Frau, Zwei Bäcker, Rechtsfindung, Der Bauer füttert die Sau* und *Arbeitsbeschaffung.* Als Anspielung auf das offizielle Ergebnis der Volksabstimmung über den »Anschluß« Österreichs hat der Regisseur den Titel *99%* vorgeschlagen, Brecht ist einverstanden. Das ist er mit Dudows sonstiger Arbeit keineswegs: Die Probenzeit erscheint ihm zu knapp bemessen, und er befürchtet einen Flop, der die Anerkennung gefährdet, die er mit der *Carrar*-Inszenierung erworben hat.[24]

Die *Deutsche Volkszeitung* annonciert im Mai 1938 *Furcht und Elend* als Brechts Reaktion auf die

*Elend* as in *Carrar:* Both plays demonstrate that there can be no right actions in the midst of wrong. Theresa Carrar pays for her non-intervention with the life of her son, while the passivity of the conformist characters in *Furcht und Elend* is rewarded with moral deformation.

Since 1935, Brecht has been compiling information from »Reich« newspaper articles and notes on stories told by visitors from Germany. The *Deutschlandberichte* (Germany Reports – a news service which disseminated data and atmospheric reports from Nazi Germany) of the SPD executive in Prague exile may also have been among his sources.[22] At the time of the *Carrar* production in October 1937, the exile press had already begun to announce the new one-act plays. At the time the working title was *Deutschland – ein Greuelmärchen* (Germany – a Gruesome Tale), an allusion to Heinrich Heine's *Deutschland. Ein Wintermärchen* (Germany. A Winter's Tale). Departing from the example set by Heine, Brecht's 27 scenes are a montage. Thus, he is using a technique frowned upon by communist literary theoreticians.[23]

By the end of March 1938, the cycle is complete. For the world premiere in Paris on May 21, in the Salle d'Iena, Dudow stages eight scenes: *Das Kreidekreuz* (The Chalk Cross), *Winterhilfe* (Winter Aid), *Der Spitzel* (The Informer), *Die Jüdische Frau* (The Jewish Wife), *Rechtsfindung* (In Search of Justice), *Der Bauer füttert die Sau* (The Farmer feeds his Sow) and *Arbeitsbeschaffung* (Job Creation). As an allusion to the official result of the plebiscite on the »Anschluß« of Austria, the director suggested the title *99%*, and Brecht consents. By no means does he agree with the rest of Dudow's work; the rehearsal time is too short for his taste, and he fears a flop might jeopardize the recognition he reaped from the *Carrar* production.[24]

In Mai 1938, the *Deutsche Volkszeitung* (German People's Newspaper) announces that *Furcht und Elend*

**40**

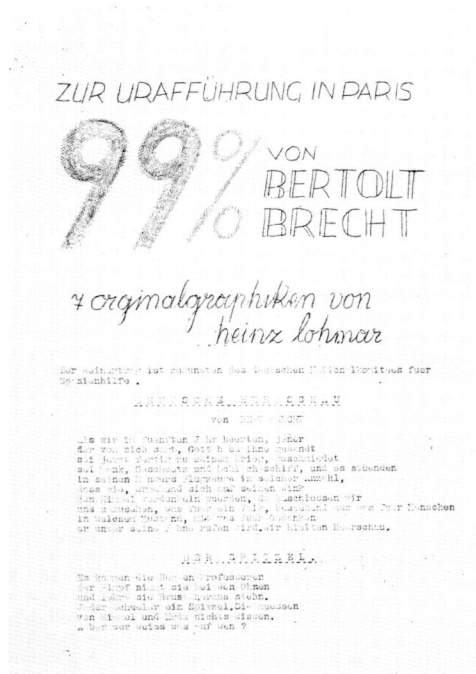

**41**

**40–48** Heinz Lohmar:
Graphiken zur Uraufführung
von *99 %*
*Heinz Lohmar: Graphics for
the premier of* 99%

**40** Titelblatt: Deutsche
Heerschau
*Front page: The German
military parade*

**41** 2. Seite
*2nd page*

**42** *99 %*

**43** Winterhilfe
*Winter Aid*

**42**

**43**

**44**

**45**

**46**

**47**

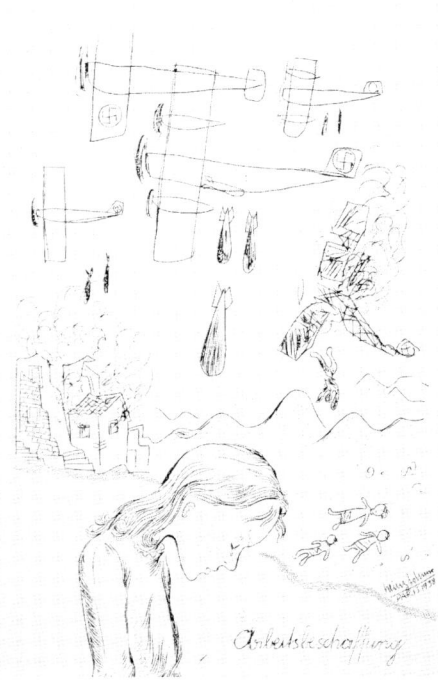

**48**

**44** Der Spitzel
*The Informer*

**45** Die Jüdische Frau
*The Jewish Wife*

**46** Rechtsfindung
*In Search of Justice*

**47** Der Bauer füttert die Sau
*The Farmer feeds his Sow*

**48** Arbeitsbeschaffung
*Job Creation*

Aufforderung von Maxim Gorki an die exilierten Schriftsteller, den im Heimatland zurückgebliebenen Menschen von außen beizustehen und sie in ihrem Kampf gegen das Regime zu unterstützen. [25] Es geht in den deutschen Alltagsszenen aber weniger um Kampf (obwohl Brecht das offensive Moment des Zyklus sehr wichtig ist). Brecht weicht mit *Furcht und Elend* von der gefälligen Faschismusdeutung ab, nach der die deutsche Bevölkerung von einer kriminellen Clique okkupiert worden sei und sich mit aller Gewalt dagegen wehrt. Vielmehr fächert er das Psychogramm des Mitläufers auf: ein beschädigtes Subjekt, das mit jeder Handlung mehr Schuld auf sich läd.

Am 17., 20. und 21. Mai 1938 wird in der *Pariser Tageszeitung* für die Aufführung geworben; Eintrittskarten kosten zwischen fünf und zwanzig Francs, sie sind in Buchhandlungen und in der Geschäftsstelle der Zeitung zu haben. Heinz Lohmar legt ein exklusives Programmheft vor: eine Mappe mit sieben Graphiken, deren Verkaufserlös dem Widerstand in Spanien zugute kommen soll. Das Titelblatt zeigt eine grölende Menge, die von einem gesichtslosen Nazi überragt wird. Er tritt die begeisterten Menschen mit Stiefeln. Sein Oberkörper steht zwischen zwei vor Hakenkreuzfahnen aufsteigenden Lichtkegeln, in denen Lohmar mit der Ziffer *99%* die masochistische Unterwerfung der Masse quantifiziert.

Die Premiere am 21. Mai 1938 beginnt mit dem Verlesen der »Deutschen Heerschau« – so ist der Prolog von *Furcht und Elend* betitelt. Brecht spricht darin die Zeit und die Konstellation an, in der die Szenen gespielt werden: fünf Jahre nach der Machtübernahme Hitlers, der jetzt seine Kriegsvorbereitung abgeschlossen habe. Die Zeilen heißen »Heerschau«, weil die darauffolgenden Szenen über die Menschen Aufschluß geben, die als deutsche Soldaten Hitlers Krieg führen werden. Die

is Brecht's reaction to Maxim Gorki's appeal to the exiled writers to lend their support to the people who have remained in their homeland and to assist them in their struggle against the regime. [25] However, the scenes from everyday German life have less to do with struggle, although for Brecht the offensive impetus of the cycle is very important. In *Furcht und Elend* Brecht departs from the comfortable interpretation of fascism according to which the German population has been occupied by a criminal clique and is defending itself with all its might. Instead, he unfolds a psychological profile of the »fellow traveler«: a deeply damaged character who shoulders more guilt at every step.

Advertisements for the performance appear in the *Pariser Tageszeitung* on May 17, 20 and 21; tickets cost between five to twenty francs, and can be purchased in bookstores and in the newspaper office. Heinz Lohmar creates an exclusive program booklet: a portfolio of seven prints, the proceeds from which are to benefit the resistance in Spain. The title page shows a faceless Nazi looming over a raucous crowd. He tramples the enthusiastic people with his boots. His torso is framed by two beams of light rising from swastika flags; in these beams Lohmar quantifies the masochistic subjugation of the masses with the figure *99%*.

The premiere on May 21, 1938, begins with the reading of the »Deutsche Heerschau« (The German military parade), which gives the title to the prologue of *Furcht und Elend*. Here Brecht names the time and the constellation in which the scenes are set: five years after Hitler's seizure of power, he has now completed his preparations for war. The prologue is called »Heerschau« because the following scenes are meant to illuminate the people who, as German soldiers, will wage Hitler's war. The time frame reaches from 1933

**49** *99%, Das Kreidekreuz:*
der Chauffeur (Hans
Altmann), die Köchin (Nora
Reissmann), der Arbeiter
(Günter Ruschin), das
Dienstmädchen (Steffie
Spira) und der SA-Mann
(Josef Leininger)
*99%, The Chalk Cross:*
*the Chauffeur (Hans*
*Altmann), the Cook (Nora*
*Reissmann), the Worker*
*(Günter Ruschin), the*
*Maidservant (Steffie Spira)*
*and the SA-Man*
*(Josef Leininger)*

**50** *99%, Der Spitzel:*
der Mann (Erich Schoenlank)
und die Frau (Steffie Spira)
*99%, The Informer:*
*the Husband (Erich*
*Schoenlank) und the*
*Wife (Steffie Spira)*

**51** *99%, Rechtsfindung*
*99%, In Search of Justice*

Handlungszeit reicht von 1933 bis 1938, die Handlungsorte sind über ganz Deutschland verteilt.

Publikum und Kritik reagieren begeistert auf die Szenen, was wieder vor allem Helene Weigel zuzuschreiben ist. Sie spielt die Judith Keith in *Die Jüdische Frau*, die alte Frau in *Winterhilfe*, das Dienstmädchen in *Rechtsfindung* und die Frau in *Arbeitsbeschaffung*. Bis auf drei etwas trübe Totalansichten der Bühne gingen Breitenbachs Premierenphotos verloren. Eine zeigt den ersten Einakter des Abends, *Das Kreidekreuz*. Er spielt in der Küche eines Oberklasse-Haushalts. Darin tritt ein Arbeiter (Günter Ruschin) auf, der Brechts Vorstellung von Widerstand demonstriert. Er ist in der Szene die einzige integre Figur, da er sich der nationalsozialistischen Indoktrinierung verweigert hat. Auf dem Photo sitzt er links am Küchentisch, neben ihm das Dienstmädchen (Steffie Spira) und der SA-Mann (Josef Leininger), ihr Geliebter. Am linken Bühnenrand sind der Chauffeur (Hans Altmann) und die Köchin (die Schwester des Arbeiters, Nora Reissmann) zu sehen. Der Arbeiter kommt, um eine kleine Reparatur im Haushalt vorzunehmen. Er ist ohne Anstellung. Zwischen ihm und dem SA-Mann entwickelt sich ein Spiel im Spiel: Der SAler fühlt sich überlegen und prahlt mit seinen Tricks, die er zur Denunziation von politischen Gegnern einsetzt. Tatsächlich kaschiert die überzeichnete Stärke nur seinen Mangel an Souveränität. Die aber zeichnet den Arbeiter aus. Er läßt sich darauf ein, eine Szene nachzustellen, in der er als »Meckerer« das Regime verunglimpft. Sie findet vor der imaginierten Kulisse einer »Stempelstelle« für Arbeitslose statt, wo Spitzel der SA jene »Meckerer« mit einem Kreidekreuz auf dem Rücken für die draußen wartenden Schlägerbanden kenntlich machen. Der Arbeiter geht aus dem Spiel als Sieger hervor, denn in Wirklichkeit ist er, was er spielt: ein Angehöriger des Widerstands. Der stolze SA-Mann wollte seine

to 1938, and the settings are cities throughout Germany.

Both public and critics react enthusiastically to the scenes, above all – once again – because of Helene Weigel's acting. She plays Judith Keith in *Die Jüdische Frau*, the Old Woman in Winterhilfe, the Maidservant in *Rechtsfindung* and the Woman in *Arbeitsbeschaffung*. Breitenbach's premiere photos are lost, with the exception of several dim views of the full stage. One of them shows the first one-act play of the evening, *Das Kreidekreuz*. It is set in the kitchen of an upper-class household, and features a Worker (Günter Ruschin) who demonstrates Brecht's conception of resistance. He is the only character in the scene who has kept his integrity, because he refuses to succumb to National Socialist indoctrination. In the photo he sits at the kitchen table on the left, beside him the Maidservant (Steffie Spira) and the SA Man (Josef Leininger), her lover. At the edge of the stage on the left the Chauffeur (Hans Altmann) and the Cook (Nora Reissmann) can be seen; she is the sister of the worker. The Worker comes to perform some minor repairs in the household. He is out of work. A play within the play develops between him and the SA Man: the SA Man feels superior and boasts of the tricks he uses to denounce political opponents. In fact, this exaggerated show of strength only masks his lack of the self-confidence which distinguishes the Worker. The Worker agrees to perform an impromptu scene in which, as a »grumbler«, he decries the regime. It takes place in front of the imaginary backdrop of a relief office for the unemployed, where SA informers mark »grumblers« by drawing a cross on their back in chalk to identify them to the gangs of thugs waiting outside. From this game the worker emerges as the victor; for in reality he is what he portrays: a member of the resistance. The arrogant SA Man, in the attempt to display his

Cleverness vorführen und hat dabei die eigenen Methoden an den Gegner verraten.

Mit seinem zweiten Bild porträtiert Breitenbach Erich Schoenlank und Steffie Spira als das Elternpaar in *Der Spitzel*. Sie spielen zwei durch Angst neurotisierte Figuren, die fürchten, von ihrem in der Hilterjugend erzogenen Sohn verraten zu werden. Dieser Sohn stiehlt sich an einem Sonntagnachmittag aus der Wohnung, nachdem er die abfälligen Bemerkungen seines Vaters über die Nazis gehört haben könnte. Die Szene läßt offen, ob der Junge seine Eltern tatsächlich denunziert, was auch unerheblich ist. Denn *Der Spitzel* zeigt die sublime Wirkung des Terrors als Verinnerlichung von Panik. Als die Eltern die Schritte des zurückkehrenden Sohns für das Gepolter eines Gestapo-Kommandos halten und der Mann sich auf seine Verhaftung vorbereitet, ist das fast befreiend: Jetzt bricht die lähmende Phobie auf. In Lohmars Graphik aus dem Programmheft geht die Beklemmung von einem Phantom aus, das Vater und Mutter mit monströsen Ohren, Augen und Tentakeln umstrickt.

Das letzte Photo zeigt eine Szene aus *Rechtsfindung*. Ein Richter (Erich Schoenlank) verzweifelt daran, trotz seiner Bereitschaft zur Anpassung nicht den Mühlsteinen der NS-Justiz zu entkommen, zwischen die er geraten ist. Er muß sich auf die Verhandlung eines Überfalls vorbereiten, den drei SA-Männer an einem jüdischen Juwelier begangen haben. Hilfe erhält der Richter von keiner Seite, und die neue Magna Carta der Justiz: »Recht ist, was dem deutschen Volke nützt«,[26] kann er nicht auslegen. Die *Rechtsfindung* ist ihm unmöglich. Lohmar zeigt ihn in der Graphik als Absturzkandidaten während eines Balanceakts. Er tastet sich auf einer schmalen Planke über einen Stein, der in seinem Weg liegt. Seine Augen sind von einer Hakenkreuzbinde bedeckt. Unter den rechten

cleverness, has only revealed his own methods to the opponent.

In his second picture, Breitenbach portrays Erich Schoenlank and Steffie Spira as the parents in *Der Spitzel*. They play characters made neurotic by the fear of being betrayed by their son, who has been indoctrinated by the Hitler Youth. One Sunday afternoon the son steals out of the apartment after possibly hearing his father's derogatory remarks about the Nazis. The scene does not reveal whether the boy actually denounces his parents, but this is unimportant; *Der Spitzel* shows the subliminal effect of terror as the internalization of panic. When the parents take the footsteps of their returning son for the clatter of a Gestapo commando and the husband prepares to be arrested, it is almost a relief; for now the paralyzing phobia comes to a head. In Lohmar's print, the feeling of trepidation emanates from a phantom with monstrous ears, eyes and tentacles, ensnaring father and mother.

The last photo shows a scene from *Rechtsfindung*. A judge (Erich Schoenlank) is desperate because, despite his willingness to conform, he is unable to escape the millstones of NS justice between which he is caught. He is preparing to deliberate on three SA men's assault of a Jewish jeweler. Nowhere does the judge find guidance, and he is unable to interpret the new Magna Carta of the law: »Justice is what serves the German people best.«[26] It is impossible for him to find justice. In the print, Lohmar shows him as a man performing a balancing act, about to fall. He inches along a narrow plank across a stone which lies in his path. His eyes are covered by a blindfold with a swastika. Under his right arm, with wrist chained to an iron ball, he clutches *Mein Kampf*. And the pendulum he holds in his left hand is unlikely to help him over the hurdle. According to

Arm, dessen Handgelenk mit einer Kette an eine Eisenkugel geschmiedet ist, hat er *Mein Kampf* geklemmt. Und daß ihn ein Pendel – er hält es mit der Linken vor sich – über den Parcours rettet, ist unwahrscheinlich. Nach den neuen Regeln wird er selbst zum Täter, wenn er nach dem Recht sucht.

Breitenbach macht auch Rollenporträts von Weigel. Diese Aufnahmen sind erhalten. Die alte Frau aus *Winterhilfe* ist bei Breitenbach trotz Perücke und Maske weniger die dargestellte Figur als Helene Weigel selber. Im Stück stürzt die Alte ihre Tochter ins Verderben: Die beiden sind in ihrer Wohnung, als zwei SA-Männer ein Winterhilfe-Paket bringen. Sie verplappert sich, indem sie die Gabe des »Führers« gegenüber ihrer Tochter als Widerlegung der Kritik ihres Schwiegersohns am Regime kommentiert. Die SA-Männer horchen auf, die Tochter will beschwichtigen, doch die Mutter macht mit ihren Erklärungen alles zunichte. Während die Tochter abgeführt wird, erbricht die alte Frau die verzehrten Lebensmittel unter einem »Heil Hitler«-Ruf. Er ist das Echo ihres Versagens. Die alte Frau auf Breitenbachs Photos

the new rules, the act of seeking justice makes him a perpetrator.

Breitenbach also makes stage portraits of Weigel. These photographs have survived. In one of the pictures the Old Woman from *Winterhilfe*, despite wig and makeup, is less the character portrayed than Weigel herself. In the play, the old woman brings disaster upon her daughter. The two are in the old woman's apartment when two SA men bring a winter relief package. The old woman lets the cat out of the bag by speaking of the »Führer's« gift to her daughter as a refutation of her son-in-law's criticism of the regime. The SA men prick up their ears; the daughter attempts to smooth the situation over, but the mother's explanations ruin everything. As the daughter is being led away, the old woman vomits the food she has eaten, with the words »Heil Hitler«. It is the echo of her failure. The old woman in Breitenbach's photo shows signs of deprivation, but has retained her dignity. That

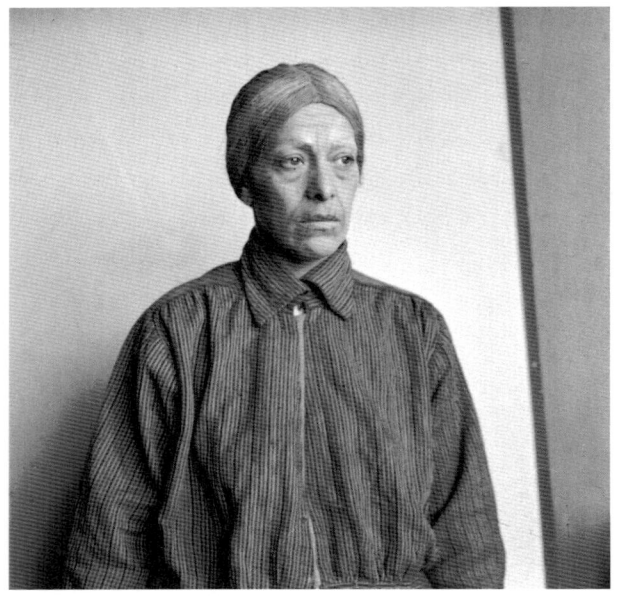 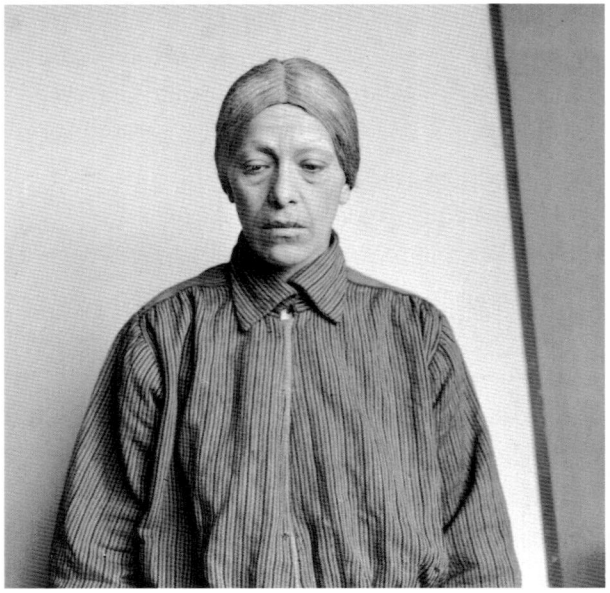

**52/53** Rollenporträt, Helene Weigel als die alte Frau in *99%, Winterhilfe*
*Stage portrait, Helene Weigel as the Old Woman in 99%, Winter Aid*

trägt Zeichen von Entbehrung, hat aber ihre Würde behalten. Das paßt zur Theresa Carrar, in deren Figur eine positive Entwicklung angelegt war. In *Winterhilfe* hat die Rolle hingegen keine solche Dynamik; es ist die von Helene Weigel, die Breitenbach abbilden möchte.

*Die Jüdische Frau* wird von der Presse am stärksten beachtet; Weigel macht in der Szene als Judith Keith Furore. Sie verkörpert einen der zurückgenommenen heroischen Charaktere, von denen im Zusammenhang mit Breitenbachs Blick schon die Rede war. Die Gattin eines »arischen« Oberarztes packt den Koffer für die Emigration. Ihr Mann ist zunächst abwesend, weiß aber, was geschieht. Das wird er bei seinem Auftritt zu verbergen suchen und gleichzeitig offenbaren. Vorher unterbricht Judith Keith die Reisevorbereitung, um durch Telephonate mit Freunden das Privatleben des Mannes für die Zeit nach ihrer Flucht zu regeln. Sie inszeniert eine Farce, spricht von erwünschtem Tapetenwechsel. Im dritten Anruf weitet sie die Dauer des anstehenden Amsterdam-Besuchs auf einige Monate aus, und beim letzten Telephongespräch wird es deutlich: Sie tritt eine Reise ohne Rückfahrkarte an. Sie bittet die bisher gemeinsamen Bekannten, sich um den Mann zu kümmern, der längst nicht mehr ihrer ist. Dann verbrennt sie das persönliche Telephonbuch und beginnt einen Monolog, der insgesamt drei Adressaten hat: Sie selbst, den abwesenden Mann, den sie später mit der Erklärung ihrer Ausreise konfrontieren will, und das Publikum. In ihrem letzten Ansatz zu dieser Rede kommt sie auf das bisher versteckte Hauptanliegen zu sprechen und bricht die private Szene mit einem veränderten Pronomen auf. Bisher galten ihre Sätze formal einer Person, jetzt wird aus dem Monolog eine allgemeine Anklage: »Was seid ihr für Menschen, ja, auch du?«[27] Als der Mann hinzukommt, hat Judith Keith dem

*Die Jüdische Frau* garners the most attention from the press; playing Judith Keith in the scene, Weigel creates a furor. She embodies one of the restrained heroic characters already mentioned in connection with Breitenbach's photographic style. The wife of an »aryan« doctor packs her suitcase for the emigration. Her husband is absent at first, but knows what is happening. When he appears, he will simultaneously attempt to hide and reveal this knowledge. Before this, however, Judith Keith interrupts her travel preparations to telephone friends to arrange her husband's domestic life for the time after her flight. She stages a farce, speaks of the desire for a change of scenery. In the third telephone call she extends the duration of her impending visit to Amsterdam to several months, and by the last conversation it becomes clear that she is starting on a journey without a return ticket. She asks the so far mutual acquaintances to take care of the husband who has long since ceased to be hers. Then she burns her personal engagement calendar and begins a monologue with three addressees: herself, her absent husband, whom she intends to confront with the declaration of her departure from the country, and the audience. In the last stage of her speech she touches upon the main hidden issues, and exits the soliloquy with a change of pronoun. Until this point, her words were directed at one person; now the monologue becomes a general accusation: »What sort of people are you, yourself included?«[27] By the time her husband arrives, Judith Keith has stopped playing the game of lies with the audience. But with her husband, she plays it to the end. She has already formulated the phrase he will use to deny the truth,

would be fitting of Theresa Carrar, whose character is capable of positive development. In *Winterhilfe*, however, the role lacks this dynamic; it is Helene Weigel's dynamic which Breitenbach depicts.

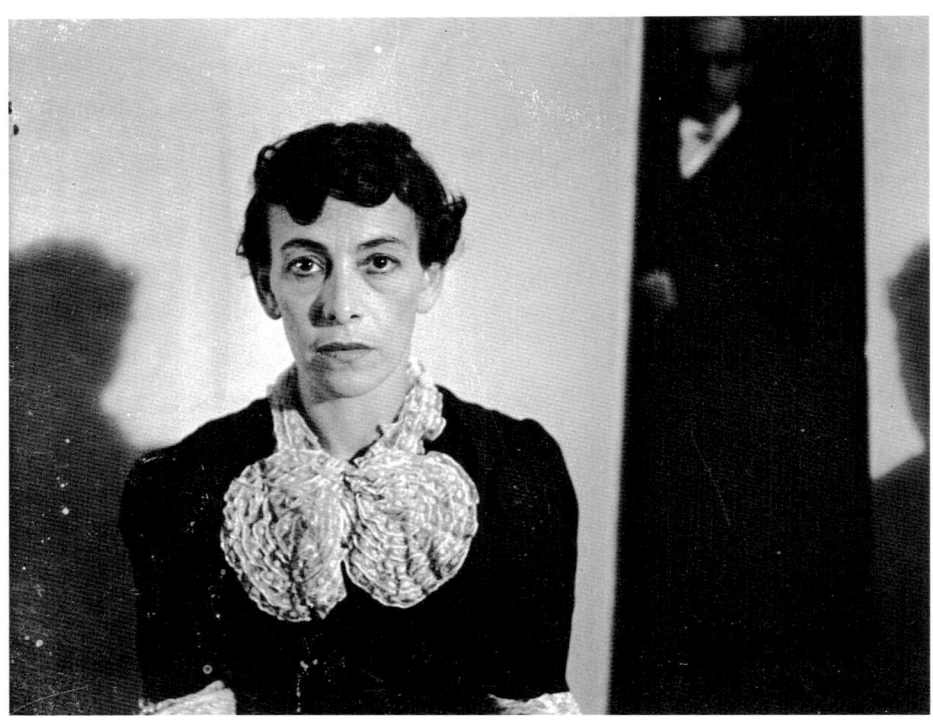

54/55 Rollenporträts, Helene
Weigel als die *Jüdische Frau*
in *99%*
*Stage portraits, Helene*
*Weigel as the* Jewish Wife
*in* 99%

Publikum gegenüber das Spiel mit der Lüge abgebrochen. Ihm gegenüber führt sie es zu Ende. Sie hat bereits den Satz formuliert, mit dem er sich der Wahrheit verweigert, hofft aber, daß er ihn nicht aussprechen wird: »Sage also nicht: es sind schließlich nur ein paar Wochen, während du mir den Pelzmantel gibst, den ich doch erst im Winter brauchen werde.«[28] Zum Schluß der Szene wird ihr der Mann mit genau diesem Kommentar den Pelz reichen.

Die Jüdische Frau von Breitenbach ist wieder ein typisches Weigel-Bild, und diesmal paßt es hervorragend zur Rolle. Die Figur auf dem Photo unterscheidet sich von der im Programmheft von Lohmar. Dort ist sie umzingelt: Links neben ihrem Gesicht drohen zwei aggressive Hände, eine weitere von rechts unten, und hinter ihr wendet der Mann ihr seinen Rücken zu. Die aufgerissenen Augen und die Furchen auf der Stirn des Gesichts, an das sie die gefalteten Hände führt, haben ihre Anmut nicht zerstört, aber um den Ausdruck von Angst ergänzt. Das ist bei Breitenbachs Weigel-Studie anders. Auch diese jüdische Frau ist verletzt, ihre aufrechte Haltung paßt aber zu der Anklage, die sie am Ende des Monologs erhebt. Lukács benutzt bei seiner Kritik von Der Spitzel den Begriff »Menschenschicksale«, der bei Furcht und Elend aber deplaziert erscheint. Mit Schicksal hat die Enttäuschung der Judith Keith wenig zu tun. Das läßt Brecht sie in der Schlußsequenz ihrer Rede mit zwei knappen Sätzen sagen: »Und reden wir nicht von Unglück. Reden wir von Schande.«[29]

Das von Brecht wegen der dürftigen Arbeitsbedingungen befürchtete Fiasko bleibt aus, die Aufführung erhält vielmehr ein euphorisches Echo. Die Deutsche Volkszeitung druckt am Premierentag einen Bericht von Robert Breuer über die Proben im Souterrain eines Cafés: »Der Keller dampft vom Blut der Opfer und glüht geheimnisvoll von der

but hopes that he will not say it: »So don't go telling me ›After all it's only for two or three weeks‹ as you hand me the fur coat I shan't need till next winter.«[28] At the end of the scene, her husband will hand her the coat with exactly this comment.

As photographed by Breitenbach, the Jewish wife is another typical image of Weigel, and this time that suits the role perfectly. The figure in the photograph, however, differs from that in Lohmar's print. There she is surrounded: on the left, next to her face, two aggressive hands threaten her, another reaches from the lower right, and behind her, her husband turns his back. The wide-open eyes and the creases on the forehead of the face to which she raises her folded hands have not destroyed her beauty, but give it an expression of fear. Breitenbach's study of Weigel is different. This Jewish wife, too, is wounded, but her erect posture also compliments the accusation which she makes at the end of the monologue. In his review of Der Spitzel, Lukács uses the term »human fates«, but this seems inappropriate for Furcht und Elend. Judith Keith's predicament has little to do with fate. Brecht has her say this in the final sequence of her speech, in two terse sentences: »And don't let's speak about disaster. Let's speak about disgrace.«[29]

The fiasco Brecht feared would arise from the poor working conditions does not occur; the response to the production is, if anything, euphoric. On the day of the premiere the Deutsche Volkszeitung prints an article by Robert Breuer on the rehearsals in a café basement: »The cellar steams with the blood of the victims and glows mysteriously with the actors' joy in helping to

Freude der Schauspieler, die nahende Vollstreckung des welthistorischen Urteils über Deutschlands Verwüster vorbereiten zu helfen.«[30] Das ist gut gemeint, aber keine Sternstunde der Theaterkritik. Es gibt ernsthaftere Ansätze. Walter Benjamin sieht in *99%* einen Wendepunkt, an dem das Exiltheater zu seinen programmatischen und künstlerischen Aufgaben gefunden habe. Er reflektiert den Anstoß, der im Text und auf der Bühne gegeben wird, und hat dabei ein Publikum im Blick, das er für den passenden Adressaten von Brechts Theaterkonzeption hält: »Es lernte sich als dramatisches Publikum zum ersten mal selber kennen.«[31]

Auch Brecht schätzt den Zyklus hoch ein; er verspricht sich von einer Buchausgabe viel. Schon während der Entstehung schreibt er an seinen Verleger Wieland Herzfelde, daß er die Szenen für besonders aussagekräftig hält. Der Aufführungserfolg bestätigt ihn darin, deshalb bittet er Herzfelde Ende Mai 1938, den Druck voranzutreiben.[32] Die Situation des Prager Malik-Verlags, den Herzfelde leitet, ist aber bald so brenzlig, daß der Band nicht mehr in der Tschechoslowakei erscheinen kann. Der fertige Satz wird während der deutschen Annexion zerstört.

Schon im Frühjahr 1938 sieht Brecht die Chance für eine weitere Aufführung nur noch in Amerika.[33] Er spekuliert aber auch unabhängig von den europäischen Nöten darauf, mit dem Stück den Sprung an eine amerikanische Bühne zu schaffen. Drei Jahre später ist er selbst auf dem Weg in die USA und kommt dort fast zeitgleich mit Breitenbach an: Als der am 26. Juni 1941 New York erreicht (die Geschichte seiner Flucht erzählen wir in Kapitel VII), ist Brecht gerade auf dem Schiff von Wladiwostok nach Los Angeles, wo er gut drei Wochen später ankommt. An seiner positiven Einschätzung von *Furcht und Elend* hat sich nichts geändert, und er setzt hinsichtlich einer

prepare for the approaching enforcement of history's verdict against Germany's ravagers.«[30] This is well-meant, if not exactly a great moment of theater criticism. There are more serious responses to the play. Walter Benjamin sees *99%* as a turning point, the exile theater's discovery of its programmatic and artistic tasks. He reflects upon the impulse put forward in the text and on the stage, keeping in mind an audience which he considers the appropriate addressees for Brecht's conception of theater: »For the first time, it comes to know itself as a dramatic audience.«[31]

Brecht also thinks highly of the cycle; he places great hopes in a book version. Even during its genesis he writes to his publisher, Wieland Herzfelde, that he considers the scenes especially significant. The success of the production confirms this view, and at the end of May 1938 he asks Herzfelde to expedite the printing.[32] However, the situation of Herzfelde's Malik-Verlag in Prague soon becomes so precarious that the edition is no longer able to appear in Czechoslovakia. The finished type is destroyed during the German occupation.

By spring 1938, Brecht realizes that the only chance for another production is in America.[33] Independently of the troubles in Europe, however, he also speculates that the play will enable his breakthrough onto the American stage. Three years later he is on the way to the USA, arriving there at almost the same time as Breitenbach. When Breitenbach arrives in New York on June 26, 1941, (the story of his flight is told in Chapter VII), Brecht is already on the ship from Vladivostok to Los Angeles, where he will arrive about three weeks later. He has not changed his positive views about *Furcht und Elend*, and he cautiously hopes that he will be able to stage the cycle. However, Brecht has few illusions about the chances of establishing

Aufführung vorsichtige Hoffnung in den Zyklus. Über eine Etablierung in der amerikanischen Theaterszene – das heißt vor allem in New York – macht Brecht sich jedoch wenig Illusionen.

Tatsächlich kündigt die New Yorker *Tribüne für freie deutsche Literatur und Kunst in Amerika* für den 28. Mai 1942 die amerikanische Uraufführung des Stücks an. Aber die Inszenierung von fünf Einaktern unter der Regie von Berthold Viertel hat nichts mit Brechts Wunsch zu tun, am Broadway zu spielen. Es ist eine Aufführung von und für Emigranten, sie findet im Theatersaal des »Fraternal Clubhouse« auf der 48. Straße statt und ist eine Benefizveranstaltung zugunsten der Flüchtlingshilfe. Am 14. Juni 1942 wird der »sensationelle Erfolg« (Eigenwerbung der *Tribüne*) im Palm Garden Theater wiederholt.[34] Eine insgesamt verständnislose Kritik in der *Neuen Volkszeitung* vom 20. Juni 1942 (der Rezensent sucht vergeblich nach mehr Einfühlungsdramatik) kündigt bereits ein Problem an, das Brecht später mit der englischsprachigen Aufführung haben wird: »(...) diese Stücke (...) wirken heute nur zum Teil noch aktuell, da viel Schlimmeres, viel Bestialischeres sich ereignete.« Brecht wollte mit der »Heerschau« bereits vor dem Krieg die gesellschaftliche Prägung der deutschen Soldaten demonstrieren, und so hoffte er 1941 nach seiner Ankunft in den USA auf einen Aktualitäts-Bonus für *Furcht und Elend*. Aber als die Szenen im Juni 1945 endlich in New York auf die Bühne kommen – hier photographiert Breitenbach wieder – ist der Krieg aus und die Aktualität verblaßt.[35]

Mit der Übersetzung von *Furcht und Elend* in *The Private Life of The Master Race* durch Eric Bentley erhält Brecht Ende 1944 die Textgrundlage für eine englischsprachige Inszenierung. Das Buch trägt die Widmung: »Dedicated to the Other Germany«. Auf dem Cover ist die Nahaufnahme

himself in the American theater scene, especially in New York.

In fact, the American premiere of the play is announced for May 28, 1942, by the New York *Tribüne für freie deutsche Literatur und Kunst in Amerika* (Tribune for Free German Literature and Art in America). But this production of five one-act plays under the direction of Berthold Viertel has nothing to do with Brecht's desire to play Broadway. It is a production by and for emigrants, taking place in the theater of the Fraternal Clubhouse on 48th Street as a benefit for refugee aid. On June 14, 1942, the »sensational success« (according to the *Tribüne's* self-promotion) is repeated in the Palm Garden Theater.[34] A review in the *Neue Volkszeitung* on June 20, 1942, which, on the whole, misses the point (the reviewer finds the play lacking in the dramatics of empathy), nevertheless heralds a problem which Brecht will later have with the English-language production: »(...) today these pieces (...) seem only partly relevant now that much worse, more bestial things have happened.« In the »Heerschau« Brecht attempted to demonstrate, well before the war, the social forces molding the German soldiers; thus, after his arrival in the USA in 1941, he hoped for a »topicality bonus« for *Furcht und Elend*. But by the time the scenes finally reach the New York stage in June 1945, the war is over and the play's topicality has faded.[35]

At the end of 1944, Eric Bentley's translation of *Furcht und Elend* as *The Private Life of The Master Race* provides Brecht with the text for an English-language production. The book is »Dedicated to the Other Germany«. The cover shows a close-up of a private: a young man with a steel helmet, camouflage netting

eines Landsers zu sehen: ein junger Mann mit Stahlhelm, Tarnnetz und weit aufgerissenen Augen. [36] Den szenischen Rahmen der Aufführung hatte Brecht schon 1942 im Kopf, als er an Max Reinhardt schrieb: »Man könnte in den Mittelpunkt der Aufführung als Hauptdekorationsstück den klassischen deutschen Blitzkriegswagen stellen, den gepanzerten Lastkraftwagen der Stoßarmee, der vom Nordkap bis zum Mittelmeer und vom Kanal bis zur Wolga auftaucht und überallhin die *Neue Ordnung* bringt, die in Hitlerdeutschland bereits etabliert ist.« [37] Im Frühjahr 1945 verhandelt Brecht mit Berthold Viertel über eine Aufführung. Währenddessen wendet sich Ernest Roberts (dessen Theatre of all Nations schließlich *Master Race* präsentieren wird) an Bentley, und über diese Verbindung kommt das Stück zu Erwin Piscator. [38] Damit wird ein Kreis geschlossen: Kurz nach seiner Ankunft in Kalifornien fragt Brecht Piscator, ob er für die New Yorker New School for Social Research im Theaterbereich arbeiten kann. Piscator leitet die dortige Übungsbühne, wo Berthold Viertel 1942 eine Regie übernimmt, und Breitenbach ist von 1949/1950 an über viele Jahre Lehrer der New School im Fach Photographie.

Brecht selbst schlug Piscator 1941 für ein (nicht realisiertes) Experiment an der Übungsbühne *Furcht und Elend*-Szenen vor. Als Piscator 1945 für die New Yorker Publikumsaufführung auch Schüler ins Ensemble nimmt, gefällt das Brecht aber überhaupt nicht. Seine Geschäfte vor Ort führt Ruth Berlau. Er schärft ihr ein, auf die Auswahl der Schauspieler zu achten und schreibt ihr, selbst bereits auf dem Weg nach New York: »Gib ein wenig acht, daß sie nicht zu viele Deutsche hineinstecken in die cast! Kein Familienfest!« [39] Das wird es dennoch werden. Die ausgezeichnete Besetzung, die in der Aufführungsbroschüre angekündigt wird, kann Brecht im *Master Race*-

and wide, staring eyes. [36] Brecht had already conceived the scenic framework in 1942, writing to Max Reinhardt: »The production might be centered on the classic German blitzkrieg vehicle, the armoured personnel carrier which has made its appearance from North Cape to the Mediterranean and from the English Channel to the Volga, bringing with it the *New Order* that is already established in Hitler Germany.« [37] In spring 1945, Brecht negotiates the possibility of a production with Berthold Viertel. In the meantime, Ernest Roberts (whose Theatre of all Nations will ultimately present *Master Race*) turns to Bentley, and this connection brings the play to Erwin Piscator. [38] Thus the wheel turns full circle: soon after his arrival in California, Brecht asks Piscator whether he might be able to work for the theater department of New York's New School for Social Research. Piscator is the head of its theater workshop, Berthold Viertel directs a play there in 1942, and in 1949/1950 Breitenbach begins his long career of teaching photography at the New School.

In 1941, Brecht himself suggested scenes from *Furcht und Elend* to Piscator for an (unrealized) experiment in the theater workshop. However, when Piscator includes students in the public New York performance in 1945, Brecht is anything but pleased. His business is handled on location by Ruth Berlau. He urges her to pay attention to the choice of actors and writes, already on his way to New York: »Try to make sure that they don't put too many Germans in the cast! No family get-together!« [39] It will end up as one all the same. Brecht is unable to see the *Master Race* ensemble as the excellent cast announced in the production brochure. In his *Journal* he sketches the quarrels over the production: »in new york for a

THEATRE OF ALL NATIONS
Charles Field, Ernest Roberts, Administrative Directors,

PRESENTS

## "The Private Life of the Master Race"

A documentary play by BERTOLD BRECHT
(English version by *Eric Russel Bentley*)

Music by HANNS EISLER

### Directed by ERWIN PISCATOR

Stage devised and lighted by LEO KERZ

### Featuring ALBERT BASSERMAN
and a Distinguished Cast

## PAULINE EDWARDS THEATRE
(City College Auditorium, 23rd Street and Lexington Avenue)

— *For a Limited Engagement* —

TUESDAY, JUNE 12th, to SUNDAY, JUNE 17th incl.
(PREVIEW—JUNE 11th)

---

The production of THE PRIVATE LIFE OF THE MASTER RACE
is sponsored by:

Ferdinand Bruckner
Cheryl Crawford
Mady Christians
Howard S. Cullman
Paul Czinner
Eddie Dowling
Manfred George
Oscar Homolka
Gilbert Miller
Paul Muni
Reinhold Niebuhr
Oscar Serlin
Paul Tillich
Fritz von Unruh
F. C. Weiskopf
John Wildberg

Of the German anti-Nazi writers now exiled in America one of the greatest is Bertold Brecht, poet, novelist and dramatist. *The Private Life of the Master Race* is his indictment of the men who have ruined Germany and undermined her culture. In a series of exciting scenes drawn from the life of typical Germans, Brecht shows how the Nazi spirit has corrupted all decent moral values and made life under Hitler a nightmare of fear, suspicion and doubt. No one has portrayed more graphically the spiritual horror and degradation that is bred by fascism. Powerful as propaganda in a great cause, effective as art in its representation of human beings reacting to suffering, *The Private Life of the Master Race* will be a memorable experience.

Admission: $1.20—$1.80—$2.40, incl. Tax.

On Sale Now: Theatre of All Nations, 144 Bleecker St., N. Y. 12, N. Y.

Bookfair, 133 West 44th Street, New York, N. Y.

Mail and Phone Orders:

Theatre of All Nations, 144 Bleecker St., New York 12, N. Y. GR 5-8255.

*Make Your Reservations Early.*

---

Excerpts from reviews the play received on the occasion of its publication by "New Directions"

THE NEW YORK TIMES, *Marjorie Fabere:*

". . . in what appears an exceptional smooth translation, the original documentary play offers plausible hints for the resuscitation of Broadway . . . . The play is intensely dramatic . . . effective drama. . . . Brecht has managed to keep propaganda subservient to art . . ."

THE CHICAGO SUN, *Jack Conroy:*

". . . Terse rapid scenes pointedly illustrate in human terms some of the evils fastened upon Germany by the Nazis. . . . Bertold Brecht deserves more than one service stripe for his unremitting front-line combat duty in the war against Nazism. . . ."

THE SATURDAY REVIEW OF LITERATURE, *F. C. Weiskopf:*

". . . many Americans have enjoyed Bertold Brecht's "Mother" on the stage and his "Three Penny Opera" on the screen. . . . Brecht's latest and most mature work, "The Private Life of the Master Race", supplies a long neglected want . . . the reader will be aroused and impressed by a graphic picture of the fears and miseries molding the life of the people in Adolf Hitler's Third Reich. . . ."

NEW MASSES, *Isidor Schneider:*

". . . Here is social analysis done with the keenest psychological perceptions, a broad historical grasp, a deep poetic vision, a subtle dramatic sense. . . . It is to be hoped that many Americans will see this intimate face of fascism."

TOMORROW, *H. R. Hays:*

". . . Bertold Brecht is one of the few geniuses of our time. Perhaps if his work is published and discussed it will eventually find its way to Broadway. When it does, it should have a stimulating influence on the drama, for Brecht is a playwright of tomorrow. . . ."

---

The Theatre of All Nations is a non-profit membership organization, which has been formed by outstanding artists of many different nationalities for the promotion of a better understanding among all nations through the medium of the arts.

We are in the midst of a great change and an approaching new era demands that the stage should play its part in the construction of a lasting peace. It is the hope of our organization to be the pioneers in this field and it is our earnest desire to take part in the building of a free, new world.

ORDER FORM

THEATRE OF ALL NATIONS, INC.
144 Bleecker Street, New York 12, N. Y.

Please send me _____ tickets at $ _____ each for _____

June 12th ☐     June 13th ☐

June 14th ☐     June 15th ☐     June 16th ☐

June 17th ☐ (please check) for "THE PRIVATE LIFE OF THE MASTER RACE."—Check for $ _____ enclosed herewith.

Organizations are invited to arrange for Theatre Parties at a reduced rate.

Name _____

Address _____

**56/57/58** Programmheft
für *The Private Life of the Master Race,* 12.–17. Juni 1945
*Program of* The Private Life of the Master Race, *June 12–17, 1945*

Ensemble nicht erkennen. Er skizziert im *Journal* die Querelen um die Inszenierung: »In New York. Für eine Aufführung von ›Private Life of the Masterrace‹ für unions. Eine 6000$-Sache. Zuerst soll Piscator inszenieren; er hat mit Schülern und Emigranten besetzt (den ›Spitzel‹ mit den Bassermanns) und will einen neuen Rahmen. Ich hole Viertel, und wir machen die Aufführung in ein paar Probentagen. Die Presse greift die Produktion an, schont das Stück. Zu einer Diskussion des Inhalts kommt es nirgends.«[40]

Breitenbach gelangt über Ruth Berlau zurück ins Spiel. Die beiden begegnen sich in New York, wo Breitenbach wie während seiner Pariser Zeit Privatunterricht geben muß, um sein Auskommen zu sichern. Im Frühjahr 1944 belegt Berlau bei ihm einen dreimonatigen Photokurs;[41] ein Jahr später zeugen Einträge in Breitenbachs Taschenkalender von weiteren Treffen. Bei der *Master Race*-Aufführung im Juni 1945 photographieren beide. Brecht wird sich später bei Berlau besonders für die Totalansichten der Bühne bedanken.

performance of the PRIVATE LIFE OF THE MASTER RACE. a $ 6000 job. originally piscator was going to direct; he cast it with students and émigrés (the SPY with the bassermanns) and wanted a new framework. i brought in viertel and we put the production together in a few days' rehearsal, the press attacked the production, spared the play. nobody discussed the content. «[40]

Breitenbach comes back into play by way of Ruth Berlau. The two meet in New York, where Breitenbach, as during in his Paris period, must support himself by giving private lessons. In spring 1944, Berlau enrolls in his three-month photography course;[41] a year later entries in Breitenbach's date book testify to further meetings. Both photograph the *Master Race* production in June 1945. Later Brecht will be especially grateful to Berlau for the total views of the stage.

**59** *Prisoners Mixing Cement:* SS-Wache (Ludwig Roth), Sozialdemokrat (Theo Goetz), Unpolitischer (Shepard Menken), Kommunist (Lothar Rewalt)
*Prisoners Mixing Cement: SS Guard (Ludwig Roth), Social Democrat (Theo Goetz), Non-Political Man (Shepard Menken), Communist (Lothar Rewalt)*

**60** *In Search of Justice* (Rechtsfindung): Gerichtsdiener (Harry Simberg), Richter A (Clarence Derwent) *In Search of Justice: Attendant (Harry Simberg), Judge A (Clarence Derwent)*

Am 12. Juni 1945 findet im City College Auditorium (23th Street/Lexington Ave.) die Premiere statt (am Vortag gab es eine öffentliche Schlußprobe); sie wird zu dem Reinfall, den Brecht befürchtet hatte. Während der nächsten Tage erscheinen in der New Yorker Presse fast 20 Besprechungen. Es sind bis auf den Bericht im *Aufbau* (das ist die Zeitschrift des »German-Jewish Club«) durchweg Verrisse. Sie unterscheiden sich nur graduell in der Brutalität, mit der die Aufführung abgelehnt wird. Nach Abzug der Polemik bleibt ein ernstzunehmender Kern: Das Stück sei konfus und langatmig inszeniert, falsch besetzt, fünf Jahre früher spannend gewesen und jetzt deplaziert.

Auf Breitenbachs Bildern ist von den Mängeln der Inszenierung wenig zu sehen; die Gesamtgestaltung läßt ihn kalt, er beschränkt sich auf seine charakterorientierten Porträts und Szenenausschnitte. Nach dem »Narrator« (Maurice Ellis), der aus Nazi-Perspektive die Fahrt des Panzerkarrens durch die deutsche Gesellschaft erläutert,[42] zeigt

On June 12, 1945, the premiere takes place in the City College Auditorium (23th Street/Lexington Avenue); the day before, an open dress rehearsal is held. The production proves to be the flop which Brecht had feared. In the next few days nearly 20 reviews appear in the New York press. Except for the article in *Aufbau* (the magazine of the »German-Jewish Club«), they are consistently scathing. They differ only in the degree of the brutality with which they reject the production. Even when the polemics are filtered out, serious objections remain: the play is confused, the staging is long-winded, and it is badly cast; five years ago it would have been interesting, but now it is outdated.

Breitenbach's photos show little of the production's shortcomings. The design as a whole leaves him cold; he restricts himself to his character-oriented portraits and facets of scenes. After a portrait of the Narrator (Maurice Ellis), who elucidates the path of the tanks through German society from a Nazi perspective,[42] Breitenbach shows the cast of *The Chalk Cross*. He

**61** *The Informer* (Der Spitzel): die Frau (Else Bassermann), der Mann (Albert Bassermann)
The Informer: *Wife (Else Bassermann), Husband (Albert Bassermann)*

**62** *The Informer* (Der Spitzel): der Mann (Albert Bassermann)
The Informer: *Husband (Albert Bassermann)*

Breitenbach das Personal von *The Chalk Cross*. Er arbeitet die einsame Position des »Worker« (Dwight Marfield) heraus: Während das Hauspersonal und der SA-Mann in einer Reihe stehen, die Körper zur linken Bühnenseite weisend, wendet sich der Arbeiter dem Bühnenrand zu und bricht so die Linie auf. Darauf folgt eine Szene, die Brecht für Amerika neu geschrieben hat: *Prisoners Mixing Cement* (Moorsoldaten). Sie spielt im KZ; ein »Social Democrat« und ein »Communist« setzen vor zwei Mitinhaftierten (ein »Non-Political Man« und ein »Pastor«) das Gezänk der Arbeiterparteien zum Ende der Weimarer Republik fort, womit sie gegen das Redeverbot im Lager verstoßen. Dann demonstrieren sie dem SS-Mann, der einen Schuldigen isolieren will, die Geschlossenheit, an der es ihnen im Kampf gegen die Nazis mangelte.

Das mittlere Set der Inszenierung beginnt mit *The Jewish Wife* und *In Search of Justice*, aber Breitenbach wartet auf seine Hauptperson des Abends: Albert Bassermann als Ehemann in *The Informer*. Breitenbach kennt dessen Physiognomie gut; die Bassermann-Porträts aus München (1932) gehörten zu seinem Entree in die Theaterphotographie. [43] Sie faszinierten damals durch Kraft und Klarheit der Gestalt, die Breitenbach zurückgenommen in Szene setzte, womit er vermied, pathetisch zu werden. 13 Jahre danach fängt er die Hysterie von Bassermanns Rolle ein; der Gatte und seine Frau (gespielt von der wirklichen Ehefrau Else Bassermann) sind von Nervosität zerfressen. Bassermanns großer Name sollte der Inszenierung helfen, doch das gelingt nur halb und auf seine Kosten: Er ist in *The Informer* nicht der Nestor des deutschsprachigen Schauspiels, sondern ein gealterter Emigrant, des Englischen kaum mächtig und deshalb ein tragischer Akteur.

*The Box* (so heißt die nächste Szene) ist eine Zinkkiste, in der zwei SA-Männer (Ludwig Roth,

emphasizes the lonely position of the Worker (Dwight Marfield): while the servants and the SA man stand in one row, their bodies turned toward the left-hand side of the stage, the worker turns toward the edge of the stage, thus breaking the line. This is followed by a new scene which Brecht wrote for America: *Prisoners Mixing Cement* (Moorsoldaten). It is set in a concentration camp; a Social Democrat and a Communist carry on the same squabble which divided the workers' parties at the end of the Weimar Republic in front of two fellow prisoners (a Non-Political Man and a Pastor), thus breaking the ban against speaking. Then, when an SS man attempts to identify one of the two transgressors as guilty and, in doing so, to isolate them, they demonstrate the solidarity which they lacked in the struggle against the Nazis.

The middle set of the production begins with *The Jewish Wife* and *In Search of Justice*, but Breitenbach waits for his personal star of the evening: Albert Bassermann as the Husband in *The Informer*. Breitenbach knows his face well; the Bassermann portraits in Munich (1932) were a part of his breakthrough into theater photography. [43] They exerted a fascination stemming from the strength and clarity of the figure which Breitenbach presented with restraint, avoiding melodrama. 13 years later he captures the hysteria of Bassermans's role; Husband and Wife (played by his real wife Else Bassermann) are consumed by paranoia. Bassermann's famous name was meant to help the production, but this succeeds only in part and at his cost: in *The Informer* he is no longer the Nestor of the German theater, but merely an aged emigrant with little command of English, a tragic figure.

*The Box* (as the next scene is called) is a zinc box in which two SA men (Ludwig Roth, William

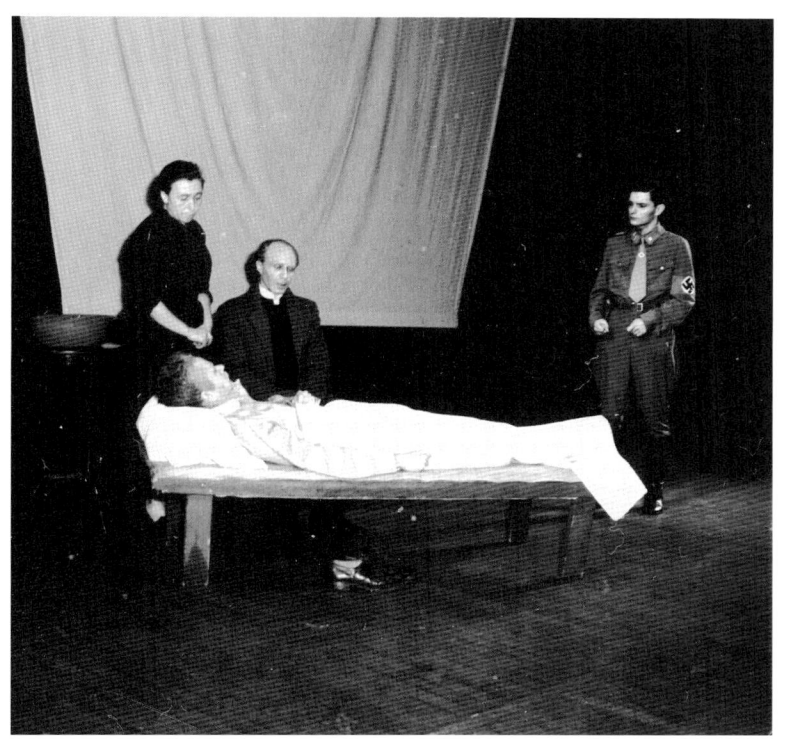

**63** *The Sermon on the Mount*
(Die Bergpredigt): Sterbender
Mann (Dwight Marfield),
Ehefrau (Elizabeth Neu-
mann), Priester (Paul Andor),
Sohn (Klaus Kolmar)
The Sermon on the Mount):
*Dying Man (Dwight
Marfield), Wife (Elizabeth
Neumann), Pastor (Paul
Andor), Son (Klaus Kolmar)*

**64** *The Box* (Die Kiste):
Mädchen (Iris Schwarzmann),
Frau (Eda Reiss-Merin),
Junge (Eugene Granof),
Junge Frau (Margaret Bell),
Junger Arbeiter (Robert
Carricart)
The Box: *Girl (Iris Schwarz-
mann), Woman (Eda Reiss-
Merin), Boy (Eugene Granof),
Young Woman (Margaret
Bell), Young Worker (Robert
Carricart)*

William Malten) den zerschundenen Leichnam eines Arbeiters bei seiner Frau (Eda Reiss-Merin) abliefern. Sie und ihre Kinder (Iris Schwarzmann, Eugene Granof) haben gerade Besuch von einem Arbeiterpaar (Margaret Bell, Robert Carricart). Breitenbach zeigt sie im Halbkreis hinter dem Sarg aus dem Folterkeller. Der »Young Worker« begehrt gegen die Lüge der »SA Men« auf, die etwas von einer Lungenentzündung erzählen, doch die beiden Frauen halten ihn davon ab, die Kiste zu öffnen. Er drückt seine ohnmächtige Wut über den Mord durch dieselbe Geste aus, die der Arbeiter in *The Chalk Cross* zeigte: Er hakt seine geballten Fäuste mit den Daumen im Hosengürtel ein. Die Haltung taucht in *The Sermon on the Mount*, der vorletzten Szene des Abends, zum dritten Mal auf. Der »Dying Man« (Dwight Marfield) spielt darin auf dem Totenbett Gott und die Bibel gegen die Nazis aus. Dabei verwickelt er den Pastor (Paul Andor) in ein heikles Gespräch: Sein Sohn (Klaus Kolmar), der in SA-Montur (und mit diesen besagten Fäusten) abseits steht, negiert die Gültigkeit der Bergpredigt - was den Pastor trotz der Intervention der Frau des Sterbenden (Elizabeth Neumann) zu einem gefährlichen Bekenntnis zur Bibel zwingt.

Im Vergleich mit den Pariser Aufführungen bleibt die Inszenierung von *The Private Life of The Master Race* für Brecht und Breitenbach eine Episode. Wegen der früheren Photos wird Breitenbach nach Brechts Rückkehr aus dem Exil trotzdem ein Korrespondenzpartner des Berliner Ensembles. Ruth Berlau macht am 30. Januar 1952 den Anfang. Auf der maschinegeschriebenen Deckseite des Briefs bittet sie Breitenbach halbwegs offiziell um die Carrar-Motive: »Am liebsten wären uns die Filme, aber die geben Sie wohl nicht her?« Sie offeriert verschiedene Zahlungsmodalitäten und leitet dann das Persönliche ein: »Sonst geht es uns

Malten) deliver the mutilated corpse of a worker to his wife (Eda Reiss-Merin). She and her children (Iris Schwarzmann, Eugene Granof) have visitors: a working-class married couple (Margaret Bell, Robert Carricart). Breitenbach shows them in a semi-circle behind the coffin from the torture chamber. The Young Worker rebels against the lies of the SA Men, who tell a story of pneumonia, but the two women prevent him from opening the box. He expresses his impotent rage at the murder with the same gesture shown by the worker in *The Chalk Cross*: he hooks his thumbs in his belt, his fists clenched. This stance appears for the third time in *The Sermon on the Mount*, the penultimate scene of the evening. Here the Dying Man (Dwight Marfield) sets God and the Bible against the Nazis on his deathbed, involving the Pastor (Paul Andor) in an awkward conversation. His son (Klaus Kolmar), who stands off to one side in SA uniform (and with the above-mentioned clenched fists), denies the validity of *The Sermon on the Mount*, which forces the Pastor, despite the intervention of the dying man's wife (Elizabeth Neumann), to make a dangerous declaration of belief in the Bible.

In contrast to the Paris productions, the performance of *The Private Life of The Master Race* remains a mere episode for Brecht and Breitenbach. Yet because of the earlier photos, Breitenbach corresponds with the Berliner Ensemble after Brecht's return from exile. Ruth Berlau initiates the contact on January 30, 1952. In the typewritten cover letter she asks Breitenbach semi-officially for the *Carrar* motifs: »We would most like to have the films, but no doubt you don't want to part with them?« She offers various modes of payment, and then moves on to more personal matters: »We are all well and all of us greet you; I thank you for everything I learned from you.« On the back of the

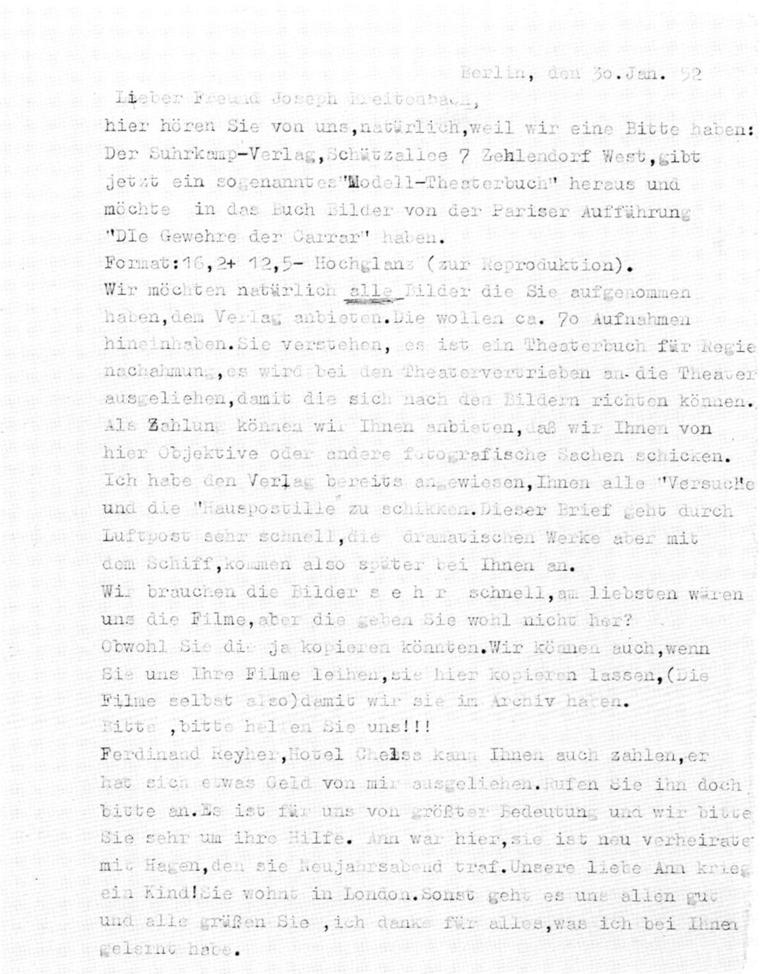

Berlin, den 30. Jan. 52

Lieber Freund Joseph Breitenbach,

hier hören Sie von uns, natürlich, weil wir eine Bitte haben:
Der Suhrkamp-Verlag, Schützallee 7 Zehlendorf West, gibt
jetzt ein sogenanntes "Modell-Theaterbuch" heraus und
möchte in das Buch Bilder von der Pariser Aufführung
"DIe Gewehre der Carrar" haben.
Format:16,2+ 12,5- Hochglanz (zur Reproduktion).
Wir möchten natürlich alle Bilder die Sie aufgenommen
haben, den Verlag anbieten. Die wollen ca. 7o Aufnahmen
hineinhaben. Sie verstehen, es ist ein Theaterbuch für Regie
nachahmung, es wird bei den Theatervertrieben an die Theater
ausgeliehen, damit die sich nach den Bildern richten können.
Als Zahlung können wir Ihnen anbieten, daß wir Ihnen von
hier Objektive oder andere fotografische Sachen schicken.
Ich habe den Verlag bereits angewiesen, Ihnen alle "Versuche"
und die "Hauspostille" zu schikken. Dieser Brief geht durch
Luftpost sehr schnell, die dramatischen Werke aber mit
dem Schiff, kommen also später bei Ihnen an.
Wir brauchen die Bilder s e h r schnell, am liebsten wären
uns die Filme, aber die geben Sie wohl nicht her?
Obwohl Sie die ja kopieren könnten. Wir können auch, wenn
Sie uns Ihre Filme leihen, sie hier kopieren lassen, (Die
Filme selbst also) damit wir sie in Archiv haben.
Bitte, bitte helfen Sie uns!!!
Ferdinand Reyher, Hotel Chelsa kann Ihnen auch zahlen, er
hat sich etwas Geld von mir ausgeliehen. Rufen Sie ihn doch
bitte an. Es ist für uns von größter Bedeutung und wir bitte
Sie sehr um ihre Hilfe. Ann war hier, sie ist neu verheiratet
mit Hagen, den sie Neujahrsabend traf. Unsere liebe Ann krieg
ein Kind! Sie wohnt in London. Sonst geht es uns allen gut
und alle grüßen Sie, ich danke für alles, was ich bei Ihnen
gelernt habe.

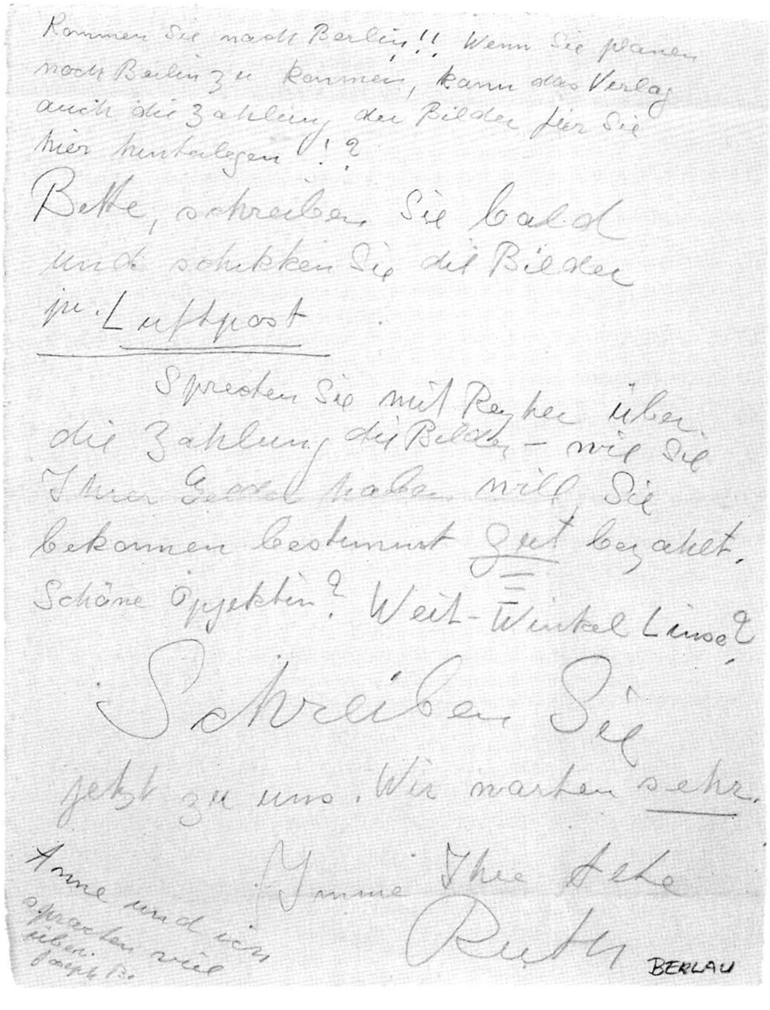

**65/66** Ruth Berlau
an Breitenbach,
Berlin, 30. Januar 1952
*Ruth Berlau to Breitenbach,*
*Berlin, January 30, 1952*

Kommen Sie nach Berlin!! Wenn Sie planen
nach Berlin zu kommen, kann das Verlag
auch die Zahlung der Bilder hier Sie
hier hinterlegen!!?
Bitte, schreiben Sie bald
und schikken Sie die Bilder
in Luftpost

Sprechen Sie mit Reyher über
die Zahlung der Bilder — wie Sie
Ihr Geld haben will. Sie
bekommen bestimmt gut bezahlt.
Schöne Oppjektiv? Weit-Winkel Linse?

Schreiben Sie
jetzt zu uns. Wir warten sehr.

Anne und ich
warten wie
über Joseph B.

Ihre alte
Ruth
BERLAU

allen gut und alle grüßen Sie, ich danke für alles, was ich bei Ihnen gelernt habe.« Auf der Rückseite geht es handschriftlich weiter: »Kommen Sie nach Berlin!!« Sie schlägt für die Photos ein Tauschgeschäft vor und bietet ihm als Gegenleistung Kamera-Objektive an. Dann verabschiedet sich Berlau mit drei kleinen Zeilen in der linken unteren Ecke des Blatts: »Anne und ich / sprachen viel / über Joseph B.«

Eine Antwort von Breitenbach ist nicht erhalten, wohl aber eine weitere Anfrage aus Berlin. 1956 hakt Weigel nach: »Ich bin mit der Ordnung des Brecht'schen Archivs beschäftigt und weiß, daß es in Ihrem Besitz wunderschöne Bilder von Brecht und Brecht'schen Aufführungen gibt.«[44] Jetzt reagiert Breitenbach, allerdings sehr befremdlich. Er wirbt in seinem Brief vom 19. November 1956 für die Photos und vergrätzt gleichzeitig die Interessentin. Breitenbach berechnet ein Grundhonorar, das er als Photograph, der nach Gewerkschaftstarifen arbeitet, selbst von den Weggefährten aus dem Exil verlangen zu müssen glaubt: $ 1100. Damit brüskiert er Weigel, und ein Briefwechsel wie in den Jahren 1937/38 bleibt folglich aus. Breitenbach meldet sich 1965 noch einmal, ist nun fast siebzig Jahre alt und schreibt in einer gemächlicheren Diktion. Er schlägt ein Treffen vor: »Von Weihnachten bis Silvester bin ich in Berlin, zum ersten Mal in 40 Jahren und würde mich sehr freuen, Sie zu sehen. Aus alter Erinnerung.«

Ob die alte Erinnerung aufgefrischt werden konnte und das Treffen von Breitenbach und Weigel zustande kam, ist nicht überliefert.

page she continues, handwritten, »Come to Berlin!!« She offers a barter deal for the photos, offering him lenses in return. Then Berlau signs off with three brief lines in the lower left-hand corner of the page: »Anne and I / spoke much / of Joseph B.«

No reply from Breitenbach has survived, but a further request from Berlin has. In 1956, Weigel asks him again: »I am busy organizing the Brecht Archive, and I know that you have wonderful pictures of Brecht and Brecht's productions in your possession.«[44] Now Breitenbach reacts, but rather oddly. In his letter from November 19, 1956, he recommends his photos but also provokes Weigel. Breitenbach calculates a base fee which he, as a photographer who works according to union tariffs, apparently feels he must demand even from comrades-in-exile: $ 1100. This is a snub to Weigel, and consequently no exchange of letters ensues as in 1937/38. In 1965, Breitenbach writes once more, now almost seventy years old, in a more conciliatory tone. He suggests a meeting: »From Christmas to New Year's I will be in Berlin for the first time in 40 years, and would very much like to see you. For the sake of old memories.«

Whether the old memories were refreshed, and whether the meeting between Breitenbach and Weigel ever took place, is not recorded.

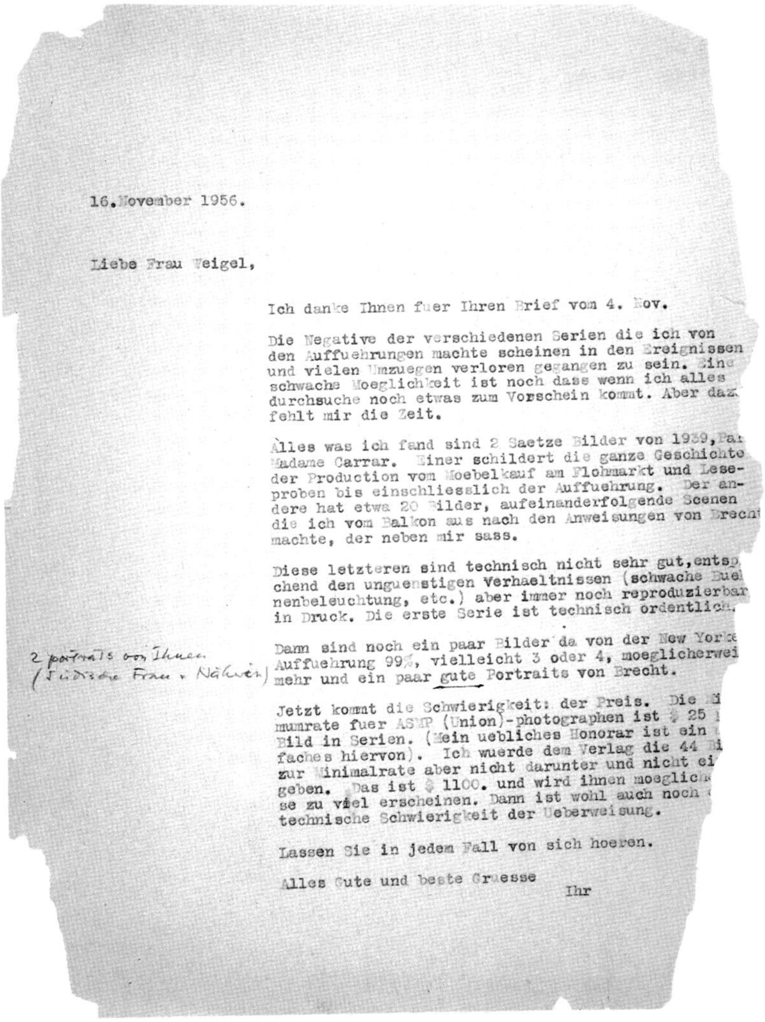

16. November 1956.

Liebe Frau Weigel,

Ich danke Ihnen fuer Ihren Brief vom 4. Nov.

Die Negative der verschiedenen Serien die ich von
den Auffuehrungen machte scheinen in den Ereignissen
und vielen Umzuegen verloren gegangen zu sein. Eine
schwache Moeglichkeit ist noch dass wenn ich alles
durchsuche noch etwas zum Vorschein kommt. Aber daz
fehlt mir die Zeit.

Alles was ich fand sind 2 Saetze Bilder von 1939, Par
Madame Carrar. Einer schildert die ganze Geschichte
der Production vom Moebelkauf am Flohmarkt und Lese-
proben bis einschliesslich der Auffuehrung. Der andere hat etwa 20 Bilder, aufeinanderfolgende Scenen
die ich vom Balkon aus nach den Anweisungen von Brech
machte, der neben mir sass.

Diese letzteren sind technisch nicht sehr gut, entsp
chend den unguenstigen Verhaeltnissen (schwache Bue
nenbeleuchtung, etc.) aber immer noch reproduzierbar
in Druck. Die erste Serie ist technisch ordentlich.

Dann sind noch ein paar Bilder da von der New Yorke
Auffuehrung 99%, vielleicht 3 oder 4, moeglicherwei
mehr und ein paar gute Portraits von Brecht.

2 portraits von Ihnen. (Jüdische Frau + Näherin)

Jetzt kommt die Schwierigkeit: der Preis. Die Mi
mumrate fuer ASMP (Union)-photographen ist $ 25
Bild in Serien. (Mein uebliches Honorar ist ein
faches hiervon). Ich wuerde dem Verlag die 44 Bi
zur Minimalrate aber nicht darunter und nicht ei
geben. Das ist $ 1100. und wird ihnen moeglich
se zu viel erscheinen. Dann ist wohl auch noch
technische Schwierigkeit der Ueberweisung.

Lassen Sie in jedem Fall von sich hoeren.

Alles Gute und beste Gruesse

Ihr

**67** Breitenbach an Weigel, New York 19. November 1956

*Breitenbach to Weigel, New York, November 19, 1956*

20. Dezember 1965

Liebe HELLA WEIGEL

an meinen Namen werden Sie sich kaum erinnern. Aber vielleicht dunkel an mich. Bei der Uraufführung von »DIE GEWEHRE DER FRAU CARRAR« in PARIS 1939 machte ich die Fotos.

Mit ~~H~~ HEINZ LOHMAR zusammen eine Bildgeschichte: Wie alles zustande kam, Marché aux Puces wo wir die Gewehre kauften und einige Möbel, die Hinterstube der Wirtschaft wo Sie mit LOHMAR's Frau zusammen die Kostüme nähten etc.

Und dann mit BRECHT zusammen ~~die~~ vom Balkon herunter bei der Hauptprobe die verschiedenen Szenen und Auftritte, die ihm wesentlich waren.

Von Weihnacht bis Silvester bin ich in BERLIN, zum ersten Mal in 40 Jahren und würde mich sehr freuen Sie zu sehen. Aus alter Erinnerung. Aber vielleicht haben Sie jetzt in Ihrem großen Verantwortungskreis keine Zeit für solche Privatbesuche. Aber wir könnten darüber sprechen ob man diese Aufnahmen, von denen die Negative verloren gegangen sind im Wirrsal der Wiederemigration aber von denen noch ein Satz Bilder existiert

nicht durch eine Publikation für die Zukunft retten könnte.
Bitte schreiben Sie mir eine Zeile ins Hotel BERLIN. Ich
werde am Montag (27/XII) ankommen.
Mit herzlichen Grüssen
Ihr

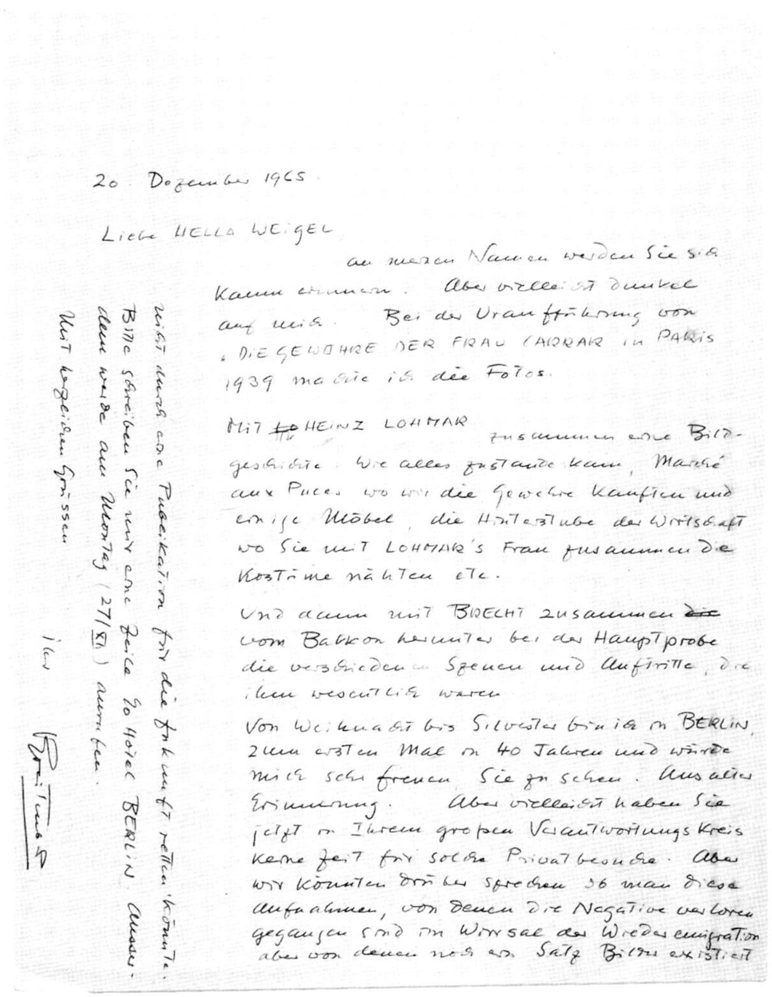

**68** Breitenbach an Weigel, 20. Dezember 1965

*Breitenbach to Weigel, December 20, 1965*

**1** Die verfolgten Schriftsteller
und Die Presse im Dritten
Reich
*The Hunted Authors and*
*The Press in the Third Reich*

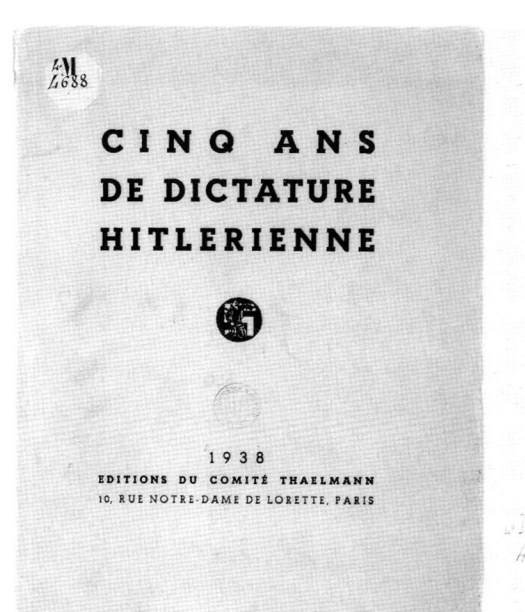

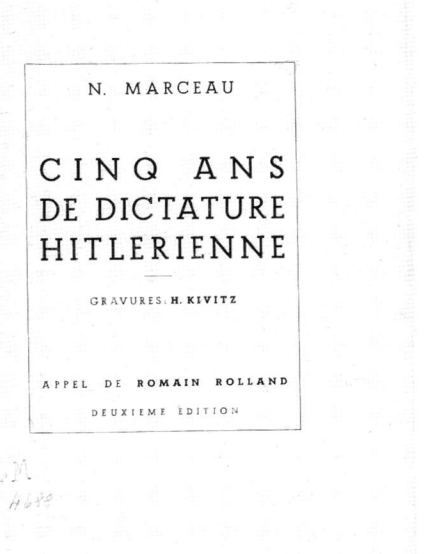

2 *Cinq Ans de Dictature Hitlérienne*, Paris 1938, Titelblatt/*front page*

# IV. Fünf Jahre Hitlerdiktatur, Februar 1938

Keith Holz

# IV. Five Years of Hitler Dictatorship, February 1938

Keith Holz

Gemeinsam mit seinem neuen Freund Heinz Lohmar besuchte Breitenbach – die Kameraausrüstung griffbereit – die kürzlich eröffnete, im Exil produzierte Ausstellung »Cinq Ans de Dictature Hitlérienne« (Fünf Jahre Hitlerdiktatur). Diese Agitprop-Schau, die auf zwölf Text- und Phototafeln zeitgenössische deutsche Geschichte und Greueltaten der Nazis dokumentierte, war in einem Gewerkschaftsgebäude in der rue de Lancry Nr. 10 im 10. Arrondissement untergebracht, einem ausgesprochenen Arbeiterviertel. Die Ausstellung erregte unter den örtlichen Autoritäten so großes Aufsehen, daß der deutsche Botschafter in Paris am 2., 4. und 12. Februar 1938 beim in direkter Nachbarschaft zu seiner Residenz am Quai d'Orsay gelegenen französischen Außenministerium Protest einlegte. Es deutet nichts auf eine unmittelbare Beteiligung Breitenbachs an der Planung oder Ausführung dieses eindrucksvollen Zeugnisses von Gegenpropaganda im Exil hin. Wäre Lohmar nicht direkt involviert gewesen, bliebe fraglich, ob Breitenbach überhaupt sein Augenmerk auf diese Tafeln gerichtet hätte.

In jenem Januar 1938 war Breitenbach mit anderen, vielversprechenderen Dingen beschäftigt. Am 18. des Monats, etwa ein Vierteljahr nachdem er anläßlich der Inszenierung von *Die Gewehre der Frau Carrar* seinen ersten Vorstoß in die Photographie Brechtscher Theateraufführungen gewagt hatte, photographierte Breitenbach zusammen mit Robert Valançay die sensationelle internationale Surrealismus-Ausstellung in der Galerie des Beaux-Arts.[1] Darüber hinaus hatte er mit Größen wie Kandinsky, Ernst, Lady Norton aus London und möglicherweise Picasso und Peggy Guggenheim verkehrt, als diese Repräsentanten des internationalen Kulturlebens in Paris zusammengekommen waren, um eine Ausstellung moderner Kunst zu planen, mit der sie der nationalsozialistischen

Together with his new friend Heinz Lohmar, Breitenbach went – camera equipment in hand – to the recently opened, exile-prepared exhibition »Cinq Ans de Dictature Hitlérienne« (Five Years of Hitler Dictatorship). This twelve panel agit-prop exhibition documenting contemporary German history and Nazi atrocities was installed in a trade union building at 10, rue de Lancry, in the decidedly working class 10th arrondisement. So inflammatory did the exhibition prove to local authorities, that on February 2nd, 4th, and 12th 1938, Paris' German Ambassador lodged protests against the exhibition to the French Foreign Ministry a few doors down on the Quai d'Orsay. Yet nothing suggests Breitenbach's direct involvement in the planning or fabrication of this exquisite monument of exile counter-propaganda. Were it not for Lohmar's direct involvement, it is questionable Breitenbach would have focussed upon the panels at all.

That January 1938, Breitenbach had other, more promising matters on his plate. On January 18, just months after his first foray into Brechtian theatre photography for *Señora Carrar's Rifles*, Breitenbach had photographed the sensational International Exhibition of Surrealism at the Galerie des Beaux-Arts together with Robert Valançay.[1] Moreover, he had been hobnobbing with luminaries the likes of Kandinsky, Ernst, London's Lady Norton, and possibly Picasso and Peggy Guggenheim, as these cultural figures convened in Paris to plan a modern art exhibition to redress the Nazi's »Degenerate Art« campaign. His appointment books suggest further January encounters with Arp, Breton, Giacometti, Tanguy, art dealer Kahnweiler, fellow exile art critic Herta Wescher, and art historian Max Raphael.[2]

Kampagne »Entartete Kunst« entgegenwirken wollten. Sein Terminkalender läßt auf weitere Begegnungen zu Jahresbeginn 1938 schließen: mit Arp, Breton, Giacometti, Tanguy, dem Kunsthändler Kahnweiler, der ebenfalls exilierten Kunstkritikerin Herta Wescher und dem Kunsthistoriker Max Raphael. [2] Die Installation in der rue de Lancry Nr. 10 bot dagegen weder die kulturelle Erbauung noch die beruflichen Perspektiven, die sich Breitenbach ausgemalt haben mag, während er sich zwischen jenen Schlüsselfiguren der künstlerischen Moderne bewegte. »Cinq Ans de Dictature Hitlérienne« hatte auch wenig von dem Unterhaltenden, dem Spielerischen, das die neuesten Experimente der Surrealisten auszeichnete. Statt dessen fanden sich die Besucher in drei engen Räumen wieder, die mit zwölf großflächigen Tafeln gefüllt waren. Zusammen veranschaulichten sie die grausige Geschichte von politischer und rassischer Unterdrückung in fünf Jahren Nazideutschland.

Die Herangehensweise der Tafeln war didaktisch: Texte, Photographien und andere Bilder (z. B. gemalte, gezeichnete, gedruckte oder genähte) wurden so collagiert, daß sie ein aktuelles und schonungsloses Porträt des entsetzlichen Lebens und der fehlgeleiteten Gesellschaft, Politik und Kultur im Dritten Reich zeichneten. [3] Ereignisse wie der Reichstagsbrand, der Leipziger Prozeß, Einschränkungen der Religions- und Pressefreiheit, Verfolgung von Schriftstellern, die Kunstpolitik, Bombenabwürfe auf die spanische Zivilbevölkerung und die antisemitischen Rassentheorien der Nazis wurden thematisiert. Damit zählte die Ausstellung zu den kühnsten Versuchen der Exilierten, die Pariser auf die Ungerechtigkeiten und Verbrechen in Nazideutschland aufmerksam zu machen; es war ein Projekt, das sich mit den positiven Darstellungen, wie sie Botschafter des offiziellen Deutschland in der französischen Öffentlichkeit

The installation at 10, rue de Lancry, however, offered neither the cultural uplift nor professional prospects Breitenbach would have anticipated as he moved among these key personalities of the modernist art world. Nor did the installation »Cinq Ans de Dictature Hitlérienne« deliver much of the amusing or the playful that characterized the newest experiments of the surrealists. Instead, visitors found three narrow rooms filled with twelve large-scale panels. Together they graphically communicated a grim tale of Nazi Germany's past five years of political and racial oppression.

These didactic panels collaged together texts, photographs and other fabricated pictures (e.g. painted, drawn, printed, and sewn) to deliver a timely, no holds barred, portrayal of life horrific, and society, politics and culture misguided inside the Third Reich. [3] Events addressed included the Reichstag fire, the Leipzig Trial, restrictions upon freedom of religion and the press, hunted authors, art policy, bombing of civilian populations in Spain, and the Nazis' anti-semitic racial theories. As such, the exhibition was one of the German exiles' boldest efforts to alert Parisians to the injustices and crimes of Nazi Germany, a message completely at odds with the affirmative representations ambassadors of official Germany disseminated to the French public. To warn Parisians, these panels relied upon the visual practice of agitational-propaganda (agit-prop) – that graphic technique pioneered in the streets and factories of the Soviet Union to address working

# Fünf Jahre

Die allmächtigen Herren des nationalsozialistischen Deutschland, selbst grosse Spezialisten in antidemokratischen, antifranzösischen, antisemitischen und antikommunistischen Ausstellungen, die von Anfang bis Ende aus gefälschten und erfundenen Dokumenten oder solchen, deren Ursprung zum Zwecke der Täuschung einfach geändert wurde, zusammengeflickt sind, — sind in Zorn geraten, als sie erfuhren, dass das Thälmannkomitee eine Ausstellung über Hitlerdeutschland in Paris zu eröffnen wagte.

In Wahrheit handelt es sich für die Nazi nicht um die Ausstellung. Wir haben es mit einer neuen Welle von Angriffen gegen Frankreich zu tun; jede Gelegenheit wird benützt, um sich in die inneren französischen Angelegenheiten einzumischen, in ihnen gewisse Aenderungen zu erzwingen.

Die Besucher stimmen in der Feststellung des Ernstes, der Wahrhaftigkeit u. der Kraft der Ausstellung „Fünf Jahre Hitlerregime" überein. Sie füllt drei Räume im Gewerkschaftshaus in der Rue de Lancry 10. Der Eingang in die Ausstellung führt uns fünf Jahre zurück in die Vergangenheit: Marschall Hindenburg übergibt Hitler die Macht. Dieses Bild musste über Intervention des Deutschen Botschafters entfernt werden.

Es folgen verschiedene Szenen von der ersten Terrorwelle gegen die demokratischen Kräfte.

27. Februar 1933, Provokation: Der Reichstag brennt, Hitler und seine Getreuen eilen zur Brandstätte. „Ein Finderzeig Gottes," sagt der Führer, und wir erleben noch einmal an Hand von Dokumenten die Gewalttaten, Massenverhaftungen, und die Antwort darauf, die Empörung des Weltgewissens, die historischen Szenen des Leipziger Prozesses. Die erste grosse Niederlage.

Nach dieser historischen Einleitung machen wir eine kleine Rundreise durch Deutschland: das Dritte Reich, seine Entwicklung, wo steht es heute? Das Leben in den Konzentrationslagern: Lagerordnungen, Disziplinarreglement, das Lagerleben. Eine kleine Statistik: 1 300 000 Personen sind in diesen fünf Jahren durch die Konzentrationslager und Gefängnisse gegangen; 10 000 wurden ermordet oder zum Selbstmord getrieben.

Man stockt vor einer schwarzen Tafel zu Ehren der unter dem Beil gefallenen Märtyrer: ihre Photographien, letzte Briefe, ihr Heldenleben. Gegenüber: die Gefangenen hinter einem Gitter; wir erkennen unter anderen Thälmann, Liselotte Hermann, Mierendorff.

Dann folgt eine Reihe von Tafeln über die allgemeine Lage: die ganze Wirtschaft ist der Kriegsvorbereitung untergeordnet. Statistiken, Lohnbewegung, detaillierte Angaben über die Lage der Arbeiter, Bauern, Mittelschichten. Alle sind vom Regime grausam betroffen. Daneben die Gewinner und ihre Profite.

Zweiter Saal. Die Religionsverfolgungen: Die Organisationen verboten, der Religionsunterricht abgeschafft, ermordete Katholiken, der Prozess Niemöller.

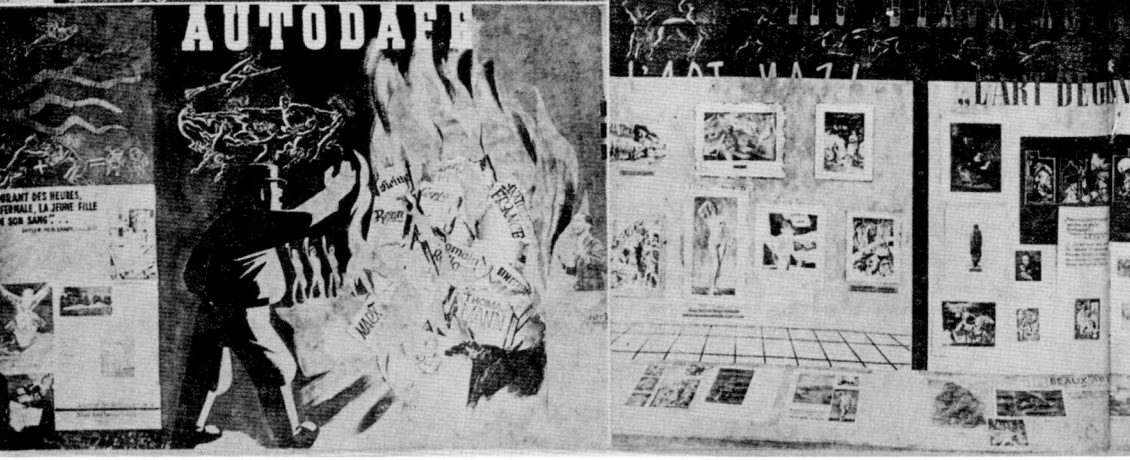

**3/4** N. Marceau: »Fünf Jahre Hitlerregime«, *Einheit* 1938

# Hitlerregime

Und dann das kulturelle Gebiet. Die faschistische „Stammbaumtheorie" und ihre unglaublichen und unerhörten Einzelheiten, die verschiedenen Seiten des Antisemitismus, die Sterilisierungen, — und überall echte Dokumente.

Kunst: die „Entartete Kunst" und die Nazi-Kunst, — die erstere klassisch, mit Rembrandt an der Spitze; letztere vulgär. Die Zeichnung einer nackten Frau, die in Berlin mit dem Vermerk ausgestellt war; vom Führer für seine Privatsammlung angekauft. Eine in Deutschland sehr verbreitete Postkarte, die Hitler als Jeanne d'Arc mit der Hakenkreuzfahne in der Hand darstellt.

Eine glänzende Tafel ist der Presse gewidmet; das Funktionieren des Nachrichtendienstes, die Rolle des Journalisten und der Weg des freien Wortes; die „Flüsterpropaganda" und die Propaganda durch die illegale Literatur.

Der dritte Raum ist der Intervention Hitlers in Spanien und der Kriegsvorbereitung gewidmet. Daneben die Bildung der deutschen Volksfront, der Widerstand, die Tätigkeit des Senders, der Kampf der Deutschen in den Internat. Brigaden in Spanien.

Wir lernen Deutschland kennen, das seinen Terror über die Welt ausübt, wir sehen es auf dem Marsch. Wir werden uns bewusst, dass es trotz allem nicht faschistisch bleiben wird, dass es demokratisch sein wird.

Die erste Demarche des Botschafters Deutschlands hat die Schliessung dieser guten Ausstellung nicht erreicht. Einige Stücke mussten infolge der Schwäche des Quai d'Orsay entfernt werden. Das hat in Wirklichkeit den Erfolg dieser Ausstellung erst in einen Triumph verwandelt.

Und vierzehn Tage später wird von der Nazipresse eine neue Offensive eröffnet, die in ihrer Heftigkeit alles bisher dagewesene übersteigt. Man droht, schreit Skandal, fordert, schickt ein Ultimatum. Der „Völkische Beobachter" vom 15. 2. schreibt:

„Nach dem Protest des Deutschen Botschafters in Paris wurde ein Teil der gemeinsten Karikaturen des Führers und seiner Mitarbeiter aus der Ausstellung entfernt.

„Obwohl die Deutsche Regierung sich mit diesen unzureichenden Massnahmen keinesfalls zufrieden geben kann, wurde die Ausstellung trotz einer zweiten Demarche des Deutschen Botschafters beim Quai d'Orsay bis zum 18. März verlängert. Das heisst, dass man in Paris fortfährt, eine Ausstellung zu dulden, ja sie sogar verlängert, deren einziger Zweck ist, das nationalsozialistische Deutschland in den Kot zu ziehen und zu beschimpfen."

„Wir sind gezwungen, festzustellen, dass die Haltung der französischen Regierung — und nur um sie handelt es sich für uns — auf keine Entschuldigung bei uns rechnen kann. Wenn die französische Regierung der Meinung ist, dass in Frankreich Meinungsfreiheit herrscht und sie keinesfalls in der Lage ist, weiter zu gehen, als sie schon gegangen ist, dann haben wir das Recht, die Frage zu stellen, ob die französische Regierung auch nicht in der Lage ist, eine Ausstellung zu verbieten, die gegen England und seine imperialistischen Eroberungsziele gerichtet wäre. Wenn ja, dann würde eine neue Frage auftauchen, ob die französische Regierung auf die deutsche Freundschaft weniger Wert legt, als auf die der anderen europäischen Grossmächte.

„Die französischen Behörden müssen sich darüber klar werden: Die französischen Parteien und Presseorgane, die bisher versuchten, die deutsch-französischen Beziehungen zu stören, müssen in diesem Punkte zur Ordnung gerufen und zu einer anständigen Haltung gebracht werden . . ."

Das ist klar. Hitler hat in „Mein Kampf" gesagt: „Man muss Frankreich als Land darstellen, das ständig den Frieden der Welt stört." Von nun an wird alles in Deutschland mobilisiert, um in diesem Sinne zu wirken. In seiner Rede vom 20. Februar war Hitler in diesem Punkte sehr deutlich.

Es ist höchste Zeit, dass man sich in Frankreich über diese Lage Rechenschaft ablegt. Unsere Behörden müssen Demarchen dieser Sorte den Empfang bereiten, den sie im Interesse des Landes und auch im Interesse einer wirklichen deutsch-französischen Annäherung verdienen.

**N. MARCEAU**

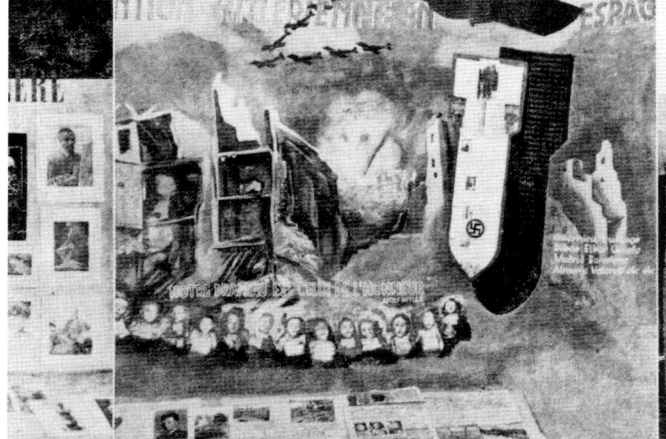

verbreiteten, ganz und gar nicht in Einklang bringen ließ. Um die Pariser zu warnen, bauten die Tafeln auf die Wirkungsästhetik der Agitations-Propaganda (Agitprop), der anschaulichen visuellen Praxis, die in der Folge der Oktoberrevolution von 1917 in der Sowjetunion entwickelt wurde, um die arbeitenden Massen auf der Straße und in den Fabriken aufzurütteln. Außerhalb der Sowjetunion wurde Agitprop in den zwanziger Jahren nirgendwo so kunstvoll eingesetzt wie mit Unterstützung der Kommunistischen Partei Deutschlands in der Weimarer Republik. »Cinq Ans« trat dieses Erbe an, denn die Ausstellung hatte den Fähigkeiten eines führenden deutschen Agitprop-Akteurs viel zu verdanken: Alfred Hermann (auch als Wilhelm Herzog bekannt). Hermann hatte sich früher als Vorkämpfer des Agitprop im Ruhrgebiet profiliert.[4] Andere Exilkünstler, die sowohl dem Freien Künstlerbund als auch der Kommunistischen Partei angeschlossen waren, scheinen ebenfalls bei der Erstellung der Tafeln mitgewirkt zu haben. Zu ihnen zählten Heinz Kiwitz, Hanns Kralik, Max Lingner, Erwin Oehl und Fritz Wolff.[5]

Obwohl die Herstellung der Tafeln in erster Linie vom Konzept und der Gesamtkoordination Alfred Hermanns geprägt war, war auch Heinz Lohmar in nicht geringem Maße daran beteiligt. Und es waren Lohmars Beiträge, die Breitenbach fesselten und auf seinen Aufnahmen des kollektiven Projekts die größte Rolle spielen. Aufgrund dieses Fokus leisten sie keine vollständige Dokumentation der Ausstellungstafeln.

Eine andere, mehr auf Vollständigkeit als auf Interpretation bedachte photojournalistische Dokumentation der Ausstellung läßt im Kontrast Breitenbachs Zielsetzung deutlich werden. Die Aufnahmen eines anonymen Photographen, die in *Einheit – Zeitschrift der Internationalen Solidaritätsbewegung* veröffentlicht wurden, geben fast alle

masses in the aftermath of the 1917 October Revolution. Nowhere outside of the Soviet Union during the 1920s had agit-prop been more elaborately implemented than in Weimar Germany with support from the Kommunistische Partei Deutschland. »Cinq Ans« continued that legacy as it owed much to the capabilities of one of German agit-prop's more seasoned practitioners, Alfred Hermann (a.k.a. Wilhelm Herzog). Hermann had previously spearheaded agit-prop work in the Ruhrgebiet.[4] Other exiled artists affiliated with both the Freie Künstlerbund and the Communist Party appear to have had hands in the manufacture of the panels as well. These included Heinz Kiwitz, Hanns Kralik, Max Lingner, Erwin Oehl, and Fritz Wolff.[5]

Although largely conceived and orchestrated by Hermann, Heinz Lohmar was extensively involved in the production of the panels. And Lohmar's share captivated Breitenbach. In Breitenbach's negatives, Lohmar's contributions to this collective project figure prominently. Focussed on Lohmar's work, Breitenbach's negatives fall short of offering comprehensive documentation of the exhibition panels.

Another, more thorough photo-journalistic documentation of the exhibition brings Breitenbach's agenda into focus. An article published by an anonymous photographer in *Einheit – Zeitschrift der Internationalen Solidaritätsbewegung* documented most panels in the exhibition.[6] In this photo-journalistic account, images are cropped and severed from their spatial

Ausstellungstafeln wieder.[6] In dieser Bildreportage wurden die Tafeln ohne ihren räumlichen Kontext dargestellt. Dies ermöglicht eine nahtlose Übertragung der auf den Photos zweidimensionalen Tafeln in die Seiten der Zeitschrift, so als ob die Tafeln von vornherein für eine solche Ansicht konzipiert worden wären. Wer den Inhalt der Tafeln oder ihr vollständiges Erscheinungsbild rekonstruieren will, tut besser daran, jene verbliebenen Reproduktionen zu Rate zu ziehen, bevor er bei Breitenbachs ausgewählten Ansichten verweilt.

Was aber verrät der Vergleich der zwei Photoserien über die Ausstellung? Zunächst einmal ihren grundlegenden Inhalt. Die Ausstellung erstreckte sich über drei Räume. Die Hauptgalerie enthielt mindestens acht Tafeln und zwei Vitrinen mit Publikationen. Jede Tafel trug einen eigenen Titel. Breitenbachs Photographien belegen sieben davon: »Les Persécutions Religieuses« (Verfolgung der Religionen), »Le Racisme« (Rassismus), »Autodafé«, »Les Auteurs Chassés« (Die verfolgten Schriftsteller) und »La Presse dans le IIIe Reich« (Die Presse im Dritten Reich), »Dans les Camps de Concentration« (In den Konzentrationslagern) und »Aux Martyrs Tombées sous la Hache« (Den Märtyrern, die dem Beil zum Opfer fielen). Aber der Vergleich von Breitenbachs Photos mit denen aus der *Einheit* offenbart mehr als den Inhalt der Ausstellung: In der Gegenüberstellung der beiden Serien werden die speziellen Anliegen sichtbar, die Breitenbach mit seinen Aufnahmen verfolgte. Fernab eines dokumentarischen Eifers scheinen Breitenbachs Bilder von einer Art künstlerischer Verständigung zwischen dem Photographen und den Gestaltern der Tafeln motiviert zu sein. Insofern belegen diese Photographien drei Aspekte dessen, was man im Winter 1937/38 als Breitenbachs photoästhetische Verbrüderung mit den exilierten Künstlern anderer Disziplinen bezeichnen könnte.

context. This allows a seamless identification of the flat surface of the (photographed) panels with that of the magazine pages, as if the panels had been designed for page viewing in the first place. Anyone concerned with reconstructing the content or total appearance of the panels will be better served to study those remaining reproductions before dwelling upon Breitenbach's more detailed exposures.

But what can be learned about the exhibition by comparing the two sets of photographic reproductions? Foremost, the general contents. The exhibition filled three rooms. The main gallery contained at least eight panels and two vitrines of publications. Each of the eight panels were titled. Breitenbach's photographs record seven: »Les Persécutions Religieuses« (The Religious Persecutions), »Le Racisme« (Racism), »Autodafé«, »Les Auteurs Chassés« (The Hunted Authors) and »La Presse dans le IIIe Reich« (The Press in the Third Reich), »Dans les Camps de Concentration« (In the Concentration Camps), and »Aux Martyrs Tombées sous la Hache« (To the Martyrs Fallen under the Hatchet). But comparison with the *Einheit* photographs discloses more than the exhibition's contents. Through comparison with Breitenbach's photographs, they also help isolate the particular interests informing Breitenbach's photographs. Far from documentary zeal, Breitenbach's images appear motivated by a kind of artistic communion between photographer-artist Breitenbach and the panel-makers. As such, these photographs register three aspects of what could be termed Breitenbach's photo-aesthetic fraternity in winter 1937/38.

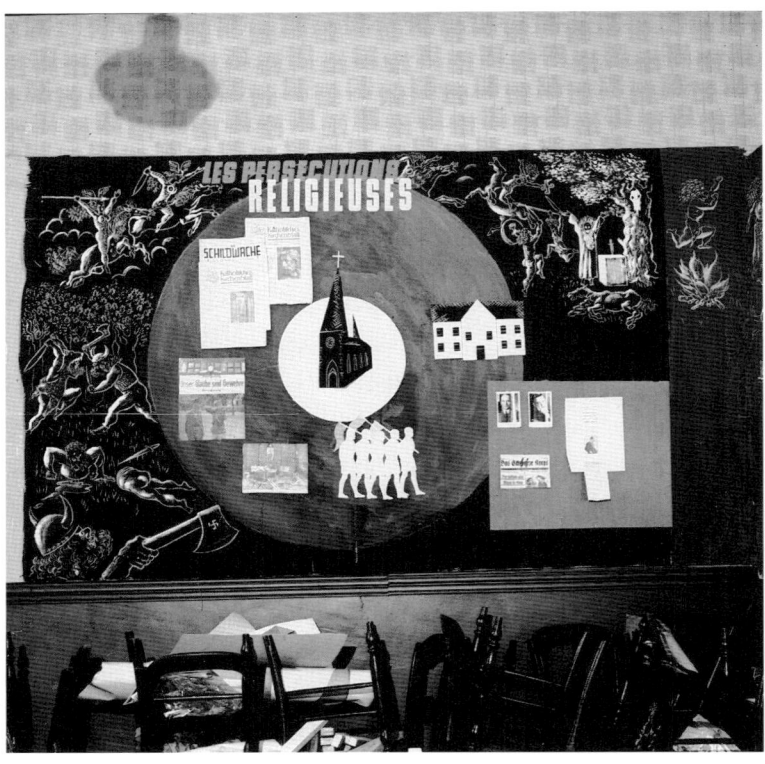

Erstens wird den Tafeln, die Lohmar gemalt oder komponiert hat, unverhältnismäßig große Aufmerksamkeit zuteil. Zweitens wird in Breitenbachs Photographien das theatralische Moment der Tafeln und ihrer Aussagen hervorgehoben – eine Theatralik, die beim Vergleich mit den Photos aus der *Einheit* ins Auge fällt. Und der dritte Aspekt und Schlüssel zu der Theatralik, die Breitenbach entdeckt hat, ist die dramatische und kommunikative Rolle, die Abbildungen menschlicher Körper auf den Tafeln zukommt, eine gestalterische Präsenz, die Breitenbach akzentuierte. Photos wie das des Besuchers mit Hut, der vor der Tafel zur Bücherverbrennung steht, scheinen alle drei Aspekte ins Spiel zu bringen.

Dem imaginären Gang durch die Ausstellung sollte jedoch ein Rückblick auf die juristischen Schwierigkeiten, die dem Projekt entgegenstanden, vorangehen. Wir schulden dem Historiker Gilbert Badia viel für seine Rekonstruktion der Nachgiebigkeit der Pariser Polizei gegenüber den Forderungen des neu ernannten deutschen Botschafters, zahlreiche Displays aus »Cinq Ans« zu entfernen. Am 2. Februar 1938 instruierte der deutsche Außenminister von Neurath seinen Gesandten in Paris, bei der französischen Regierung gegen die Ausstellung zu protestieren. Den Anweisungen folgend reichte der Botschafter unverzüglich beim französischen Außenministerium und der Polizei Beschwerde ein. [7] Nach ihrem Eintreffen ordnete die Polizei die Entfernung von fünf Dokumenten an, die von der Botschaft benannt worden waren. Es verstrichen keine 24 Stunden zwischen Deutschlands Forderung und Frankreichs Willfährigkeit. Dieser Akt rückgratloser Unterwürfigkeit zeigte Berlin, wie beflissen die neue französische Regierung den diplomatischen Wünschen aus Nazideutschland nachkommen würde. Bis zum Nachmittag des 3. Februar wurden nachweislich vier

First, disproportionate attention is given to panel details drawn or designed by Lohmar. Second, in Breitenbach's photographs the theatricality present in the panels and their display is heightened – a theatricality that becomes conspicuous through comparison with the *Einheit* photos. And third, and key to the theatricality Breitenbach found, is the dramatic and communicative role assigned to the human body in the panels, a figural presence Breitenbach accentuated. Photos like that of the hatted spectator standing before the bookburning panel seem to bring all of these features into play.

Before attempting to reckon with the sweep of the exhibition as if walking through it, review of the difficulties the exhibition encountered with the law is necessary. We owe much to historian Gilbert Badia for reconstructing the Paris police's acquiescence to the demands of Paris' newly appointed German Ambassador to remove numerous displays from »Cinq Ans«. On February 2, the German Foreign Minister, von Neurath, instructed the Paris German Ambassador to protest the exhibition to the French government. Following instructions, the Ambassador promptly lodged protests with the French Foreign Ministry and police. [7] Upon their arrival, the police demanded removal of five documents specified by the German Embassy. Less than 24 hours elapsed between Germany's demands and France's compliance. This act of spineless acquiescence demonstrated to Berlin how willingly the new French administration would comply with Nazi Germany's diplomatic wishes. By the afternoon of February 3, four displayed objects were reportedly draped with white cloth, and a brochure especially prepared for the exhibition had been removed. The copies of the brochure were then moved to a nearby store where they continued to be available

**5–8** Rassismus
*Racism*

Die Verfolgung der Religionen
*The Religious Persecutions*

Autodafé

Ausschnitt aus der »Flüsterzeitung« (Die Presse im Dritten Reich)
*Detail of the »whispering newspaper« (The Press in the Third Reich)*

9 Die verfolgten Schriftsteller und Die Presse im Dritten Reich
*The Hunted Authors and The Press in the Third Reich*

Ausstellungsstücke mit weißem Tuch verhängt, und eine extra für die Ausstellung zusammengestellte Broschüre war entfernt worden. Die Exemplare wurden an einen nahe gelegenen Laden weitergegeben, wo man sie weiterhin beziehen konnte. Die Aussteller ersetzten die Broschüren durch Papierstreifen mit der Aufschrift: »Verboten nach einer Intervention des deutschen Botschafters!« Am 4. Februar kehrte der Polizei-

for purchase. In place of the brochures the exhibitors inserted strips of paper with the phrase: »Verboten nach einer Intervention des deutschen Botschafters!« (Forbidden according to an intervention of the German Ambassador!) On February 4, the Police Commissioner returned to have the words »des deutschen Botschafters« (of the German Ambassador) struck out. The police also canceled scheduled lectures by exiled authors Bodo Uhse and Anna Seghers in

kommissar zurück, um den Passus »des deutschen Botschafters« durchstreichen zu lassen. Aufgrund eines weiteren Gesuchs des deutschen Außenministeriums untersagte die Polizei außerdem bereits terminierte Vorträge der Exilautoren Bodo Uhse und Anna Seghers.[8]

Man mag sich an diese Ausstellung als ein besonders beeindruckendes visuelles und materielles Zeugnis von Widerstand und Unterdrückung, Freiheit und Unfreiheit, Demokratie und Faschismus erinnern. Aber wegen der Eingriffe seitens der Pariser Polizei ist es problematisch, diese Erinnerung in eindeutigen und polarisierenden Begriffen zu erfassen. Zwar kennen wir die Geschichte staatlicher, gewaltsam durchgesetzter Zensur in Nazideutschland und im besetzten Frankreich; hier jedoch ergriff mit Frankreich eine der verbliebenen Demokratien Europas repressive Maßnahmen gegen Werke von Künstlern. Insofern belegen die überlieferten Photographien nicht nur die antifaschistischen Bemühungen, Nazigreueltaten zu dokumentieren, sondern auch die Winkelzüge der Beschwichtigungspolitik, wie sie in eine öffentliche Ausstellung der Bildkultur des Exils Einzug halten.

Die Broschüre *Cinq Ans de Dictature Hitlérienne* wurde von N. Marceau (alias Nahoum Fanszten) zusammengestellt; den Leittext, in den Zitate von Heine, Goethe, Henri Barbusse, Jean-Jacques Rousseau und anderen Autoren eingestreut sind, schrieb Romain Rolland. Mit der gerade modernen Grafikdesign-Technik der Bildstatistik wurden der Niedergang des sozialen Wohlstands in Deutschland, die Lebensbedingungen der Arbeiter in den Jahren 1932 und 1937 und die französischen und deutschen Staatshaushalte des Jahres 1937 für Rüstung und Theater aufbereitet. Zehn ganzseitige Holzschnitte von Heinz Kiwitz ergänzten Rollands Text. Sie bezogen sich auf ähnliche Themen wie

response to another request from the German Foreign Office.[8]

This exhibition may be recalled and recounted as a particularly striking example of resistance and oppression, freedom and unfreedom, as well as democracy and fascism rendered visually and materially manifest. But because it fell prey to alterations by the Paris police, such memories and stories told in such clear-cut, binary terms are complicated. For as accustomed as we may be to recalling police-implemented censorship inside Nazi Germany or occupation-period France, here we have one of Europe's remaining democracies, France, implementing repressive measures against the work of artists. Thus, these extant photographs record not only the anti-fascist effort to document Nazi atrocities, but also appeasement's crafty hand entering into a public exhibition of exile visual culture.

The brochure prepared for the exhibition was entitled *Cinq Ans De Dictature Hitlérienne* and was composed by N. Marceau (Nahoum Fanszten), with main text written by Romain Rolland and interspersed with quotations by Heinrich Heine, Goethe, Henri Barbusse, Jean-Jacques Rousseau, and others. The modernist graphic design technique of pictorial statistics was used to represent the decline in social welfare in Germany, the conditions for the worker in 1932 and 1937, and the 1937 state budgets in France and Germany for armaments and theater. Ten full page woodcuts by Heinz Kiwitz complemented Rolland's text. They addressed similar themes as the agit-prop panels: the book burnings,

**10** Heinz Kiwitz: Bücher-
verbrennung/*Autodafé*,
Holzschnitt/*woodcut*, in:
*Cinq Ans de Dictature
Hitlérienne*, S./p. 2–3

**11** »Ein Arbeiter in den
Jahren 1932 und 1937«/
*A Worker in the Years 1932
and 1937*, in: *Cinq Ans de
Dictature Hitlérienne*,
S./p. 25

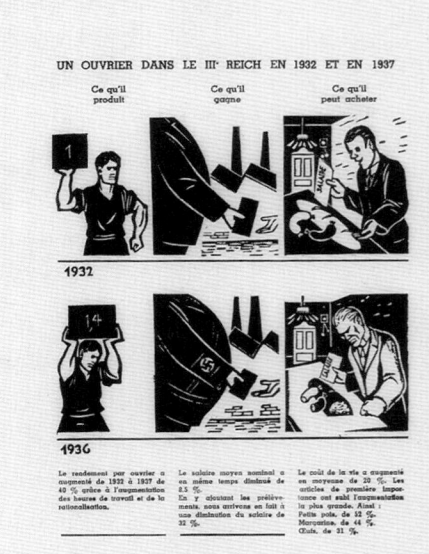

die Agitprop-Tafeln: die Bücherverbrennung, Folter in Nazigefängnissen, die Nazijustiz und eine Hinrichtung, Arbeitslager, den Bombenabwurf auf Guernica, Deutschlands Seebombardement von Almeria, Hitler als Kommandeur einer Panzereinheit, die Verteidigung Madrids. In jenem Sommer ging der 28jährige Kiwitz nach Spanien, um in der 11. Brigade gegen die Faschisten zu kämpfen. Anfang 1939 stand er nach Francos Vormarsch auf den Ebro-Bogen bei Madrid auf der Liste der Vermißten. [9]

Was genau war nun zu sehen in 10, rue de Lancry? Ein Photo der ersten Tafel ist nicht erhalten geblieben; sie zeigte Hindenburg, wie er Hitler die Amtsgewalt übergibt – eine politische Transaktion, die man von John Heartfields Titelblatt der *Arbeiter-Illustrierten* kennt. Das Bild taucht weder in Breitenbachs Photos noch in dem Artikel aus der *Einheit* auf, weil es wenige Tage nach Eröffnung der Ausstellung entfernt wurde. Eine Tafel rechts davon trug den Titel »Provocation« und beschrieb den Reichstagsbrand. Daneben folgte ein bekanntes Bild von Dimitroff beim Leipziger Prozeß, unter dem Dimitroffs Antwort an Göring zu lesen war. Weiter rechts, in der Ecke des Raums, stand die Tafel »Dans les Camps de Concentration«. Sie zeigt Gefangene, die vor zwei Naziwachen in schwarzen Uniformen stehen; ein weiterer Gefangener liegt im Vordergrund am Boden. Den Rahmen bildet eine drastisch gezeichnete Nachtszene auf dem Gelände des Lagers. Das linke untere Viertel der Tafel wird von einer topographischen Karte Deutschlands eingenommen, die mit Markierungen von Konzentrationslagern, Gefängnissen und Haftanstalten übersät ist. Sie wird von einigen Photographien aus deutschen Lagern und Gefängnissen und zwei Reihen von Porträts deutscher politischer Gefangener flankiert. Zur Rechten und zur Linken sind die Titel »L'Allemagne Paradis Du

torture in Nazi prisons, the Nazi courtroom, work camps, the bombing of Guernica, a Nazi execution, Germany's naval bombing of Almeria, Hitler directing a squadron of tanks, and the defense of Madrid. That summer the 28-year-old Kiwitz went to Spain to fight against the fascists with the 11th Brigade. In early 1939 he was reported missing in action upon Franco's advance into the Ebro bend near Madrid. [9]

But what exactly could be seen at 10, rue de Lancry? Although pictured in none of the extant photographs, the first panel portrayed Hindenburg handing power to Hitler, a political transaction well-known from Heartfield's *Arbeiter-Illustrierte-Zeitung* cover. It does not appear in either Breitenbach's or the *Einheit* photos, as it was removed within days of the exhibition opening. To its right, another panel entitled »Provocation« described the Reichstag fire. This was followed by a well-known image of Dimitroff at the Leipzig Trial with the text of Dimitroff's answer to Göring reproduced below. To the right, in the corner of the room stood »Dans les Camps de Concentration«. In this panel, prisoners face two Nazi guards in black uniforms. Another prisoner sprawls out in the foreground. The setting is a starkly drawn night scene on the grounds of a camp. Superimposed over the lower left quarter of this panel a topographical map of Germany is dotted with concentration camps, prisons, and houses of arrest. Accompanying the map are four photographs of German camps and prisons and a row of photographic portraits of German political prisoners. The panel is captioned on the right and left with the inscriptions »L'Allemagne Paradis Du Tourisme«, and »La Belle Allemagne«. This conflation of tourism and concentration camps bluntly subverted the advertisements frequently placed in the French and British press by the German State Tourism Bureau that invited

Les peintres et les sculpteurs modernes sont chassés ou mis dans l'impossibilité de produire. Ce sont Liebermann, Barlach, Nolde, Kokoschka, Hofer, Kleer et tant d'autres.

Toute une génération de jeunes compositeurs est étouffée, rayée des programmes et chassée : Schœnberg, Hindemith, Toch, Kreneck, Rathaus, Weil, Eisler. Dans les salles de concert d'Allemagne, on joue de la musique « raciste ». Le pays de Bach, de Mozart, de Beethoven, de Wagner retentit de marches militaires, par décret du Führer.

Le théâtre et le film sont réduits au rôle d'entreprises d'abêtissement. L'art scénique allemand a fait place à un art dont le seul but est la glorification de la guerre et l'assassinat des ennemis politiques.

Les grandes vedettes de la scène allemande sont chassées : Moïssi, Fritz Karner, Elisabeth Bergner. De même que les meilleurs metteurs en scène comme Reinhardt, Jessner, Barnowski, Piscator.

Beaucoup parmi les meilleurs écrivains d'Allemagne ont été exilés et rapatriés : Thomas et Heinrich Mann, Stefan Zweig, Lion Feuchtwanger, Remarque, Kisch, Anna Segers, Johannes Becher, Bert Brecht, Alfred Doeblin, Ernst Toller, Gustave Regler.

Beaucoup sont en prison ou viennent d'en sortir pour se réfu-

« Des victimes tombent ici,
Ni bœufs, ni taureaux,
Mais des victimes humaines, en nombre incroyable. »
GŒTHE.

1937... La destruction de Guernica...

**12** Heinz Kiwitz: Guernica,
Holzschnitt/*woodcut*,
in: *Cinq Ans de Dictature Hitlérienne*, S./p. 10–11

**13** Heinz Kiwitz: Verteidigung Madrids/*Defense of Madrid*,
Holzschnitt/*woodcut*,
in: *Cinq Ans de Dictature Hitlérienne*, S./p. 30–31

« Jamais peuple n'a été insulté plus cruellement par les hommes du pouvoir... Une poignée de gentillâtres, qui n'ont rien appris qu'un peu de maquignonnage, de voltige, de tours de gobelets, ou quelque autre misérable métier de fripons, à l'aide duquel on peut au plus ébahir les paysans dans les foires, s'imaginent pouvoir éblouir tout un peuple, bien plus le peuple qui a inventé la poudre et l'imprimerie et la « critique de la raison pure ». Cet affront immérité, de nous avoir supposés plus sots que vous l'êtes vous-mêmes, de vous être figuré que vous pouviez nous tromper, c'est là l'affront le plus offensant que vous ayez fait en présence des peuples qui nous contemplaient et qui attendent avec impatience ce que nous ferons.
... Je les accuse d'abus de la confiance du peuple ; je les accuse du crime de lèse-nation ; je les accuse de haute trahison envers le peuple allemand ; je les accuse ! »
Henri HEINE.

« Ce serait une trop abominable philosophie que celle où l'on serait embarrassé des actions vertueuses ; où l'on ne pourrait se tirer d'affaire qu'en leur controuvant des intentions basses et des motifs sans vertu ; où l'on serait forcé d'avilir Socrate et de calomnier Régulus. Si jamais de pareilles doctrines pouvaient germer parmi nous, la voix de la nature, ainsi que celle de la raison s'élèveraient incessamment contre elles, et ne laisseraient à un seul de leurs partisans l'excuse de l'être de bonne foi. »
Jean-Jacques ROUSSEAU.

« ... Devant cet avenir de cimetière, devant la débandade des populations, caricatures d'humanité, qui laissent s'organiser la destruction générale, au nom de la sécurité et de la paix, que faire ?
Oui, sécurité. Mais où est-elle, la sécurité ?
Elle est dans la grandeur et la force des peuples et la solidarité entre les peuples. Elle est dans l'alliance naturelle des exploités et des opprimés, et nulle part ailleurs. Ailleurs, où on nous l'a montrée, elle n'est que fantôme et appât d'un piège. »
Henri BARBUSSE.

Tourisme« und »La Belle Allemagne« zu lesen. Mit dieser Verknüpfung von Tourismus und Konzentrationslagern wurden auf drastische Weise die Werbeanzeigen untergraben, die das Deutsche Büro für Staatstourismus häufig in französischen und englischen Zeitungen plazierte, um Besucher aus dem Ausland für eine Ferienreise ins schöne Deutschland zu locken.

Wendete man sich nach rechts, stand man vor der einzigen hochformatigen Tafel der Ausstellung, einem feierlichen Denkmal: »Aux Martyrs Tombées sous la Hache«. Weiß auf schwarz prangen unter einem Kranz mit Schleife in drei langen Spalten die Namen jener, die von den Nazis in den Jahren 1933–1938 umgebracht wurden. Photographien der Ermordeten und ihrer letzten Briefe wurden in einer schräg plazierten Vitrine ausgestellt und überschrieben mit: »Vous êtes morts en défendant la liberté du peuple allemand et la paix du monde« (Ihr seid im Kampf für die Freiheit des deutschen Volkes und den Frieden in der Welt gestorben).

Darauf folgten Tafeln, die nicht von Breitenbach photographiert wurden. Sie illustrierten die Beteiligung der deutschen Wirtschaft an den Kriegsvorbereitungen und den Kontrast zwischen der aussichtslosen Situation der Arbeiter, der Bauern und des Mittelstandes auf der einen und der der Profitjäger auf der anderen Seite.

Der zweite Raum begann mit »Les Persécutions Religieuses«. Die Tafel dokumentierte die Verbannung religiöser Organisationen, die Demontage der religiösen Erziehung, Morde an Katholiken und den Niemöller-Prozeß. In einem weißen Kreis steht eine gotische Dorfkirche; ringförmig darum angeordnet sind Titelblätter der christlichen Zeitschriften *Katholisches Kirchenblatt* und *Schildwache,* sowie ein Photo von zwei Uniformierten vor einem Haus, an dem ein großes Transparent mit einem Slogan aus der Nazi-Kampagne gegen die

foreign visitors to come vacation in a beautiful Germany.

Turning the corner was the exhibition's single vertical panel, a solemn memorial: »Aux Martyrs Tombées sous la Hache«. Inscribed in white on black, with a branch and veil attached at the top, the names of those killed by the Nazis are listed by year from 1933 to 1938 in three long columns. Photographs of the murdered and their last letters are displayed on a slanted vitrine and captioned: »Vous êtes morts en défendant la liberté du peuple allemand et la paix du monde« (You died defending the freedom of the German people and the peace of the world).

While not pictured by Breitenbach, this panel was followed by others that illustrated the German economy's involvement in war preparations, and contrasted the bleak situation of workers, farmers, and the middle classes with that of profiteers.

The second room began with »The Religious Persecutions«. It documented the banning of religious organizations, the dismantling of religious education, murders of Catholics, and the Niemöller trial. Superimposed upon a concentric band around a drawing of a gothic village church within a white circle were copies of the Christian newpapers *Katholisches Kirchenblatt* (Catholic Church Newspaper) and *Schildwache* (The Sentry), and a photograph of two uniformed figures before a banner stretched across a house front that reads »Unser Glaube sind Gewehre« (Our belief

Kirchen prangt: »Unser Glaube sind Gewehre«. Außerdem sieht man die Photographie des Innenraums einer Kirche, die Silhouette einer Gruppe von fahnentragenden Kreuzzüglern und ein zweistöckiges Haus. Nach der Entstehung von Breitenbachs erster Serie und der in *Einheit* veröffentlichten Photos wurden über diesem Haus und zwei der Kirchenzeitungen Papierstreifen mit der Aufschrift »Verboten nach einer Intervention des deutschen Botschafters!« angebracht. Lohmars phantastische Zeichnungen in weiß auf schwarz im Hintergrund der Tafel, die Episoden aus einer überzeichneten nordischen Mythologie zeigen, sind auf Breitenbachs Photo der Tafel besonders gut wiedergegeben. Links vorne hält eine bärtige Figur, die einen gehörnten Stahlhelm trägt, ein Beil mit einem eingravierten Hakenkreuz hoch. Mit dem Beil hat der Nazi gerade einen Schwertkämpfer in der Mitte zerteilt, der hinter ihm versucht, seinen Oberkörper aus einer Blutlache zu ziehen. Über diesem Paar liefern sich vor einem Wald ein zweiter Schwertkämpfer mit Bärenkopf und ein Nordländer, der eine Axt schwingt, eine Schlacht auf Leben und Tod. Über dem Wald galoppieren zwei nackte Reiterinnen mit Flügelhelmen und bewaffnet mit Speer und Schwert durch die Wolken.

Daneben, an der rechten Wand, erläuterte die Tafel »Le Racisme« die phylogenetische Baumtheorie der Nazis. Die Silhouette eines großen, verzweigten Baumes, an dem das Gesetz (»Loi«) angeschlagen steht, teilt die Tafel in zwei Hälften. Die Äste und Wurzeln des Baumes strecken sich wie Tentakeln den vier Ecken der Tafel entgegen. Zwei Nazis, zusammengesetzt aus gemalten Köpfen und braunem Uniformstoff (die Arbeit von Hilde Lohmar?) flankieren den Baum. Der Nazi zur Rechten ist Julius Streicher, fränkischer Gauleiter und Herausgeber und Redakteur des

are guns). Also displayed was a photograph of a church interior, a group of flag-bearing crusaders in silhouette, and a two story domestic building. Sometime after the taking of Breitenbach's earlier photographs and those published in *Einheit*, strips of paper bearing the inscription »Verboten nach einer Intervention des deutschen Botschafters!« (Forbidden by an intervention of the German ambassador!) were attached over this building and two of the newspapers. But particularly well documented in Breitenbach's negative are Lohmar's fantastic white on black drawings in the background that depict episodes from a nordic mythology gone awry. In the left foreground a bearded figure in a horned metal helmet extends a hatchet inscribed with a swastika. Behind him lies the severed upper and lower body of a swordsman whom the bearded Nazi has just axed at the waist, leaving him trying to hoist himself out of a pool of blood. Above this pair, before a forest, a bear-headed swordsman and an ax-wielding Norseman are engaged in a fight to the death. Over the forest two naked female riders in winged helmets gallop through the clouds bearing spear and sword.

Around the corner on the right wall was the »Le Racisme« panel illustrating the Nazi's phylogenetic tree theory. Dividing the panel down the middle is the silhouette of a large branching tree upon which is posted the Law (»Loi«). The tentacular roots and branches extend to the four corners of the panel. Flanking the tree stand two Nazis in brown SA uniforms. Heads painted and cloth uniforms (the hand of Hilde Lohmar, perhaps?), the Nazi on the right is Julius Streicher, Party Boss of Franconia and editor and publisher of *Der Stürmer*, a front page of which frames his head, bearing the headline:

**14** In den Konzentrationslagern und Den Märtyrern,
die dem Beil zum Opfer
fielen
*In the Concentration Camps
and To the Martyrs fallen
under the Hatchet*

*Stürmer,* dessen Titelblatt mit der Schlagzeile
»Rassenmörder« seinen Kopf umrahmt. Der Nazi
zur Linken deutet auf eine Reproduktion »Stei-
nerner Heiligtümer« in einem Wald. In Augen-
höhe erklären links und rechts Pressephotos, Karikaturen und aktuelle Dokumente die Methoden
der Nazis, durch Examinieren der Physiognomie
»Rassenreinheit« zu erkennen; zudem werden die
Sterilisierungstechniken erläutert. Eine weitere

»Rassenmörder« (Racial Murderer). The Nazi at
left points to a reproduction of stone shrines (»Stei-
nerne Heiligtümer«) in a forest. At eye level right
and left, press photographs, caricatures and actual
documents explain Nazi methods to determine racial
purity through physiognomic examination, as well as
their sterilization techniques. Another nightmarish
dreamscape by Lohmar is etched in the background.
On the left armoured knights charge forward

alptraumartige Szene Lohmars bildet den Hintergrund: Zur Linken preschen Ritter in Rüstungen mit Hakenkreuzfahnen und Speeren hervor, und eine Hexe steht auf einem Grabstein mit der Inschrift »Berlin Moskau«. Diese Phantasmagorie setzt sich nach rechts fort, wo dominante Gestalten kleinere foltern: Ein Dämon würgt einen Gnom, eine Hexe spießt eine kleinere kreuzförmige Gestalt mit Pflöcken an einen Baum, ein Satyr stürzt sich auf eine junge Frau, während ein Phantasievogel, ein Hundertfüßler, eine Spinne und ein geflügelter Fisch über ihnen schweben.

Ähnliche phantastische Zeichnungen von Lohmar wurden dann Teil von Breitenbachs kleiner Kunstsammlung. Eine solche Arbeit, eine schwarze Tuschezeichnung, die ein weißes Blatt ausfüllt und das Datum »Paris 1936« trägt, zeigt eine ausgedehnte Landschaft voll von knorrigen Bäumen, Kanälen, Vulkanen, Phantasiebrücken, Schornsteinen, Ziegelbauten und einem Pissoir. Die Phantasiegestalten, überwiegend weiblichen Geschlechts, bevölkern zusammen mit Skulpturen und außergewöhnlichen Pflanzen die Ufer. Die menschlichen Figuren wie die Skulpturen erinnern an die biomorphen Formen im Werk von Hans Arp. Inmitten jener äußerst karnevalesken Szene nähert sich ein Konzertina spielender männlicher Freier in einer Gondel einer Prostituierten, die in verführerischer Pose an einem Ufer ruht. Lohmars bildhafte Phantasie, 1936 noch leichtherzig und wunderlich, trägt 1938 in »Cinq Ans de Dictature Hitlérienne« finstere und makabre Züge.

Von einer der letzten Tafeln existiert keine Aufnahme Breitenbachs. Sie trug den Titel »Les Beaux-Arts« und war in Nazikunst und »entartete Kunst« unterteilt. Zehn Beispiele populärer NS-Gemälde waren auf der linken Seite angeordnet, während die rechte Seite jenen Werken vorbehalten blieb, die von den Nazis als »entartet« bezeichnet wurden

bearing swastika flags and spears, and a witch stands atop a tombstone inscribed »Berlin Moscow«. This phantasmagoria continues to the right where dominant figures torture smaller ones: e.g. a demon strangles a gnome, a witch impales a smaller cruciform figure onto a tree, a satyr lunges toward a young woman, while a fantastic bird, centipede, spider, and winged fish drift by above.

Similar fantastic drawings by Lohmar would remain part of Breitenbach's small collection of artworks. One such sheet, a black ink drawing filling a sheet of white paper and signed »Paris 1936« pictures a vast landscape packed with gnarled trees, canals, volcano, fantastic bridges, a pissoir, chimneys and adobe architecture. Invented figures, mostly female, people the banks interspersed with sculptures and extraordinary plants. Figures and sculptures alike resemble the biomorphic formal repertoire of Hans Arp. Amid this highly carnivalesque scene, a male, concertina-playing suitor in a gondola approaches an alluring prostitute reclining on the bank. Whimsical and lighthearted in 1936, for »Cinq Ans« Lohmar's graphic imaginary had darkened and turned macabre by 1938.

Although no exposure by Breitenbach exists, one of the last panels addressed »Les Beaux-Arts«, and was divided into Nazi Art and Degenerate Art. Ten reproductions of widely distributed Nazi paintings were affixed at left, while reproductions of art deemed degenerate by the Nazis, including works by Rembrandt, Grunewald, van Gogh, and

**15** Ausschnitt von In den
Konzentrationslagern, mit
Bestimmungen, Landkarte,
Fotos aus den Lagern
und Porträts von Gefangenen
*Detail of In the Concentration
Camps, with regulations,
map, camp photographs, and
portraits of prisoners*

und von Künstlern wie Rembrandt, Grünewald,
van Gogh und Lehmbruck stammen. Neben dieser
Tafel befand sich »Autodafé«, die Illustration zur
Bücherverbrennung. Ein großer uniformierter
Nazischläger steht links im Schatten und deutet
mit ausgestrecktem Arm auf einen Scheiterhaufen
lodernder Bücher, deren Autorennamen deutlich
lesbar hervortreten: Thomas Mann, Anatole France,
Renn, Heine, Gorki, Marx, Sigmund Freud, Sinclair,
Zola und Romain Rolland. Flammen schießen

Lehmbruck, were presented on the right. This panel
was followed by »Autodafé« which illustrated the Nazi
book burnings. A large uniformed Nazi thug stands in
shadows to the left and casts his arm toward a pyre of
flaming books with their authors' names prominently
displayed: Thomas Mann, Anatole France, Renn,
Heine, Gorki, Marx, Sigmund Freud, Sinclair, Zola,
and Romain Rolland. Flames tower upwards, and
actual books and papers spill onto the table below.
Above the SA man's head is another of Lohmar's

empor, und echte Bücher überhäufen einen unter dem Bild stehenden Tisch. Über dem Kopf des Nazis befindet sich eine weitere nächtliche Szene Lohmars: Drei Hexen und vier Satyre tanzen im Kreis, und eine vierte Hexe reitet auf ihrem Besen über sie hinweg. Zwei weitere Tafeln ergänzen diese Serie über die Kultur: »Les Auteurs Chassés« und »La Presse dans le IIIe Reich«. Vor letzterer sind Ausgaben von Zeitungen und Zeitschriften auf einem nach unten geneigten Bord ausgestellt; auf der ersten Tafel sind acht photographische Porträts von deutschen Exilautoren angeordnet. Breitenbachs Aufnahmen machen es möglich, einige der Autoren zu identifizieren, darunter Anna Seghers, Heinrich und Thomas Mann, der auf dem zentralen Porträt gut zu erkennen ist. Im Mittelpunkt der anschließenden Tafel, »La Presse dans le IIIe Reich«, befindet sich ein Miniatur-Goebbels, der Exemplare des *Stürmer* feilbietet. Links von Goebbels, unter der Überschrift »Voilà la mesonge« (Hier die Lüge), ist eine Gruppe von Nazis zu sehen, die NS-Publikationen tragen. Rechts von ihm, unter der Überschrift »Voilà la vérité« (Hier die Wahrheit), stehen drei Männer flüsternd beieinander und reichen hinter ihren Rücken einen Umschlag weiter. Der kursive Text über ihnen erläutert: »... répandue clandestinement par le ›journal chucholé‹ – la propagande de bouche en oreille – et par des dizaines de milliers de journaux illégaux« (... insgeheim verbreitet als »Flüsterzeitung« – die Propaganda von Mund zu Ohr – und von den zigtausend verbotenen Zeitungen).

In den demokratischen Staaten gab es unterschiedliche Reaktionen auf die Ausstellung. Auf der anderen Seite des Kanals reagierte Englands führendes Nachrichtenblatt, die *Times*, mit kaum mehr als Verachtung: »Das Ganze wurde überwiegend mit Schere und Kleister hergestellt und ist

nocturnal scenes: three witches and four satyrs dance in a ring and a fourth witch passes on her broomstick above. A pair of related panels complete this series on culture: »Les Auteurs Chassés« and the more elaborate »La Presse dans le IIIe Reich« which included actual examples of newspapers and magazines arranged on a slanted table below. The first of these panels was comprised of eight photographic portraits of exiled German authors. Breitenbach's negatives allow identification of a few authors, including Anna Seghers and Heinrich Mann, as well as Thomas Mann who is clearly pictured in the central uppermost portrait. The adjacent panel, »La Presse dans le IIIe Reich« placed a diminutive Josef Goebbels in the center hawking copies of *Der Stürmer*. To the left of Goebbels, beneath the caption »Voilà la mensonge« (Here is the lie), a group of Nazis carry copies of the Nazi press. To the right, beneath the caption: »Voilà la vérité« (Here is the truth) three men stand close together to whisper and pass an envelope behind the back. The cursive text above explains: »... répandue clandestinement par le ›journal chucholé‹ – la propagande de bouche en oreille – et par des dizaines de milliers de journaux illégaux« (... spread clandestinely by the »whispering newspaper« – the propaganda of mouth to ear – and by the tens of thousands of illegal journals.)

Around the democracies, responses to the exhibition varied. Responding from across the channel, England's leading paper of record, *The Times* offered little more than contempt: »It is mainly a product of scissors and paste and is not yet finished. There are photographs of

noch nicht fertig. Es gibt Photographien von Menschen, die unter dem Naziregime exekutiert wurden, Menschen, die an den Verletzungen starben, die ihnen zugefügt wurden, und von anderen, die sich noch in Konzentrationslagern befinden. Photographien von Verletzungen an Gegnern der Naziregierung werden mit einer Medaille kontrastiert, die Hitlers Tierliebe ehrt. Bei den besten Exponaten handelt es sich um Ausschnitte aus Naziblättern einschließlich Photographien von Bildern, die Herr Hitler oder seine Repräsentanten für öffentliche Gebäude und Museen erworben haben, und eine großzügige Auswahl aus dem *Stürmer*.«[10]

Die Despektierlichkeit gegenüber den Techniken des Agitprop und der Collage, verbunden mit unterschwelligem Antikommunismus, erinnert uns daran, warum die linksorientierte deutsche Exilkultur vor dem Krieg eher in Paris als in London blühte. Ein derart konservativer Standpunkt aus London ließ nur allzu leicht die vorherrschende Stimmung erahnen, der die deutsche bildende Kunst in den kommenden Monaten und Jahren bei Ausstellungen dort ausgesetzt sein würde.[11]

Die Besprechung in der *Times* zeigt nicht nur, wie proto-kollaboratorische Blätter wie *Wille und Macht*, die *Cahiers Franco-Allemagne*, die *Deutsche Rundschau* und die *Anglo-German Review* die Fassade friedlicher Propaganda des offiziellen Deutschland gegenüber Frankreich und England aufrechterhielten, sondern auch, daß sich solche unkritischen Positionen in den Monaten vor dem Münchner Abkommen in der meinungsbildenden französischen und englischen Presse festgesetzt hatten. Diese versöhnliche Haltung sorgte dafür, daß die breite Öffentlichkeit in diesen Demokratien die Augen vor den Gefahren verschloß, die von Nazideutschland ausgingen. »Cinq Ans de Dictature Hitlérienne« war nichts weniger als ein großer

those who have been executed under the Nazi regime, have died from injuries received, or who are still in concentration camps. Photographs of injuries inflicted on opponents of the Nazi regime are contrasted with a medal celebrating Hitler's kindness to animals. The best exhibits are cuttings from Nazi papers, including photographs of pictures bought by Herr Hitler or his representatives for public buildings and museums, and a generous selection from the *Stürmer*.«[10]

This article's disrespect for the techniques of agit-prop and montage, and implicit anti-Communism, reminds us of why leftist German exile culture thrived in Paris before the war, rather than London. Such conservative opinion from London was all too anticipatory of mainstream and conservative British attitudes the German visual arts would encounter when exhibited in London in months and years to come.[11]

*The Times* review demonstrates not only how proto-collaborationist journals such as *Wille und Macht*, *Cahiers Franco-Allemagne*, and *Deutsche Rundschau* maintained official Germany's front of peaceful propaganda toward France and England, but that such uncritical positions had also taken hold across the mainstream French and British presses during the months leading up to the Munich Accord. This conciliation kept the big public in these democracies inured to the dangers of Nazi Germany. »Cinq Ans de Dictature Hitlérienne« was nothing less than a huge splash in the placid pond that was Franco-German and Anglo-German relations in early 1938. As a means to test the limits to which the French administration would comply with its demands, the

Einschlag im ruhigen See der französisch-deutschen und englisch-deutschen Beziehungen Anfang 1938. Um zu testen, wie weit das französische Ministerium den Forderungen der deutschen Regierung Folge leisten würde, war die Ausstellung ein diplomatisch wertvolles Beispiel. Mit den taktischen Forderungen, die Agitation der Emigranten zu unterdrücken, loteten Nazideutschland und seine Pariser Botschaft die Anpassungsbereitschaft der französischen Regierung aus.

Unterzieht man Breitenbachs Aufnahmen einer eingehenderen Betrachtung, dann wird deutlich, wie sehr er sich mit der Anordnung menschlicher Körper im Bildfeld auseinandersetzte. Breitenbach konzentrierte seine Aufmerksamkeit auf Körper, die etwas taten, und Körper, denen etwas angetan wurde. Auf den Tafeln, die er auswählte, begehen Körper die Verbrechen des Nationalsozialismus oder werden ihnen als Opfer unterworfen. Körper fügen – durch Gesetze und Bestimmungen legitimiert – Schmerzen zu, und menschliche Körper fallen dem Nationalsozialismus zum Opfer. Aber auch auf seinen Aufnahmen leblosen Materials hat Breitenbach die Logik dieser Theatralik, die auf den mit Menschen bebilderten Tafeln offen zutage tritt, festgehalten. Wir erinnern uns an das Photo von den Broschüren, die vor der Tafel mit der Namensliste der Märtyrer in Kaskaden von einem lorbeerbekränzten Tisch herabfließen. Breitenbachs besonderes Interesse an dieser Technik, die Grenze zwischen dem gerahmten Bild und dem Betrachter zu durchbrechen, könnte gut durch seine Begegnung mit Brecht ausgelöst worden sein. Die Trennung vom Publikum aufzulösen, war ein zentraler Aspekt von Brechts Epischem Theater und seinem proklamierten Rückzug von der Aristotelischen Dramaturgie. Breitenbach hat wiederholt eingefangen, auf welche Weise die Tafeln und ihre Charaktere den traditionellen

exhibition provided the German government with valuable diplomatic information. Nazi Germany's requests to repress exile agitation was one tactic Germany and its Paris Embassy employed to test the French administration's willingness to acquiesce.

Reviewing Breitenbach's negatives, it becomes apparent how much he dwelt upon the ways the panels staged human bodies across the visual field. Breitenbach focussed upon bodies acting, bodies being acted upon. In the panels he selected, bodies perpetuate the crimes of National Socialism, or submit to it as victims. Bodies – justified with printed laws or regulations – inflict pain, just as the bodies of humans fall victim to National Socialism. But if the logic of that theatricality is most readily discerned in the peopled panels, Breitenbach also accentuated it in his shots of inanimate materials. Recall the shot of the cascading brochures spilling down from the panel of named martyrs behind the laurel branch set table. This business of transgressing the border between the framed image and the spectator is something his recent brush with Brecht may well have set in motion. Exceeding the fictive separation from the audience was central to Brecht's notorious epic theater and its self-proclaimed remove from traditional, Aristotelian theater. Breitenbach repeatedly captured the ways the panels and their characters exceeded the frame, transgressing the boundary between art and life. Consider again the clothed Nazi leaders, or the wounded, downtrodden concentration camp victims. Breitenbach appears to have been particularly taken by the whisper propaganda panel of which he made multiple exposures. This underground counter-propaganda of mouth to ear, that the exhibition presented as effective counter-

theatralischen Rahmen und so die Grenze zwischen Kunst und Leben überschreiten – man denke an die in der Materialcollage aus Stoff gestalteten Figuren von Naziführern oder die verwundeten, unterdrückten Opfer der Konzentrationslager. Breitenbach war anscheinend besonders ergriffen von der Tafel über die Flüsterpropaganda, die er oftmals abgelichtet hat. Jene subversive Gegenpropaganda von Mund zu Ohr, die in der Ausstellung als effektive Offensive gegen die offizielle Propaganda, zum Beispiel von Streichers *Stürmer*, präsentiert wird, muß Anfang Februar 1938, als die Ausstellung diplomatische Interventionen aus der Ferne in Gang setzte, große Resonanz ausgelöst haben. Darüber hinaus muß Breitenbach mit einiger Genugtuung bemerkt haben, daß sie den Wettstreit binationaler Machtpolitik auf einer spürbar menschlichen Ebene austrägt. Klar umrissene, lebensgroße menschliche Gestalten führen einen Kampf zwischen klar identifizierbaren Parteien vor und treten dabei der Lüge mit Wahrheit entgegen. Geschichten, die dem Publikum die kämpfenden Menschen direkt zeigten, waren der Stoff für eine effektiv gestaltete Kommunikation mit den Massen.

propaganda to official propaganda like Streicher's *Der Stürmer*, must have resonated strongly in early February as the exhibition triggered diplomatic interventions from afar. Moreover, Breitenbach must have found some satisfaction (repeatedly training his lens on this panel), as it scales down of the contest of bi-national power politics to a palpably human level. Clearly delineated, individual life-size human figures act out a black/white contest of countering lies with truth. Stories told in the form of struggles between men standing before your very eyes was the stuff of effectively designed communication with the masses.

**1/2** Porträt von Max Ernst,
ca. 1936–38
*Portrait of Max Ernst,*
*ca. 1936–38*

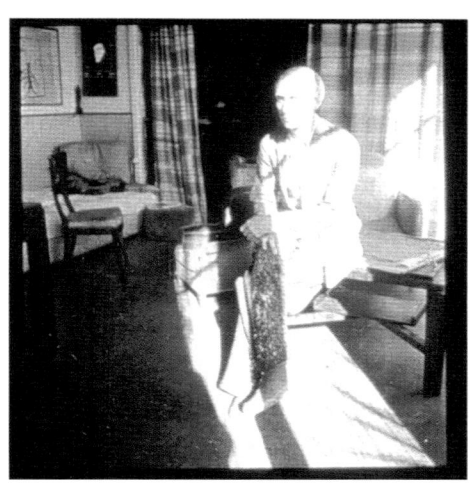

# V. Freie Deutsche Kunst (1938)

**Keith Holz**

# V. Free German Art (1938)

Keith Holz

Als sich Eugen Spiro, Vorsitzender des in Paris ansässigen Freien Künstlerbundes, auf der Vernissage der Ausstellung »Freie Deutsche Kunst« an das Publikum wandte, hätte Breitenbach hören können, wie viele seiner Anliegen und Interessen in Worte gefaßt wurden. Die Ausstellung von Werken deutscher und österreichischer Exilkünstler war von Louis Aragon gefördert worden, dem Präsidenten der Association Écrivains et Artistes Révolutionnaires (AEAR), den Breitenbach im Jahr 1935 porträtiert hatte. Sie fand im Kulturzentrum der AEAR statt, der Maison de la Culture, in 29, rue d'Anjou (8. Arrondissement). Die Ausstellung vom 4. bis zum 18. November 1938 war die Reaktion auf die im Juli 1937 in München eröffnete Ausstellung »Entartete Kunst«. Nachdem Spiro sich zur französischen Tradition der Freiheit der Künste bekannt und betont hatte, welchen besonders hohen Stellenwert die Kunst in der Stadt Paris einnimmt, informierte er seine Zuhörer über die politische und ästhetische Vielfalt der ausstellenden Künstler und darüber, daß sich die Mitglieder des Künstlerbundes der individuellen Freiheit des Ausdrucks verpflichtet fühlten.[1] Seine Rede war der unübersehbare Versuch, den Selbsterhaltungswillen der Exilkünstler zu stärken, indem sie eine direkte Verbindung zwischen der politischen Ideologie der Gruppe und Frankreichs demokratischer Tradition der Freiheit der Künste betonte. Die Ausstellung wurde einen Monat nach dem Münchner Abkommen eröffnet, also zu einer Zeit, in der Frankreichs Öffentlichkeit der Beschwichtigungspolitik der französischen Regierung gegenüber dem zunehmend kriegerischen Deutschland mit wachsendem Nationalismus und antideutschen Gefühlen begegnete.

Die Planung der Ausstellung entwickelte sich parallel zur Gründung des Freien Künstlerbundes, der bei seiner Konstituierung im September 1937

As Eugen Spiro, Chairman of the Paris-based Freie Künstlerbund (Free Artists' League), addressed the audience attending the vernissage of »Freie Deutsche Kunst« (Free German Art), Breitenbach would have heard many of his own concerns and interests voiced. The exhibition of artworks by German and Austrian exiled artists had been facilitated by Louis Aragon, president of the Association Écrivains et Artistes Révolutionnaires (AEAR) whom Breitenbach had portrayed in 1935. It was held at the AEAR's cultural center, the Maison de la Culture, at 29, rue d'Anjou in the 8e arrondisement. The exhibition, which ran from November 4 to 18, 1938, was the Künstlerbund's response to the Nazi's pillory of modern art in the exhibition »Degenerate Art« that had opened the previous July in Munich. In addition to paying respect to French traditions of freedom for art and the exceptional artistic environment that was Paris, Spiro informed listeners of the exhibiting artists' political and aesthetic diversity, and the shared commitment of Künstlerbund members to individual freedom of expression.[1] His address involved a transparent attempt to align the group's political ideology with the French democratic tradition of freedom for the arts and thus contained a strong dose of self-preservation on behalf of exiled German artists. The exhibition opened a month after the Munich Accord, a period when the French government's policy of appeasement toward an increasingly belligerent Germany was complimented in French public life with increased nationalism and anti-German sentiment.

Exhibition plans had developed concurrently with the founding of the Freie Künstlerbund, first called Deutsche Künstlerbund upon its September 1937

**3** Kontaktabzug: Max Ernst
in seinem Pariser Atelier,
Ernst mit Heinz Lohmar auf
der Terrasse
*Contact sheet: Max Ernst in
his Paris studio, Ernst with
Heinz Lohmar on terrace*

**4** Porträt von Louis Aragon,
Paris 1935
*Portrait of Louis Aragon,*
*Paris 1935*

zunächst Deutscher Künstlerbund geheißen hatte.[2]
Die Gruppe orientierte sich an den Statuten des
1903 gegründeten Deutschen Künstlerbundes, den
die NSDAP 1935 übernommen hatte.[3] Innerhalb
weniger Wochen nach dem Anschluß Österreichs
trennte sich die Vereinigung der Exilkünstler von
dem Wort »Deutscher« und ersetzte es durch
»Freier«. Zwei Ziele wurden damit verfolgt: Einer-
seits konnten so österreichische Neuankömmlinge,
die massenweise nach Frankreich strömten, aufgenommen werden; andererseits distanzierte sich
die Gruppe damit vom DKb in Deutschland. Mit
Spiro zusammen saßen im Vorstand der Kunstkritiker und Verleger Paul Westheim, der Maler Gert
Wollheim, der Bühnenbildner und Maler Heinz
Lohmar, der Maler Erwin Oehl, die Kunstkritikerin Sabine Spiro (mit Eugen nicht verwandt)
und die Kunstkritikerin Herta Wescher. Anfang
1938 wurde der in Prag ansässige Oskar Kokoschka
als Ehrenpräsident der Vereinigung gewonnen. Auf-
tretende Hindernisse führten dazu, daß sich die
Realisierung der Gegenausstellung über ein Jahr
verzögerte. Im Sommer 1938 nahm das Komitee
Verbindung zu über den ganzen Globus verstreu-

inception.[2] The group modeled itself upon the
1903-founded Deutsche Künstlerbund that had been
taken over by the NSDAP in 1935.[3] Within weeks of
the Anschluß of Austria, the exile artist association
dropped »Deutsche« from its name and added »Freie«.
This served both to accommodate newly arriving
Austrians entering France *en masse*, and to differentiate
itself from the DKb within Germany. Working with
Spiro on the presidium (»Vorstand«), were art critic
and editor Paul Westheim, painter Gert Wollheim,
stage designer and painter Heinz Lohmar, painter
Erwin Oehl, art historian Sabine Spiro (no relation
to Eugen), and modernist art critic Herta Wescher.
By early 1938, Prague-based Oskar Kokoschka was
enlisted as the association's honorary President.
Obstacles delayed the realization of the Künstlerbund's
counter-exhibition for over a year. In summer 1938,
the committee contacted German artists strewn
around the globe and invited them to submit works
to the exhibition. As indicated by the notes in his
pocket diary reminding him to attend FKb meetings
at the left bank's Cafe Mephisto on September 15
and November 24, as well as numerous appointments
scheduled with many artist-members of the FKb, Brei-

ten deutschen Künstlern auf und lud sie ein, Werke für die Ausstellung zur Verfügung zu stellen. Die Eintragungen in Breitenbachs Terminkalender, die ihn erinnerten, an den Treffen des FKb am 15. September und am 24. November im Café Mephisto am linken Seineufer teilzunehmen, sowie etliche Verabredungen mit verschiedenen künstlerisch aktiven Mitgliedern lassen darauf schließen, daß er in jener Zeit mehr und mehr im FKb involviert wurde und dieses Engagement auch bis in das darauffolgende Frühjahr hinein fortsetzte. [4]

Das größte Hindernis für die Ausstellungspläne hatte seinen Ursprung nicht in Nazideutschland, sondern in London. Arbeiten des in Paris im Exil lebenden Hugo Simon, von denen Spiro und Westheim angenommen hatten, sie wären für den Künstlerbund bestimmt, waren stattdessen den dort ansässigen New Burlington Galleries für eine Ausstellung versprochen, die den neutralen, entpolitisierten Titel »20th Century German Art« (Juni–August 1938) trug. [5] Als die Ausstellung der Pariser Emigranten schließlich eröffnet wurde, war sie für das Pariser Komitee deshalb nicht mehr nur ein Angriff auf die nationalsozialistische Definition von moderner deutscher Kunst, sondern auch ein Gegenentwurf zur Londoner Schau. Also konfrontierten die Organisatoren die Pariser Bevölkerung mit einer Ausstellung, in der Verunglimpfungen und Angriffe der Nazis auf die moderne Kunst dokumentiert und zugleich eine Auswahl zeitgenössischer deutscher Kunst gezeigt wurde, die die künstlerische Vielfalt der deutschen Emigranten in den Vordergrund rückte. Darin unterschieden sich die Bemühungen des Künstlerbundes von der Londoner Ausstellung, aus der Werke, die antinazistische Tendenzen vermuten ließen, ausgeschlossen wurden. Breitenbachs Ausstellungsphotos können Auskunft darüber geben, in welchem Ausmaß der Künstlerbund seine Ziele tatsächlich erreicht hat.

tenbach's involvement in the FKb greatly increased at this time, an engagement that continued through the following spring. [4]

The main obstacle to the Künstlerbund's exhibition issued not from Nazi Germany but from London. Artworks from the collection of Paris-based exile Hugo Simon which Spiro and Westheim assumed were the Künstlerbund's to exhibit, were instead promised to an exhibition in London at the New Burlington Galleries, an exhibition that adopted the neutral, depoliticized title »20th Century German Art« (June–August 1938). [5] Thus, by the time the exiles' Paris exhibition opened, the Paris committee regarded the exhibition not only opposed to the Nazi definition of modern German art, but in counterdistinction to the London exhibition. This involved presenting Parisians with an exhibition that combined documents of the Nazi vilification and assault on modern art, and an up-to-date sample of modern German art that foregrounded the diverse art of German exiles. This distinguished the Künstlerbund's effort from the London exhibition where works that suggested anti-Nazi politics had been excluded. The extent to which the Künstlerbund actually achieved its intended goals is a question Breitenbach's installation photographs can help us answer.

Gravierende Unterschiede zwischen den beiden Ausstellungen werden schnell deutlich, wenn man sich vor Augen führt, wie an den beiden Schauplätzen mit einem kurz zuvor aufgetauchten Gemälde aus der Zeit vor dem Ersten Weltkrieg umgegangen wurde, mit Oskar Kokoschkas *Bildnis von Robert Freund*. Das Porträt war mutmaßlich während einer Hausdurchsuchung in Wien von Nazis in vier Teile zerrissen und später nach London gebracht worden, um dort als Beweis für die Angriffe der deutschen Regierung auf die moderne Kunst ausgestellt zu werden. Der Londoner Ausschuß weigerte sich jedoch, das zerstörte Porträt zu zeigen, bis Wollheim, Max Ernst und Kokoschka drohten, ihre eigenen Werke von der Ausstellung zurückzu-

Clear differences between the two exhibitions rapidly emerge when we attend to how each venue handled the display of a then recently lacerated, pre-World War I painting, *Bildnis von Robert Freund* (Portrait of Robert Freund), by Oskar Kokoschka. Allegedly slashed into quarters during a house search in Vienna in May 1938, the portrait was forwarded to London to be exhibited as evidence of the German government's assault upon modern art. But the London committee only agreed to include the damaged portrait after Wollheim, Max Ernst, and Kokoschka threatened to bar their own art from exhibition if the damaged artifact was withheld in London.[6] London in part capitulated to this threat from leading artists of the Künstlerbund, as the canvas was only displayed

**6** Ernst Ludwig Kirchner:
*Die roten Häuser auf
Fehmarn*
(The Red Houses on
Fehmarn)

ziehen.[6] London gab dieser Drohung von führenden Vertretern des Künstlerbundes teilweise nach: Die Leinwand wurde nur Pressephotographen und neugierigen Besuchern auf Anfrage gezeigt. Ansonsten wurde das zerstörte Bild in einem Schrank vor den Blicken der Besucher verborgen. Der Unwillen der New Burlington Galleries, Nazideutschland zu reizen, paßte zur britischen Beschwichtigungspolitik, die darauf abzielte, öffentliche Darstellungen von Deutschland zu steuern[7] – eine Haltung, die in Herbert Reads insistierender Aussage, die Ausstellung sei ganz und gar unpolitisch, ihren Widerhall fand.[8]

Im Gegensatz zu London bezog der Künstlerbund offen Stellung gegen die Nazis, indem er die

sporadically for inquiring press photographers or curious visitors. Otherwise it was withheld from view in a cabinet. New Burlington's reluctance to inflame Nazi Germany conformed to British appeasement policies aimed to regulate public representations of Germany,[7] a position echoed by Herbert Read's public insistence that the London exhibition was not political in any way.[8]

In contrast to London, the Künstlerbund adopted a forthright anti-Nazi position by exhibiting the violated

**7** Wand der abstrakten und
surrealistischen Maler
*Wall of abstract and surrea-
list painters*

versehrte Leinwand zusammen mit einer Reproduktion der roten Kreidezeichnung von Renoir (*Rhône et Saône*) ausstellte, die vermutlich bei der gleichen Hausdurchsuchung zerstört worden war. Der Ausschuß gab außerdem eine Photographie des Porträts von Kokoschka an die französische und belgische Presse weiter – eine Photographie, die nicht von Breitenbach, sondern von Fred Stein, einem anderen Exilphotographen, mit dem sich Breitenbach in jenem Oktober häufig traf, stammte.[9] Ironischerweise fand sich der Künstlerbund, nachdem er die New Burlington Galleries wegen deren Rückzug von antinazistischen Inhalten und der Einbeziehung eines Künstlers (Georg Kolbe), der in Künstlerorganisationen der Nazis aktiv war, scharf kritisiert hatte, im November 1938 selbst in der Lage wieder, die Inhalte der eigenen Ausstellung dem Druck der Beschwichtigungspolitik in Frankreich ausgesetzt zu sehen.

Durch die kürzlich entdeckten Negative und Kontaktabzüge von Josef Breitenbach werden Inhalte und Organisation der »Freien Deutschen Kunst« zugänglich wie nie zuvor. Seine Einzelansichten zeigen, daß zusätzlich zur Kunst der Emigranten Reproduktionen von Nazikunst einbezogen und auf einer dunkleren Tafel arrangiert wurden. Auf Breitenbachs Aufnahmen finden sich 34 Werke von Emigranten und neun Reproduktionen von Nazikunst, einschließlich zweier Werke von Hitler – insofern hat er über ein Drittel, aber weniger als die Hälfte der geschätzten 100 bis 120 Kunstwerke von annähernd 70 teilnehmenden Künstlern dokumentiert. Diese neuen Bildzeugnisse erlauben einige Korrekturen an Inka Graeves eindrucksvollem »ersten Versuch, das Ausstellungsverzeichnis zu rekonstruieren«, den sie mit Hilfe von Kritiken, Korrespondenzen und Erinnerungen beteiligter Künstler unternahm.[10] Darüber hinaus öffnet eine Photographie den Blick hinter einen

canvas together with a reproduction of the Renoir red chalk drawing, *Rhône et Saône*, ostensibly destroyed during the same house search. The committee also circulated a photograph of this Kokoschka portrait to the French and Belgian press – a photograph taken, not by Breitenbach, but by fellow exile photographer Fred Stein with whom Breitenbach was often meeting that October.[9] Ironically, by November 1938, after its sharp criticisms of both New Burlington's retreat from anti-Nazi content and inclusion of work by an artist active in Nazi art organizations (Georg Kolbe), the Künstlerbund found its own exhibition's content subjected to the pressures of appeasement politics in France.

Breitenbach's recently discovered negatives and proof prints make the contents and organization of »Freie Deutsche Kunst« accessible as never before. His separate installation views demonstrate that in addition to art by exiles, reproductions of Nazi art were included and hung together upon a darker panel. In Breitenbach's photos, 34 works by exiles, and nine reproductions of Nazi art, including two by Hitler, were recorded – he thus documented more than a third, but less than half of the estimated 100 to 120 works of art by approximately 70 participating artists. This new visual evidence enables several adjustments to Inka Graeve's impressive »first attempt to reconstruct the checklist of the exhibition« that she derived from criticism, correspondence, and recollections of participating artists.[10] Moreover, one photograph offers a look beyond the sliding bamboo curtain to the left of Kokoschka's desecrated canvas where exhibits of printed materials are discernable. Displayed on a stand in this adjacent room are multiple

zur Seite geschobenen Bambusvorhang zur Linken
von Kokoschkas geschändeter Leinwand. Auf
einem Podest in dem angrenzenden Raum befinden sich zahlreiche Exemplare eines Buches, auf
dessen Umschlag der Titel *Peintures Sculptures*
erkennbar ist. Es ist wahrscheinlich, daß in diesem
Raum unter anderem Ausgaben veröffentlichter
Exilliteratur und antifaschistischer Schriften
von Mitgliedern des Schutzverbandes deutscher

copies of a book bearing the title *Peintures Sculptures*
on its cover. It is likely other exhibits in that adjacent
room included examples of published exile literature
and antifascist writings by members of the Schutzverband deutscher Schriftsteller (SDS, Defense League
of German Writers). For »Freie Deutsche Kunst«
was presented as a major component of the cultural
week of the SDS. When Breitenbach's installation

Schriftsteller (SDS) ausgestellt waren, denn die »Freie Deutsche Kunst« war ein wichtiger Teil der Kulturwoche des SDS. Betrachtet man Breitenbachs Aufnahmen, dann wird deutlich, wie sehr die Ausstellung vom binären Kontrast zwischen der Kunst Nazideutschlands und der des »anderen Deutschland« im Exil lebte – das Engagement jener Emigranten erscheint als verzweifelter Wettstreit um die Vorherrschaft über die moderne deutsche Kunst in Gegenwart und Zukunft.

Auf dem Photo mit den geschändeten Gemälden von Kokoschka und Renoir sieht man fünf weitere Werke. Dazu zählen zwei surrealistische Gemälde, *Der Fisch* (1935) und *Muscheln II* von Erwin Graumann, einem ehemaligen Schüler Karl Hofers.[11] Links davon sieht man eine niemandem zuschreibbare bärtige Schauspielermaske. Die Maske ist eher konventionell gestaltet und jenen Entwürfen sehr unähnlich, die Heinz Lohmar für Brechts Pariser Premiere von Einaktern aus *Furcht und Elend des III. Reiches* (unter dem Titel *99%*, Mai 1938) kreierte – Masken, die Brecht allerdings nicht einsetzte. Teilweise am rechten Rand zu sehen ist Wollheims großes Gemälde *Der verliebte Clown*.[12] Eine andere Objektansicht zeigt Wollheims Gemälde *Die Besenfrau* prominent platziert. Westheim hatte das Bild im Anschluß an einen Besuch in Wollheims Studio in Paris wie folgt beschrieben: »Ein eben vollendetes Bild: Eine Concierge, die Straße fegend. Ein Millet-, ein Daumier-, ein Goyazug ist um dieses verarbeitete Wesen. Größer gesehen als vordem bei Wollheim. Sein Handwerk ist gereifter geworden, mit Nutzen hat er von Seurat gelernt.«[13]

In einer anderen Einstellung richtete Breitenbach seine Linse auf Ernst Ludwig Kirchners Gemälde *Die roten Häuser auf Fehmarn*. Auf einem winzigen Schild an Breitenbachs Photographie steht zu lesen: »Charakteristisches Werk des

views are examined together, they also clarify how the exhibition hinged on the binary contrast between the art of Nazi Germany and that of the »other Germany« in exile, showing these exiles engaged in a desperate contest over who controlled the present and future of modern German art.

The photograph with the desecrated Kokoschka and Renoir includes five other works. These include two surrealist canvases *Der Fisch* (The Fish, 1935) and *Muscheln II* (Shells II, 1934) by former Karl Hofer student Erwin Graumann.[11] To their left is an unattributed actor's mask with beard, more conventional and quite unlike the masks Heinz Lohmar fashioned for Brecht's Paris premier of one act plays, *99%* – masks Brecht chose not to use. Cropped at the right edge is Wollheim's large painting *Der verliebte Clown* (The Love-Struck Clown).[12] Another installation view shows Wollheim's painting *Die Besenfrau* (The Broom Woman) commanding the wall. This painting had been characterized by Westheim following a 1935 visit to Wollheim's Paris studio as a »just finished painting: a concierge sweeping the street. There is a touch of Millet, Daumier, of Goya to this worn-out individual. Seen with more grandeur than in Wollheim's previous works. His craftsmanship is more mature, he gained a great deal learning from Seurat.«[13]

In another photograph, Breitenbach focused upon Ernst Ludwig Kirchner's oil painting *Die roten Häuser auf Fehmarn* (The Red Houses on Fehmarn). A tiny label for Breitenbach's photograph reads: »Characteristic work of the master of expresionisme

9 Heinz Lohmar: Aquarell
auf Papier (ohne Titel),
ca. 1935/36
*Heinz Lohmar: untitled*
*watercolor on paper,*
*ca. 1935/36*

**10** Heinz Lohmar: Tuschezeichnung (ohne Titel),
signiert mit »Heinz Lohmar,
Paris 1936«
*Heinz Lohmar: Untitled pen
and ink drawing, signed
»Heinz Lohmar, Paris 1936«*

**11** Heinz Lohmar: Holzschnitt
(ohne Titel), ca. 1936
*Heinz Lohmar: untitled wood-
cut, ca. 1936*

Meisters des Expressionismus, der Selbstmord beging, weil er nicht mehr ertragen konnte, daß man die Kunst verfolgte, der er sein Leben geweiht hatte.« (Original in Englisch)[14] Die Unterschrift lenkt die Aufmerksamkeit auf Kirchner, der im Juni 1938 im Schweizer Exil Selbstmord beging, nachdem er erfahren hatte, daß die neuen Führer Deutschlands sein Werk für ungeeignet befanden, das neue Deutschland zu repräsentieren, und seine bisher in deutschen Ausstellungen geschätzten Arbeiten anprangerten und zerstörten.[15] Andere Werke auf dem Photo rücken jedoch durch den Verweis auf Kirchner in den Hintergrund. An einer weiter entfernten Wand zur Rechten hängt Spiros Porträt von Erich Klossowski (1936).[16] Das Porträt wird zum Teil durch eine Skulptur von Peter Lipmann-Wulf verdeckt, die Westheim in seinem »Rundgang durch die Deutsche Kunstausstellung in der Maison de la Culture« für die *Pariser Tageszeitung* mit den Worten »eine expressionistisch modellierte Phantasie« beschrieb. Im darauffolgenden Februar erstellte Breitenbach eine Photoserie der Werke von Lipmann-Wulf im Pariser Studio des Bildhauers.[17] An der Wand links von Kirchners Gemälde hingen zwei kleine, kaum erkennbare Porträts und, links davon, zwei Gemälde von Fred Uhlmann, die Westheim in seinem »Rundgang« identifizierte: ein Friedhofsbild und *Les Temps Passés*.[18] Uhlmann war ein ehemaliger Anwalt aus Stuttgart, der zu diesem Zeitpunkt in London lebte. In den frühen Jahren seines Exils hatte sich Uhlmann in Paris das Malen selbst beigebracht und erstaunliche Erfolge erzielt, als sich der Pariser Kunstmarkt nach 1935 auf die naive Malerei stürzte.[19] Am linken Rand des Negativs dieser Objektansicht tauchen Teile von zwei weiteren Gemälden auf (auf dem Abzug sind sie abgeschnitten), das Fehlen präziser Beschreibungen erlaubt jedoch keine eindeutige Zuordnung.

[sic.], who committed suicide under the impression that he could not beer [sic.] the persecution inflicted on the art to which he had consecrated his life.«[14] The caption called attention to Kirchner, who had committed suicide in June 1938 in Swiss exile after learning that the new leaders of Germany found his work unsuitable to represent the new Germany and were having his previously honored works in German collections pilloried and destroyed.[15] The caption, however, overlooks other works in the photograph. On the distant wall at right is Spiro's 1936 portrait of Erich Klossowski.[16] Partially obscuring this portrait is a Peter Lipmann-Wulf sculpture that Westheim described in his »Rundgang durch die Deutsche Kunstausstellung in der Maison de la Culture« (A walk through the exhibition of German art in the Maison de la Culture) for the *Pariser Tageszeitung* as an »expressionistically modelled phantasy«. The following February, Breitenbach made a series of photographs of the work of Lipmann-Wulf in the sculptor's Paris studio.[17] On the wall to the left of Kirchner's canvas are two small, barely legible portraits and, to their left, two Fred Uhlmann canvases that Westheim's »Rundgang« identifies as one of his cemeteries and *Les Temps Passés*.[18] Uhlmann was a former Stuttgart attorney then residing in London. During Uhlmann's earlier years of exile in Paris he had taught himself painting and attained astonishing success in Paris as the art market embraced naive painting after 1935.[19] In the negative of this installation view, sections of two additional paintings appear along the left edge (cropped in this proof print), but the absence of precise written descriptions discourage positive attributions.

Die möglicherweise informativste Ansicht des Ausstellungssaales ist eine Weitwinkelaufnahme der, in Breitenbachs Worten, »Wand der abstrakten und surrealistischen Maler bei der Ausstellung der freien deutschen Künstler in Paris: Es sind Werke von Paul Klee, Max Ernst, Gert Wollheim, Heinz Lohmar, Beckmann etc.« (Original in Englisch).[20] Es gelang Breitenbach, dieses Photo bei der französischen Presse unterzubringen.[21] Dieser Titel deutet sowohl eine stilistische Übereinstimmung als auch eine vereinte Front der berühmtesten vom FKb mobilisierten Namen an. Ein gemeinsames Ziel zu unterstellen, wäre jedoch irreführend, da die fünf genannten Künstler 1938 keineswegs Interessen teilten oder gar vereint auftraten. Beckmann und Klee beispielsweise hätten es vorgezogen, überhaupt nicht in jener Gruppe ausgestellt zu werden. Beckmann, der seit Juli 1937 in Amsterdam lebte, hatte die Teilnahme abgelehnt und die Kollegen des Künstlerbundes als lästige Trittbrettfahrer beschimpft.[22] Etwas höflicher hatte Klee angeboten, aus der Schweiz unterstützende Worte für die antifaschistische Ausstellung zu senden, er war aber nicht bereit, Arbeiten zur Verfügung zu stellen, weil er mögliche Restriktionen gegen noch in Deutschland lebende Verwandte fürchtete.[23] Beckmanns *Kleine Landschaft, Viareggio* war eine Leihgabe des Privatsammlers Peter Speyer. Wer die beiden Gemälde von Klee zur Verfügung stellte, bleibt unklar.

Im Unterschied zu Beckmanns kritischer Weigerung und Klees besorgter Enthaltung blieb Max Ernst mit seiner Unterstützung für die organisierten Exilkünstler in Paris konstant. Ernst steuerte Werke für die Ausstellung bei, außerdem hatte er sich bereits um den Vorgänger des Künstlerbundes, das Kollektiv deutscher Künstler (aktiv von Dezember 1935 bis März 1937) bemüht.[24] Mit Max Ernst konnte der Künstlerbund eine überragende Figur

Perhaps the most informative view of the exhibition hall is the wide angle photograph of the wall that Breitenbach labeled »The wall of abstract and surrealist painters at the exhibition of the free German artists in Paris: they are the works of Paul Klee, Max Ernst, Gert Wollheim, Heinz Lohmar, Beckmann etc.«[20] This was a photo Breitenbach managed to place in the French press.[21] In addition to indicating that the exhibited works were arranged by stylistic tendency, the label also foregrounds an united front of the most famous names the FKb could assemble. Yet to suggest a common purpose was misleading, as the five named artists comprised no semblance of a shared front or interests in 1938. On one hand, Beckmann and Klee would have preferred not to have been exhibited with this group at all. Residing in Amsterdam since July 1937, Beckmann had refused participation and criticized the artists of the Künstlerbund as a group of second-rate hangers-on.[22] More politely, Klee had offered supportive words from Switzerland for the Paris anti-Nazi exhibition, but had declined to submit work due to concern over possible retributions against relatives still living in Germany.[23] Beckmann's *Kleine Landschaft, Viareggio* (Small Landscape, Viareggio) was loaned by private collector Peter Speyer, while the lender of the two Klee paintings remains undetermined.

In contrast to Beckmann's critical refusal and Klee's concerned abstention, Max Ernst's support for the endeavors of organized exile artists in Paris had always been constant. Not only did Ernst lend to the FKb exhibition, but he had supported its predecessor, the Kollektiv deutscher Künstler (active from December 1935 to March 1937).[24] Ernst's Künstlerbund involvement meant that a luminary of Paris surrealism was often in their midst. His supportive

der Pariser Surrealisten zu sich zählen. Und Ernsts Beitrag hat anscheinend die Interessen und die eigene Kunst der Mitglieder beeinflußt. Beispielsweise spielten die Arbeiten der Surrealisten für Breitenbachs dokumentarische und künstlerische Vorhaben eine erhebliche Rolle. Im Januar 1938 hatte er die Internationale Surrealismus-Ausstellung dokumentiert, und Wochen vorher stand ein Termin mit Lohmar und André Breton, dem sogenannten »Surrealistenpapst«, in Breitenbachs Kalender. Bei seinen kreativen Bildern nach 1937 kultivierte Breitenbach mehr und mehr surrealistische Praktiken und Effekte. Beispielsweise entwickelte er 1937, in Übereinstimmung mit der Kritik der Surrealisten an rein optischen Erfahrungen, ein dauerhaftes Interesse am Photographieren von Düften. Indem er Blumen, Speck oder andere Objekte photographierte, die starke Gerüche assoziieren, wollte er dem Besucher nicht nur rein visuelle Erfahrungen vermitteln, sondern zugleich seinen Geruchssinn ansprechen. Anfang 1939 veröffentlichte er außerdem einen äußerst unheimlich beleuchteten Baum in *Verve*.[25] Breitenbach bekundete seine Solidarität mit den Surrealisten auch, indem er ein neueres Porträt von Max Ernst allein der »Freien Deutschen Kunst« stiftete. Breitenbachs Interesse an den Surrealisten wurde durch die Freundschaft mit Lohmar gefördert, dessen Zeichnungen, Lithographien und Agitprop-Tafeln seit 1935 häufig mit surrealistischen Themen liebäugelten.

Die drei Gemälde rechts außen lassen sich nicht eindeutig zuordnen, könnten aber von Robert Liebknecht und dem in Polen geborenen Maler J. D. Kirschenbaum stammen, der sich von 1910 bis 1933 in Deutschland aufhielt. *Ansicht der Fjorde*, links außen, stammt von dem Maler und Grafiker Julius Schuelein aus München. Rechts davon hängt das Porträt einer jungen Frau von der deutschen

involvement seems to have impacted upon their interests and art. Breitenbach for one was drawn into the surrealist project, both in his documentary and creative work. In January 1938, he had documented the International Surrealist Exhibition, and weeks before had scheduled a visit with both Lohmar and the so-called pope of surrealism, André Breton. In his creative photography after 1937, Breitenbach increasingly cultivated surrealist practices and effects. For example, in step with the surrealist critique of purely optical experience, in 1937 he had begun to attempt to photograph odors. By photographing flowers, bacon or other objects which evoked vivid smells, these photographs were meant to trigger olfactory responses from the viewer in excess of purely optical experience. In early 1939, he also published a decidedly uncanny solarized photograph of a tree in Verve.[25] Breitenbach also expressed his solidarity with surrealism through his sole contribution to »Freie Deutsche Kunst«, a recent portrait of Max Ernst. Breitenbach's interest in surrealism was facilitated by his friendship with Lohmar, who in his drawings, prints, and agit-prop panels had persistently flirted with surrealist themes since 1935.

Attribution of the three paintings to the far right in this wide-angle view remain undetermined, but may well be by Robert Liebknecht and the Polish-born painter who had been in Germany from 1910 to 1933, J. D. Kirschenbaum. At the far left the *Ansicht der Fjorde* (View of the Fjords) is by the former Munich painter and graphic artist, Julius Schuelein. The portrait of a young woman to its right is by German painter and

Malerin und Karikaturistin Käthe Münzer-Neumann (auch unter dem Namen Kate Munzer-Neumann bekannt). Das Bild noch weiter rechts unten stammt von dem ehemaligen Kokoschka-Schüler Francis Bott (alias Frabo), der sich nach dem Zweiten Weltkrieg der abstrakten Malerei widmete. Hier stellte Bott eine nach dem Bürgerkrieg zerrissene spanische Landschaft aus. Wem das Frauenporträt darüber zuzuordnen ist, bleibt unklar (vielleicht der schweizerisch-deutschen Autorin und Malerin Hilde Stieler), genauso wie die Urheberschaft des Postboten rechts neben dem Bott. An der rechten Wand hängt oben ein Männerporträt von Hein Heckroth, darunter ein Stilleben von Felix Nussbaum, der damals in Belgien lebte.

Auf der Nahaufnahme mit Werken von Beckmann und Lohmar verdient eines der Gemälde eine nähere Erläuterung. Es ist Lohmars *Begegnung in München unter Nichtbeachtung der Verkehrsvorschriften* von 1938, links unten. In einer ruinenhaften Stadtlandschaft mit Friedhof schleicht Premierminister Neville Chamberlain mit dem für ihn typischen Schirm und Zylinder über die Kreuzung im Vordergrund. Sein Versäumnis, eine Ampel zu beachten, führt zum Zusammenstoß mit einer weiblichen Schaufensterpuppe, deren durch Kugelgelenke an Ellenbogen und Knien zerteilte Glieder körperliche Zerstückelung suggerieren, so wie die Tschechoslowakei zu jener Zeit durch die Nazis territorial zerstückelt wurde. Hinter jenem stolpernden Paar steht fest verwurzelt ein Schlägertyp, der aus dunklen Augen geradeaus starrt und Hitler sehr ähnlich sieht. Seinen Kopf drapieren die kurvenreichen, gespreizten Beine und Hüften eines Frauenkörpers (vermutlich die personifizierten Überreste des annektierten Österreich). In den Wochen nach dem Münchner Abkommen vom 29. und 30. September 1938 zwischen Hitler,

caricaturist Käthe Münzer-Neumann (a.k.a. Kate Munzer-Neumann). To the right of the Münzer, the painting below is by former Kokoschka student Francis Bott (a.k.a. Frabo) who would pursue abstract painting after World War II. Here Bott exhibited a recollection of the war-torn Spanish landscape after the Civil War. The authorship of the female portrait (possibly by Swiss-German author and painter Hilde Stieler) above and the postman to the right of the Bott also remain uncertain. Turning the corner, the portrait above is a male portrait by Hein Heckroth and the lower still-life that of Felix Nussbaum, then living in Belgium.

One painting in the Beckmann-Lohmar close-up merits further comment. It is Lohmar's *Begegnungen in München unter Nichtbeachtung der Verkehrsvorschriften* (Encounter in Munich under Non-Observance of the Traffic Regulations, 1938) at the lower left. Set in a ruinous grey townscape with cemetery, Prime Minister Neville Chamberlain slinks across the foreground intersection wearing a black topcoat and his signature umbrella and top hat. His failure to observe the traffic signal leads Chamberlain to collide with a female mannequin whose ball-jointed elbow and knees suggest bodily dismemberment akin to the territorial dismemberment Czechoslovakia was then experiencing at the hands of Nazi Germany. Behind this stumbling pair, a firmly planted Hitleresque goon stares out through dark eyes, head draped by the splayed, curvaceous legs and hips of another female figure's bodily remains (presumeably vestiges of annexed Austria personified). In the weeks following the Munich conference on September 29 and 30, 1938, where Chamberlain and France's Prime Minister Eduoard Daladier agreed to Germany's demands not to intervene militarily against Germany, Czechoslovakia

Mussolini, Chamberlain und Daladier, der gemeinsam mit seinem englischen Kollegen versprach, in Deutschland nicht militärisch einzugreifen, war die Tschechoslowakei gezwungen, der deutschen Forderung nachzukommen und Gebiete an das Reich abzutreten. Daß Lohmar den französischen Premierminister Daladier auf seiner Leinwand aussparte, minderte das Risiko, daß das Gemälde und die ganze Ausstellung den gerade aufgestellten Vorschriften der französischen Regierung, nach denen die deutschen Emigranten sich nicht politisch äußern durften, zum Opfer fallen würden. In diesem Zusammenhang kann *Begegnung in München* als ein Werk verstanden werden, das ein aktuelles politisches Ereignis kommentiert und zugleich selber von den politischen Bedingungen, die jenes Ereignis herbeigeführt hatten, geprägt ist.

Neben der Einbeziehung antinazistischer Kunst wie Lohmars war es vor allem die zur Schau gestellte Nazikunst, die die Pariser auffällig von der Londoner Ausstellung unterschied. Reproduktionen von Nazikunstwerken wurden unter folgender Überschrift zusammengefaßt: »L'Art Officiel Allemagne. Ces Oeuvres D'Art Etaient Exposés A La Maison [de l'Art Allemand.]« (Die Kunst des offiziellen Deutschland. Diese Kunstwerke wurden im Haus der deutschen Kunst ausgestellt.) Dazu zählten Gemälde einer Militärbrigade und eines Infanteristen (*Die letzte Handgranate*) von Elk Eber, die mit »La Race Teutonique Ressuscitée« (Die wiederbelebte teutonische Rasse) und »La Guerre Belle et Joyeuse« (Schöner und fröhlicher Krieg) untertitelt wurden. Darunter sieht man Reproduktionen von Josef Thoraks Skulptur *Kameradschaft* (ausgestellt im deutschen Pavillon der Pariser Weltausstellung von 1937), zwei allegorischen weiblichen Akten von Adolf Ziegler und der Skulptur eines Trommlers der Hitlerjugend. Unter dieser Reihe finden sich,

had complied with Germany's demands to cede territory to the Reich. Lohmar's exclusion of France's Daladier from the canvas would have lessened the risk of the painting and exhibition going afoul of newly implemented French government regulations barring German emigrants from making political statements. In this context, *Encounter in Munich* may be regarded as both addressing a current political event and reacting to the political conditions that very event had precipitated.

Beyond such inclusions of finely tuned anti-Nazi art like Lohmar's, the exhibition differed markedly from the London exhibition through the inclusion of Nazi art. Reproductions of Nazi artworks were exhibited together under the header: »L'Art Officiel Allemagne. Ces Oeuvres D'Art Etaient Exposés A La Maison [de l'Art Allemand.]« (The art of the official Germany. These works of art were exhibited at the House of German Art). Included were paintings of a military brigade and an infantryman (*Die Letzte Handgranate* – The Last Hand Grenade) by Elk Eber, labeled »Le Race Teutonique Ressuscité« (The Teutonic race resuscitated), and »La Guerre Belle et Joyeuse« (Beautiful and joyous war). Positioned along a line below, a reproduction of Josef Thorak's sculpture *Kameradschaft* (Comradeship) from the German Pavilion at the 1937 Paris World Exposition is flanked by reproductions of two Adolf Ziegler allegorical paintings featuring female nudes. To the right, a sculpture of a Nazi youth drummer was reproduced. Beneath the line, as if the exiles were turning the Nazi leadership principle (»Führerprinzip«) on its head, are

**12** *Begegnung in München*
(links unten) und zwei
weitere Gemälde von Heinz
Lohmar und ein Gemälde
von Max Beckmann (rechts
unten)
Encounter in Munich *(below
left), and two other paintings
by Heinz Lohmar, and one
painting by Max Beckmann
(below right)*

vielleicht in ironischer Umkehrung des Führerprinzips der Nazis, Beispiele für Kunst, die sich direkt auf Hitler bezieht. Zwei Reproduktionen von Aquarellen Hitlers hängen links von Hubert Lanzingers *Der Bannerträger*, unter dem zu lesen ist: »Der Bannerträger: ›Ob im Glück oder im Unglück, ob in der Freiheit oder im Gefängnis, ich bin meiner Fahne, die heute des Deutschen Reiches Staatsflagge ist, treu geblieben.‹ Adolf H[itler]«.

Auffallend an dieser Wand ist, daß jeglicher eindeutiger antinazistischer Kommentar fehlt, obgleich sich nicht mit letzter Sicherheit klären läßt, was für Exponate am rechten Rand von Breitenbachs Glasnegativ zu sehen sind. Vermutlich handelt es sich um Briefe an Mitglieder des Künstlerbundes, denen verboten wurde, im neuen Deutschland zu arbeiten oder auszustellen. Es scheint, als wollte der Künstlerbund die Armseligkeit der Kunst des neuen Deutschland und seiner Taten, wie sie in diesen offiziellen Briefen dokumentiert waren, für sich selbst sprechen lassen. Überdies hätte man erklärende Kommentare zu diesen Abbildungen von Nazikunst als ästhetischen Lenkungsversuch auslegen können. Hätte man einer vom künstlerischen Exil erschaffenen Ausstellung vorwerfen können, daß sie versuchte, das ästhetische Empfinden der Betrachter zu steuern, wäre die entscheidende Qualität verspielt, mit der sich die freien deutschen Künstler im Künstlerbund von jenen deutschen Kollegen distanzierten, die der zur Staatsraison erhobenen NSDAP-Linie folgten. Hinzu kommt, daß man mit aufrührerischen Parolen gegen die deutsche Regierung einen Affront gegen die Anstrengungen der französischen Regierung, einheimische Kritik an Deutschland zu unterdrücken, riskiert hätte. Irgendwo auf der rechten Seite der Wand mit der Nazikunst kam der Künstlerbund dennoch offener Kritik an Deutschland sehr nahe: Ein Photo von Gefangenen in An-

examples of art relating to Hitler. Two reproductions of watercolors by Hitler are exhibited to the left of Hubert Lanzinger's *Der Bannerträger* (The Standard Bearer). Beneath this reproduction is printed: »Der Bannerträger: ›Ob im Glück oder im Unglück, ob in der Freiheit oder im Gefängnis, ich bin meiner Fahne, die heute des Deutschen Reiches Staatsflagge ist, treu geblieben.‹ Adolf H[itler]« (The Standard Bearer: »Whether times were good or bad, whether I was free or in jail, I have stayed true to my flag, which today is the national flag of the German Reich.« Adolf Hitler).

Striking is the absence on this wall of explicitly anti-Nazi commentary, although the materials beyond the right edge of Breitenbach's glass negative remain open to debate. It is likely, however, that official letters to Künstlerbund members banning artists from making or exhibiting their work in the new Germany were exhibited there. It appears the Künstlerbund was willing to let the poverty of the new Germany's art and actions as recorded in its official letters speak for itself. Moreover, to have framed these images of Nazi art with interpretive comments could have been construed as a form of directed aesthetics. For an exile-produced art exhibition to be charged with attempting to mandate viewers' aesthetic opinions would have erased the major distinction the Künstlerbund claimed to exist between themselves as free German artists and the German artists who towed the line of the NSDAP German government. Additionally, posting inflammatory statements against the German government would have risked affronting French government efforts to stifle domestic criticism of the German government. Somewhere on the wall to the right of the Nazi art, however, the Künstlerbund came closest to open criticism of Germany with the captioned photograph of uniformed prisoners standing behind barbed wire, entitled »Hitlerdeutschland – Ein Zuchthaus. 200,000 Politische Gefangene in Konzentrationslagern, Gefängnissen und Zuchthäusern« (Hit-

staltskleidung, die hinter einem Stacheldrahtzaun stehen, ist betitelt mit »Hitlerdeutschland – Ein Zuchthaus. 200 000 politische Gefangene in Konzentrationslagern, Gefängnissen und Zuchthäusern«. Mit diesem Dokument des deutschen Umgangs mit politischen Gefangenen bewegte sich die Ausstellung jenseits der behördlich gesetzten Grenzen und formulierte ein klares Bekenntnis zu Menschenrechten.

Obwohl keines der Bilder überlebt hat, so hat sich doch die Spur eines Photos anhand seiner Bildbeschriftung erhalten. Die Beschriftung ist in Englisch angebracht, was uns einen Hinweis auf das Publikum gibt, das man dabei im Auge hatte. Die französischen Bildbeschriftungen machten es leichter, die Photos in französischen und belgischen Zeitungen unterzubringen. Die englischen hingegen richten sich an die Organisatoren der Weltausstellung. Im Herbst 1938 in New York eine Ausstellung über deutsche Exilkunst zu verwirklichen, war der wichtigste Bestandteil der ursprünglichen Bemühungen des Künstlerbunds geworden. Nachdem sie unmittelbar miterlebt hatten, wie sich Nazideutschland bei der Weltausstellung im Jahre 1937 in den Vordergrund gedrängt hatte, richteten die Pariser Emigranten ihr Hauptaugenmerk auf New York als nächsten möglichen Schauplatz, um die Weltöffentlichkeit über den Wert und die Entwicklungsfähigkeit einer modernen deutschen Kultur aufzuklären, die frei von Zwang und Unterdrückung ist. Das wird in Westheims Aussage deutlich, die Ausstellung *Freie Deutsche Kunst* könnte den Grundstock für eine weitere auf der New Yorker Weltausstellung bilden.[26] Aber eine Sammelausstellung der Pariser Emigranten in New York wurde nie realisiert. Doch die deutschen Exilierten machten einen ernsthaften Versuch, die New Yorker Öffentlichkeit mit einer Ausstellung von ganz anderer Tragweite zu erreichen.

ler's Germany – A Prison. 200,000 political prisoners in concentration camps, prisons and penitentiaries). This single document of Germany's treatment of political prisoners shifted the exhibition beyond government art regulation and squarely into the realm of human rights.

Although no image has survived, a trace of another photograph remains as a carbon copy label. It reads: »Detail of the german Exhibition: the wall containing watercolours of Walter Trier, famous cartoonist of republican Germany, Jules Graumann, Schuelein and others.« That this photograph, like most of the others, was labeled in English suggests their audience. While the French labels facilitated placement in French or Belgian newspapers, the English one suggests they were meant to demonstrate for the organizers of the New York World's Fair the Künstlerbund's accomplishments in Paris. During Autumn 1938, realizing an exhibition of exile art in New York had become a key part of the Künstlerbund's initial effort to exhibit at the World's Fair. Having witnessed first hand the domination of Nazi Germany at the 1937 World's Fair, Paris exiles looked to the New York Fair as the next major venue to inform world public opinion about the worth and viability of a modern German culture free of oppression and constraint. This is indicated by Westheim's statement that the Freie Deutsche Kunst exhibition might serve as a foundation (»Grundstock«) for another at the New York World Exposition.[26] But Paris-based exile artists never followed through to realize a group art exhibition in New York City. Yet, as the photographs presented in the next chapter demonstrate, German exiles in Paris did seriously attempt to address the New York public through an exhibition of an entirely different magnitude.

13 Wand mit Reproduktionen:
»Die Kunst des offiziellen
Deutschland. Diese Arbeiten
wurden im Haus der deut-
schen Kunst ausgestellt.«
*Wall with reproductions »The
Art of the official Germany.
These works were exhibited
at the House of German Art.«*

**14** »Hitlerdeutschland –
Ein Zuchthaus«
*»Hitler Germany – A Prison«*

**1** Lester Beall: Deckblatt der Begleitbroschüre für den geplanten »Freedom Pavilion«
*Lester Beall: Pamphlet cover for the planned Freedom Pavilion*

FREEDOM PAVILION

GERMANY YESTERDAY — GERMANY TOMORROW

ⁿt

THE NEW YORK WORLD'S FAIR

**2** Titelblatt der
Begleitbroschüre
*Title page of*
*the pamphlet*

# VI. Deutschland von gestern – Deutschland von morgen

**Keith Holz**

# VI. Germany of Yesterday – Germany of Tomorrow

Keith Holz

Wer über die europäischen Künstler und Intellektuellen in Paris während der Jahre, die zum Ausbruch des Zweiten Weltkriegs und der deutschen Besatzung führten, schreiben will, muß einigen Widerstand gegen die Nostalgie aufbringen, die die Berichte über diese Periode zu überschwemmen droht. Aber während heute jene Nostalgie die Rückschau fragwürdig macht, versperrten damals Dringlichkeit und Verzweiflung den exilierten Kulturproduzenten während ihrer letzten Monate im Großstadtleben von Paris die Perspektive. Nichts bringt die Ängste und Bestrebungen deutscher Emigranten zu dieser Zeit so eindringlich zum Ausdruck wie die 30 Tafeln, die von den Mitgliedern des Deutschen Kulturkartells konzipiert und hergestellt wurden. Die Tafeln selber sind nicht erhalten geblieben; wir verdanken es größtenteils Josef Breitenbachs methodischer Dokumentation und Konservierung der vollständigen Serie auf Glasnegativen und mehreren Probeabzügen, daß der sichtbare Beweis dieser monumentalen bildnerischen Anstrengung überlebt hat. [1]

In vielen Aufnahmen der Tafeln sticht hervor, daß drei private Photos von Breitenbach an der Wand hinter der Staffelei zu sehen sind. Zu ihnen zählt eine neuere Aufnahme, die seinen Sohn Hans zeigt und ein Porträt des Münchner Schauspielers Albert Bassermann aus dem Jahr 1932. Dank jener Details kann dieses wichtige kollektive Projekt der Exilierten lokalisiert werden: innerhalb Breitenbachs bescheidenem Atelier. Daß Breitenbach sein Studio öffnete und sich trotz vieler und vielversprechender Termine als mehr und mehr respektierter kreativer Photograph für das Unternehmen Zeit nahm und diese Tafeln auf einer Staffelei photographierte, spricht für seine Hingabe an die Sache des organisierten deutschen Exils. Aber da sein Freund Lohmar das Projekt leitete, blieb ihm ohnehin kaum die Wahl abzulehnen. Mit Recht

To write about the European literati, artists, and intelligentsia in Paris during the years leading up to the outbreak of World War II and German occupation involves a certain resistance to the nostalgia that threatens to swamp accounts of this period. But if it is nostalgia that threatens retrospection, it was urgency and desperation that beset the outlook of exiled cultural producers during their final months of metropolitan life in Paris. Nothing registers the anxieties and ambitions of German exiles during those last years as thoroughly as the 30 panels conceived and manufactured by the members of the Deutsche Kulturkartell. The actual panels are lost; we owe it largely to Josef Breitenbach's methodical recording and preservation of the complete series of glass negatives and several proof prints that the visual evidence of this monumental pictorial endeavor has survived. [1]

In many of the shots of these panels one notices three personal photographs by Breitenbach on the rear wall beind the easel. They include a recent one of his son Hans, and his 1932 portrait of the Munich actor Albert Bassermann. Such details locate this all important collective project of the exiles within the walls of Breitenbach's modest studio. That Breitenbach opened his studio and took time from his busy and promising schedule as an increasingly respected creative photographer in order to engage in the job of photographing these panels on an easel says something about his devotion to the cause of the organized German exiles. Moreover, with his friend Heinz Lohmar directing the project, there was little room for Breitenbach to say no. It would be correct to presume that his intended audience was not posterity, rather the committee in New York to whom the Paris-

läßt sich annehmen, daß er als Publikum für die Aufnahmen nicht die Nachwelt im Blick hatte, sondern ein Komitee in New York, dem die Exilierten in Paris ihre Bildergeschichte des »anderen Deutschland« übermitteln mußten. Obwohl die Klarheit des Bildberichtes davon abhängt, daß Breitenbachs Hand unsichtbar bleibt, gehört die Dokumentation zu seinen bedeutendsten Leistungen während der Exiljahre in Paris.

Angesichts der zunehmenden Beschwichtigungspolitik Frankreichs gegenüber Nazideutschland und der wachsenden Initiative des »Reichs«, sich und seine Belange durch die Pariser Botschaft zu repräsentieren, bildeten die in Paris ansässigen kulturellen Vereinigungen (der Freie Künstlerbund, der Schutzverband Deutscher Schriftsteller und die Freie Deutsche Hochschule) eine durch ihre Dachorganisation, das Deutsche Kulturkartell, vereinigte Front. Nachdem das Kartell Zeuge des beeindruckenden Propagandaerfolgs geworden war, den die deutsche Regierung mit dem offiziellen Weltausstellungs-Pavillon von Albert Speer im Jahr 1937 verbuchen konnte, unterstützte es die im Mai 1938 begonnene Initiative des Künstlerbundes, sich an das amerikanische Publikum der bevorstehenden Weltausstellung in New York (1939) zu wenden. Ende 1938 waren die deutschen und österreichischen Intellektuellen und Künstler des Kartells deshalb eifrig damit beschäftigt, für eine Geschichte aus großen Bild-Text-Tafeln (jeweils etwa ein mal zwei Meter groß) zu recherchieren und eine Serie mit dem Titel »Germany of Yesterday – Germany of Tomorrow« (Deutschland von gestern – Deutschland von morgen) zu produzieren. Diese 30 Tafeln sollten Besucher in New York über die Traditionen einer freien deutschen Kultur unterrichten und vergangenes und fortdauerndes Unrecht und Greueltaten in Nazideutschland dokumentieren.

based exiles needed to convey their pictorial history of the »other Germany«. Although the clarity of the pictorial record depends upon Breitenbach's invisibility, the documentation is among the most important of his accomplishments during his years of Paris exile.

As France's appeasement of Nazi Germany intensified and the German government took more initiative to represent Germany and matters German through their Paris Embassy, the Paris-based German cultural associations (Freier Künstlerbund, Schutzverband Deutscher Schriftsteller, and Freie Deutsche Hochschule) forged a united cultural front through the umbrella association, the Deutsche Kulturkartell. Having witnessed the impressive propaganda success the German government had achieved in 1937 in Paris through Albert Speer's German Pavilion, the Kartell supported this project the Künstlerbund had initiated in May 1938 in order to address American audiences soon to gather in New York City for the 1939 World's Fair. Thus, by the end of 1938, the exiled German and Austrian intellectuals and artists of the Kartell were intent on researching and producing a history of large picture-text panels (roughly one by two meters each) entitled »Germany of Yesterday – Germany of Tomorrow«. These 30 panels were to educate audiences in New York about traditions of free German culture and to document recent and ongoing injustices and atrocities inside Nazi Germany.

15 Künstler und 16 Journalisten und Historiker im Exil bildeten die Gruppe im Deutschen Kulturkartell, die sich aufmachte, dieser Version deutscher Geschichte Gestalt zu geben. [2] Von Heinz Lohmar und Alfred Hermann angeführt, die durch ihre Mitarbeit an der Ausstellung »Cinq Ans de Dictature Hitlérienne« erfahren waren in der Herstellung von Bildtafeln, stießen Mitglieder des Künstlerbunds zu diesem Kreis. Eugen Spiro (Vorsitzender des Künstlerbunds), Max Ernst, der Maler Bruno Krauskopf, die Grafikkünstler »Bert« (J. Justus) und Johannes Wüsten (beide gerade aus Prag eingetroffen), der Maler Francis Bott (auch »Frabo« genannt), der ehemalige Bauhäusler und Maler J. D. Kirschenbaum, Heinrich Sussmann, die Malerin und Karikaturistin Käthe Münzer-Neumann, der Karikaturist Fritz Wolf, der Bildhauer Peter Lipmann-Wulf, der kommunistische Grafikkünstler »Jean« oder Hanns Kralik, Henry Hague und Friedrich Haguen wirkten an der Erstellung der Tafeln mit. Für die Inhalte und die Dokumentation auf den Tafeln stand den Künstlern reichlich Unterstützung zur Seite. Eine Gruppe exilierter Gelehrter und Journalisten erklärte sich bereit, dafür zu sorgen, daß die Tafeln eine historisch glaubwürdige und rhetorisch verständliche Botschaft vermitteln. Dazu zählten die Publizisten Alfred Kantorowicz und Kurt Kersten, der Historiker Karl Obermann sowie Lothar Berth, Wolf Franck, Maximilian Scheer, der Dirigent eines jiddischen Musiktheaters Hermann Berlinski, Hans Altmann, der marxistische Volkswirtschaftler Johann-Lorenz Schmidt (das ist ein Pseudonym von László Radványi, dem Ehemann von Anna Seghers), der Kunstkritiker und Journalist Paul Westheim, Rudolf Feistmann, die Journalisten und Verleger Hans Steinitz und Carl Misch, der Arzt, Kommunist und Schriftsteller Friedrich Wolf und Recha Rothschild.

15 exiled artists and 16 journalists and historians were the contingent in the Deutsche Kulturkartell who set out to prepare this version of German history. [2] Under the direction of Heinz Lohmar and Alfred Hermann – seasoned fabricators of picture panels through their work on »Cinq Ans de Dictature Hitlérienne« – artists of the Künstlerbund joined in. Collaboration on the panels included Eugen Spiro (Künstlerbund Chairperson), Max Ernst, painter Bruno Krauskopf, graphic artists »Bert« (J. Justus) and Johannes Wüsten (both newly arrived from Prague), painter Francis Bott (a.k.a. »Frabo«), former Bauhausler and painter J. D. Kirschenbaum, Heinrich Sussmann, painter and caricaturist Käthe Münzer-Neumann (Kate Munzer-Neumann), caricaturist Fritz Wolf, sculptor Peter Lipmann-Wulf, communist graphic artist »Jean« or Hanns Kralik, Henry Hague and Friedrich Haguen. The artists had ample assistance with the content and documentation for their panels. A group of exiled scholars and journalists stepped forward to ensure the panels carried an historically credible and rhetorically comprehensible message. They included publicists Alfred Kantorowicz and Kurt Kersten, the historian Karl Obermann, as well as Lothar Berth, Wolf Franck, Maximilian Scheer, the director of an experimental Yiddish musical theater Hermann Berlinski, Hans Altmann, Marxist economist Johann-Lorenz Schmidt (a pseudonym of László Radványi, the husband of Anna Seghers), art critic and journalist Paul Westheim, Rudolf Feistmann, journalists and editors Hans Steinitz and Carl Misch, medical doctor, communist and writer Friedrich Wolf, and Recha Rothschild.

Exilautoren wie Lion Feuchtwanger, Joseph Roth sowie Thomas und Heinrich Mann nutzten in ihren historischen Romanen die Geschichte für gegenwärtige Ziele. In vergleichbarer Weise wurde Historie auf den Tafeln eingesetzt, um die Interessen der im Pariser Exil lebenden Deutschen zu fördern. Mit dem Titel »Germany of Yesterday – Germany of Tomorrow« verdichteten die Emigranten rhetorisch Deutschlands Vergangenheit und Zukunft zu einer Tagesroutine – ein sprachliches Bild, das in Titeln der Exilliteratur häufig verwendet wird, weil es auf das alltägliche Geduldsspiel der deutschen Exilierten Bezug nimmt, auf den *Wartesaal*, in dem sie lebten, in dem sie sich an ein besseres Deutschland erinnerten und sich eine bessere deutsche Zukunft jenseits der Naziherrschaft vorstellten. Mit der sprachlichen Verdichtung von Jahrzehnten und Jahrhunderten in die Rhetorik von Tagen wird außerdem die Dringlichkeit hervorgehoben, ein öffentliches Bewußtsein gegen Nazideutschland herzustellen.

Aber welche dringenden Interessen trieben die Exilierten in Paris dazu, im Winter 1938/39 eine deutsche Geschichte für New York zu schreiben? Ihre vordringlichsten Bemühungen galten der Sicherung ihrer Existenz, die immer bedenklicher wurde, da sich der Nationalismus im Frankreich nach der Volksfront mehr und mehr ausbreitete. Frankreich schüttelte seine Kriegsaversion nach zwei Jahrzehnten ab und bereitete sich vor, den 150. Geburtstag seiner nationalen Revolution zu begehen. Nach dem Münchner Abkommen verschärfte sich die französische Flüchtlings- und Asylgesetzgebung; es wurde schwieriger, Arbeitsgenehmigungen zu bekommen. Das alles waren Faktoren, die die Exilierten dazu veranlaßten, im Ausland auf sich aufmerksam zu machen und dort nach neuem Obdach zu suchen. Welche Aspekte dieser verzweifelten Situation wurden aber auf den

Just as history was utilized to serve present needs in the historical novels of exiles Lion Feuchtwanger, Joseph Roth, Thomas and Heinrich Mann, these panels too instrumentalized history in the service of the interests of these Paris-based exiled Germans. Their adoption of the title »Germany of Yesterday – Germany of Tomorrow« involved the rhetorical compression of Germany past and future to the routine passing of days, a trope common in exile titles, as it registered the quotidian waiting game German exiles played, or *Der Wartesaal* they inhabited, as they not only remembered a better Germany, but also projected a better German future beyond Nazi rule. This compression of decades and centuries to the rhetoric of days also heightened the urgency to raise public consciousness against Nazi Germany.

But what were the pressing interests besetting Paris-based exiles to produce a history of Germany for New York in winter 1938/39? Foremost was their effort to safeguard their increasingly precarious existence in a post-Popular Front, increasingly nationalistic France – a France shaking its two decade aversion to war as it prepared to commemorate the 150th anniversary of its national revolution. After the Munich accord, French refugee and asylum legislation was tightened, work permits made more difficult to obtain, all factors prompting exiles to search for new residences and audiences abroad. But what of this desperate situation came to be figured in the panels? This is a question necessary to keep in mind as we analyze the panels. To this end, it helps to ask to what extent the panels, beyond seeking to give Americans a better German history lesson, were apt to convince the American public of the shared interests of Americans and exiled

Les maquettes élaborées par le Cartel Culturel Allemand à Paris en vue d'une exposition de l'émigration allemande pendant l'Exposition Universelle de New York com-
prennent 33 tableaux.

La série des tableaux commence par un photomontage montrant l'aspect du paysage
allemand (I).

Le tableau suivant (II) illustre, par des statistiques, la structure de l'Allemagne en ce qui concerne ses richesses naturelles, celle des couches sociales de la
population allemande etc.

A la suite de ces tableaux d'introduction vient une série représentant la lutte
allemande pour la liberté, la démocratie et la dignité humaine.

Le tableau III dépeint l'époque du début du XVIème siècle, caractérisée par la
Guerre des paysans de 1525.

Le tableau IV traite les influences de la grande Révolution Française sur l'Allemagne et le travail préparatoire au siècle des lumières en vue de la lutte pour les
libertés démocratiques, lutte qui fut menée par le peuple allemand en 1848.

Ce mouvement de 1848 est représenté au tableau V.
Le tableau VI trace un aperçu du jeune mouvement ouvrier allemand qui commença
à prendre vigueur après 48 et qui mena une âpre lutte contre Metternich et Bismarck,
contre leurs projets impérialistes de domination mondiale, pour le progrès social et
pour l'abolition du système électoral de trois classes.

Le tableau VII nous mène à la Grande Guerre ou l'impérialisme de Guillaume II
s'est effondré, en soulignant les forces qui, pendant la guerre, ont travaillé dans le
peuple allemand pour la paix et la liberté.

La jeune République allemande de Weimar est bientôt minée par la réaction, par
la Reichswehr noire, par le gang fasciste. Des combattants pour la liberté, des ré-
publicains et des démocrates, Liebknecht, Rosa Luxemburg, Erzberger, Rathenau, des
centaines d'ouvriers et de bourgeois tombent sous les balles d'assassins fascistes:
c'est ce que montre le tableau VIII.

Cette série est terminée par le tableau de l'incendie du Reichstag (IX); après
cette provocation fasciste odieuse, le IIIème Reich organise une terreur sans précé-
dent. Mais malgré tout, la lutte du peuple allemand dans toutes ses couches, pour la
liberté et la démocratie, continue clandestinement.

Ce tableau clôt l'aperçu de la lutte allemande pour la liberté. Chaque tableau
est dominé par une peinture représentant un événement important de chaque époque; il
montre dans des gravures de l'époque, des photos, etc. les hommes et les femmes les plus
éminents ayant combattu et travaillé pour le progrès et la liberté; par des documents,
il donne une coupe de l'époque et de ses luttes.

- 2 -

Mais aussi à l'étranger, des Allemands ont pris une part importante à la lutte
pour la libération de l'humanité. Le tableau X est consacré à cette participation
d'hommes allemands démocratiques et libéraux à la lutte pour la liberté américaine.

La série suivante traite de la lutte barbare du IIIème Reich contre toutes les
idées libérales et progressives. Les tableaux XI et XII démontrent la persécution des
Juifs. Le tableau XIII, la lutte du néo-paganisme contre l'église. Dans une forme con-
densée, le tableau XIV donne une idée de l'étendue et des moyens de la terreur déchaî-
née contre le peuple allemand tout entier.

Les tableaux XV et XVI renseignent sur le développement des conditions sociales en
Allemagne et sur l'économie de guerre allemande.

Les deux tableaux suivants, XVII et XVIII, démontrent de quelle façon la politique
de guerre qui mène à la guerre a détruit par l'annexion de l'Autriche des valeurs irrem-
plaçables pour le monde.

Le niveau élevé de la culture allemande, du travail scientifique et artistique, a
fondé la bonne renommée de l'Allemagne dans le monde. Ce développement, aujourd'hui
brusquement arrêté en Allemagne, est démontré par une série de tableaux dont chacun
traite un sujet spécial:

Sciences (XIX); Education (XX et XXI); Théâtre classique et moderne (XXII, XXIII);
Films (XXIV); Musique (XXV). On a mis en opposition sur les tableaux suivants: l'autodafé des livres (XXVI) et la Littérature allemande libre (XXVII), l'art nazi et l'art
"dégénéré" (XXVIII).

Pour terminer, la lutte du peuple allemand pour la paix à l'intérieur et à l'ex-
térieur de la patrie est démontrée sur les tableaux XXIX et XXX. Le but de cette lutte
est de renverser Hitler. Le meilleur garant de la victoire sur Hitler est l'union de
toutes les forces oppositionnelles allemandes: le front populaire allemand. A ces
tableaux (XXXI et XXXII), succède un hommage impressionnant rendu aux combattants pour
la liberté allemande qui ont laissé leur vie sur l'échafaud.

A l'exécution des maquettes, réalisées d'après des idées de Heinz Lohmar et de
Alfred Hermann, ont participé une série de peintres, dessinateurs et sculpteurs alle-
mands émigrés, comme Prof. Eugen Spiro, Max Ernst, Bruno Krauskopf, Bert, Frabo, Ker-
schenbaum, Sussmann, Kaete Muenzer, Fritz Wolf, Lipmann-Wulf, Jean Kralik, Henry Hague,
Haguen, J. Wuesten et autres. Le matériel et les documents ont été fournis par MM. Carl
Misch, Lothar Berth, Wolf Franck, Maximilian Scheer, Hermann Berlinski, Hans Altmann,
Kurt Kersten, Johann Schmidt, Paul Westheim, Rudolf Feistmann, Hans Steinitz, Karl Obermann, Alfred Kantorowicz, Friedrich Wolf, Recha Rothschild, etc.

3/4 Beschreibungsblatt zur Ausstellung »Deutschland von gestern – Deutschland von morgen«
*Description sheet for the exhibition »Germany of Yesterday – Germany of Tomorrow«*

Tafeln dargestellt? Diese Frage müssen wir im Auge behalten, wenn wir die Tafeln analysieren. Dazu gehört die Überlegung, inwieweit die Tafeln nicht nur der amerikanischen Öffentlichkeit ein korrigiertes Bild deutscher Geschichte vermitteln sollten, sondern darüber hinaus geeignet waren, sie von gemeinsamen Interessen der Amerikaner und der emigrierten Deutschen zu überzeugen. Als die Exilierten ihr Vorhaben in Angriff nahmen, in New York auszustellen, ließ eine Untersuchung in der Zeitschrift *Fortune* erahnen, welch mühseliger Kampf vor ihnen lag: Die Umfragen vom Juli und November 1938 offenbarten einen überwältigenden Widerstand in der amerikanischen Öffentlichkeit gegen die Aufnahme von Flüchtlingen in die Vereinigten Staaten, selbst wenn nicht zu übersehen war, daß es sich bei diesen Flüchtlingen um die verfolgten Juden aus Mitteleuropa handelte.[3]

Germans? For at the time the exiles first decided to exhibit in New York, a *Fortune* magazine poll indicated the uphill battle before them. These polls of July and November 1938 reported U.S. public opinion to overwhelmingly oppose the admission of refugees to the United States, even when cognizant the refugees were the persecuted Jews of Central Europe.[3]

Den Anfang der visuellen Geschichtsschreibung bildete eine quadratische Tafel mit Photographien typischer deutscher Landschaften aus unterschiedlichen Gegenden, die man in Form einer schematischen Karte Deutschlands vor der Annexion Österreichs und des Sudetenlandes montiert hatte. Deutschland wird hier als ein Mosaik aus vielfältigen und unterschiedlichen Regionen dargestellt, das ganz und gar nicht dem einheitlichen Bild entspricht, das in der von der Naziregierung geförderten Landschaftsmalerei zum Ausdruck kommt. Indem die Tafel den Betrachter zu einer aktiven visuellen Auseinandersetzung mit den unterschiedlichen Landschaften anregt, unterwandert sie die Gewißheit, daß diese Regionen eine organische Einheit bilden. Da jedoch auch diese deutsche Geschichte mit Landschaftsbildern beginnt, lehnt sie sich an viele frühere Geschichtsschreibungen an, die Deutschlands Ursprünge in der Natur verankern.

Auf eine weitere, angrenzende Einführungstafel, die Statistiken über Bodenschätze, Industrie und Transportwege bot (»Germany and her Structure«), folgte eine Serie aus sieben Tafeln mit einer ausführlichen Chronologie von den Bauernkriegen des 16. Jahrhunderts bis zum gegenwärtigen Untergrundkampf des deutschen Volkes gegen Hitler. Die ersten drei Tafeln zeichnen die Traditionen der Aufklärung und des demokratischen Gedankenguts in Deutschland vom Humanisten Ulrich von Hutten und den Bauernkriegen über die französische Revolution bis zur Revolution von 1848 nach: »Ich hab's gewagt/I dare«, »In tirannos/Against Tyrants« und »Across Europe we break the way for liberty« (Durch ganz Europa bahnen wir der Freiheit den Weg). Für diese Episoden erhielten die Künstler professionelle Unterstützung von Alfred Kantorowicz, Karl Obermann und Kurt Kersten, die sich alle auf diese Phasen

The visual history commenced with a square panel of photographs of specific German regional landscapes montaged into the contour of a map of Germany prior to the annexation of Austria and occupation of the Sudetenlands. Here Germany is represented as the aggregate of multiple and distinctive regions, sharing none of the unity implied by the one-point perspectives so rigidly applied in many German landscape paintings supported by the Nazi government. The panel unsettles confidence about attributing organic cohesion to these landscapes, and encourages active visual analysis of the distinctive regional parts. Yet in beginning this history of Germany with landscape views, it joins many earlier German accounts of history that locate Germany's origins in nature.

After an adjoining introductory panel that offered statistics on natural resources, industry, and transportation (»Germany and her Structure«), followed a series of seven panels elaborating a chronology from the 16th century peasant wars up to the current underground struggle of the German people against Hitler. The first three panels traced traditions of Enlightenment and democratic thought in Germany from humanist Ulrich von Hutten and the peasant wars through the French Revolution up until the Revolution of 1848: »Ich hab's gewagt/I dare«, »In tirannos/Against tyrants«, and »Across Europe we break the way for liberty«. For these episodes, the artists had been well advised by Alfred Kantorowicz, Karl Obermann, and Kurt Kersten, who all specialized in these periods of German and European history. The history painting of flag-waving Germans joining the French revolutionaries is initialed by painter Eugen Spiro, while the profiles

der deutschen und europäischen Geistesgeschichte spezialisiert hatten. Das historische Bild eines fahnenschwenkenden Deutschen, der sich den französischen Revolutionären anschließt, trägt die Initialen des Malers Eugen Spiro, während die Profile von Schwerter führenden Revolutionären von dem Kupferstecher, Presseillustrator und Schriftsteller Johannes Wüsten stammen.

In weiterhin streng chronologischer Folge befassen sich die Tafeln von 1848 bis in die 30er Jahre des 20. Jahrhunderts mit »The Warmongery of the Kaiser and Bismarck« (Die Kriegshetzerei des Kaisers und Bismarcks), »1914–1918 German People's Fighting for Peace« (Der Kampf des deutschen Volkes für den Frieden), »The Republic of Weimar – undermined by fascist gangs« (Die Weimarer Republik – unterwandert von faschistischen Banden) und »The underground struggle of the German people for freedom« (Der Untergrundkampf des deutschen Volkes für die Freiheit). Wie die drei vorherigen Tafeln sind auch diese jeweils dreigeteilt: Illustrationen oder Faksimiles historischer Dokumente links, dann ein großer Mittelbereich mit dem Titel und Porträts historischer Schlüsselfiguren, und auf der rechten Seite ein Gemälde in Hochformat. Betrachten wir zum Beispiel die Tafel »The Republic of Weimar – undermined by fascist gangs«. Auf dem linken Flügel sieht man sieben Photos oder Illustrationen, die politische Aktivitäten der Faschisten zeigen. Auf dem rechten ist ein Gemälde von Francis Bott (»Frabo«) erkennbar, das einen bedeutenden demokratischen Abgeordneten zeigt, der in seiner Wohnung umgebracht wird, während hinter seinem Fenster der Reichstag brennt. Unter der Hauptüberschrift in der Mitte der Tafel sind in zwei Reihen die Porträts von neun namentlich genannten Politikern der Weimarer Republik angeordnet.

of sword-wielding revolutionaries of 1848 is by the engraver, press illustrator and writer, Johannes Wüsten.

The panels' adherance to a strict chronological sequence continued from 1848 up to the 1930s with the panels »The warmongery of the Kaiser and Bismarck«, »1914–1918 German People's Fighting for Peace«, »The Republic of Weimar – undermined by fascist gangs«, and »The underground struggle of the German people for freedom«. As with the three previous panels, these panels share a tripartite format, with illustrations or facsimiles of historical documents on the left, a large central zone with the title and portraits of key historical personalities, and a vertically formatted painting at right. Consider, for example, »The Republic of Weimar undermined by fascist gangs«. The left wing contains seven photographs or other illustrations of political activities by the fascists, while the right wing is a painting by Francis Bott (»Frabo«) of a democratic leader murdered in his apartment as the Reichstag burns beyond his window. Under the main rubric in the center panel, portraits of nine named politicians of the Weimar Republic are arrayed in two rows.

**5** Montierte Tafel mit
Photographien deutscher
Landschaften
*Montage panel with*
*landscape photographs*
*of Germany*
Deutschland und seine
Struktur
*Germany and Her Structure*

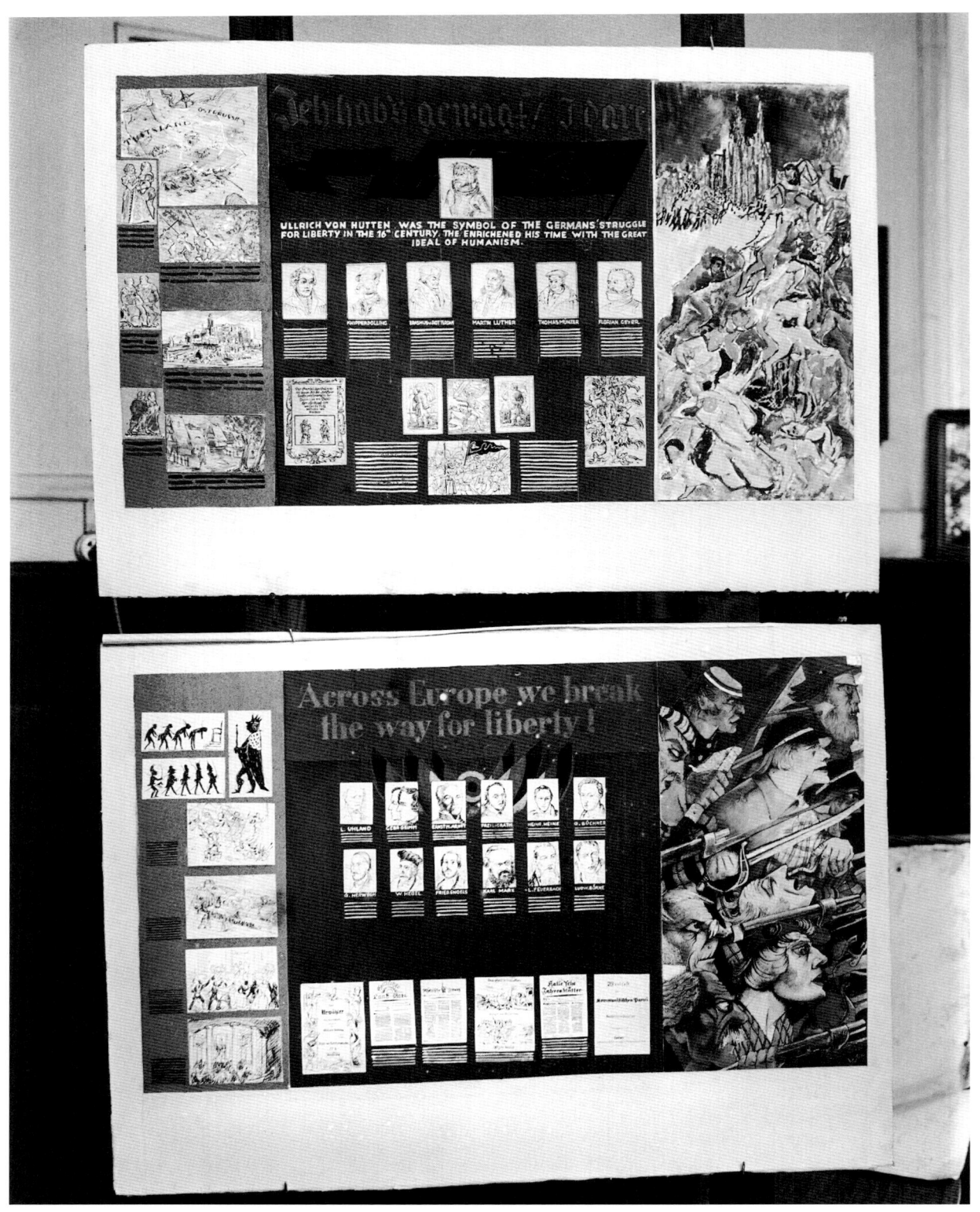

6 Ich hab's gewagt/I dare
Durch ganz Europa bahnen
wir der Freiheit den Weg
*Across Europe we break the*
*way for liberty*

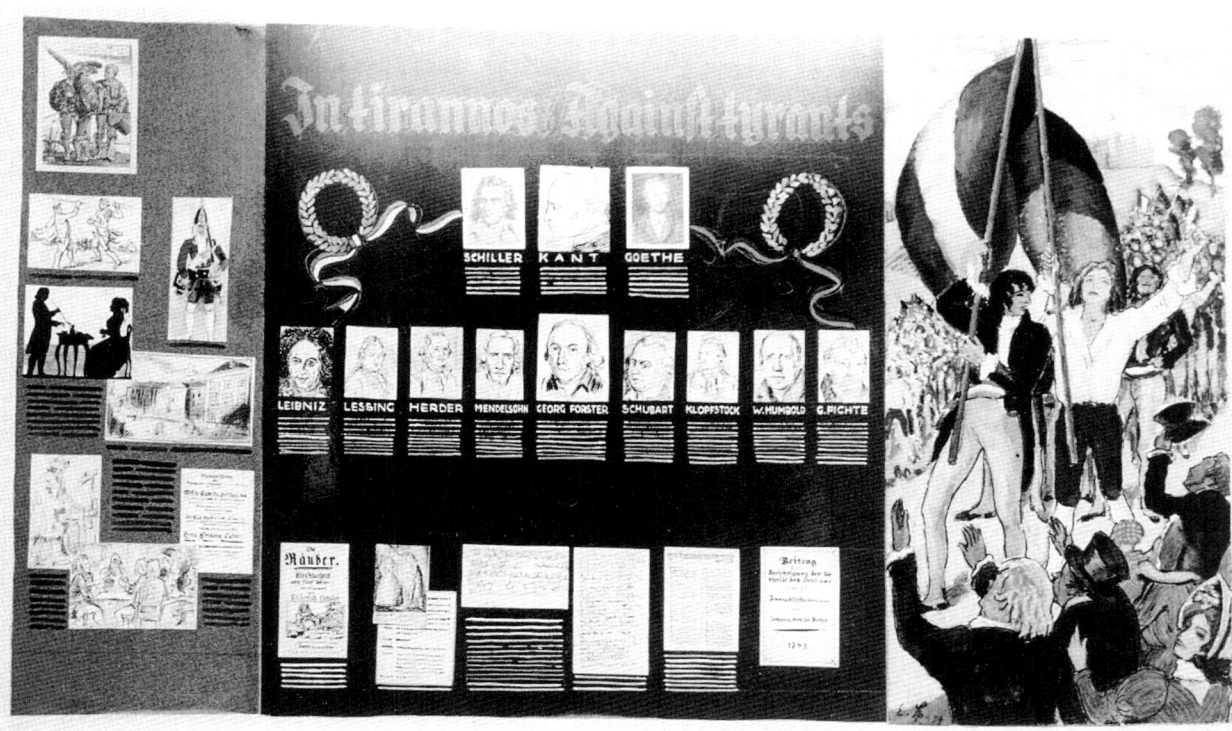

**7** In tirannos/Gegen
Tyrannen
*In tirannos/Against tyrants*

Dieser siebenteiligen Geschichte von der Reformation bis zum Dritten Reich folgten vier Tafeln, auf denen die Versuche Nazideutschlands thematisiert wurden, die Bestrebungen hin zur Demokratie niederzuschlagen. Der Visualisierung jener Umkehr von Aufklärung und Demokratie unter Hitler stand eine einzelne Tafel in einem etwas anderen Format voran. Sie war auf das amerikanische Publikum zugeschnitten und hieß: »Mutual Assistance between America and Germany« (Gegenseitige Unterstützung zwischen Amerika und Deutschland). Auf ihr wird eine Episode aus dem amerikanischen Bürgerkrieg dargestellt: *German Volunteers attack St. Louis* (Deutsche Freiwillige greifen St. Louis an). Der Künstler der großen zentralen Zeichnung, die auf der linken Seite die amerikanische Flagge zeigt und auf der rechten, wo man die deutsche Flagge erwartete, einen leeren Fleck, war Johannes Wüsten. Indem gemeinsame Interessen

This seven part history from Reformation to Third Reich was superseded by four panels that featured Nazi Germany's effort to stamp out these strivings toward democracy. But prior to that visualization of the reversal of Enlightenment and democracy under Hitler, a single panel with a slightly different format was inserted that plainly anticipated the American audience. This was »Mutual Assistance between America and Germany« featuring an episode from the American Civil War *German Volunteers attack St. Louis*. With an American flag left, and a spot awaiting some German flag at right, the large central drawing is again easily recognized as the work of Johannes Wusten. By fusing German and American interests in a past war, the panel amounts to an appeal for renewed solidarity between the United States and exiled Germans. The historical account from which this and several of the earlier scenes of 18th and 19th century history appears to derive was Kurt Kersten's recently completed

8 1914–1918 Der Kampf
des deutschen Volkes für
den Frieden
*1914–1918 German People's
Fighting for Peace*

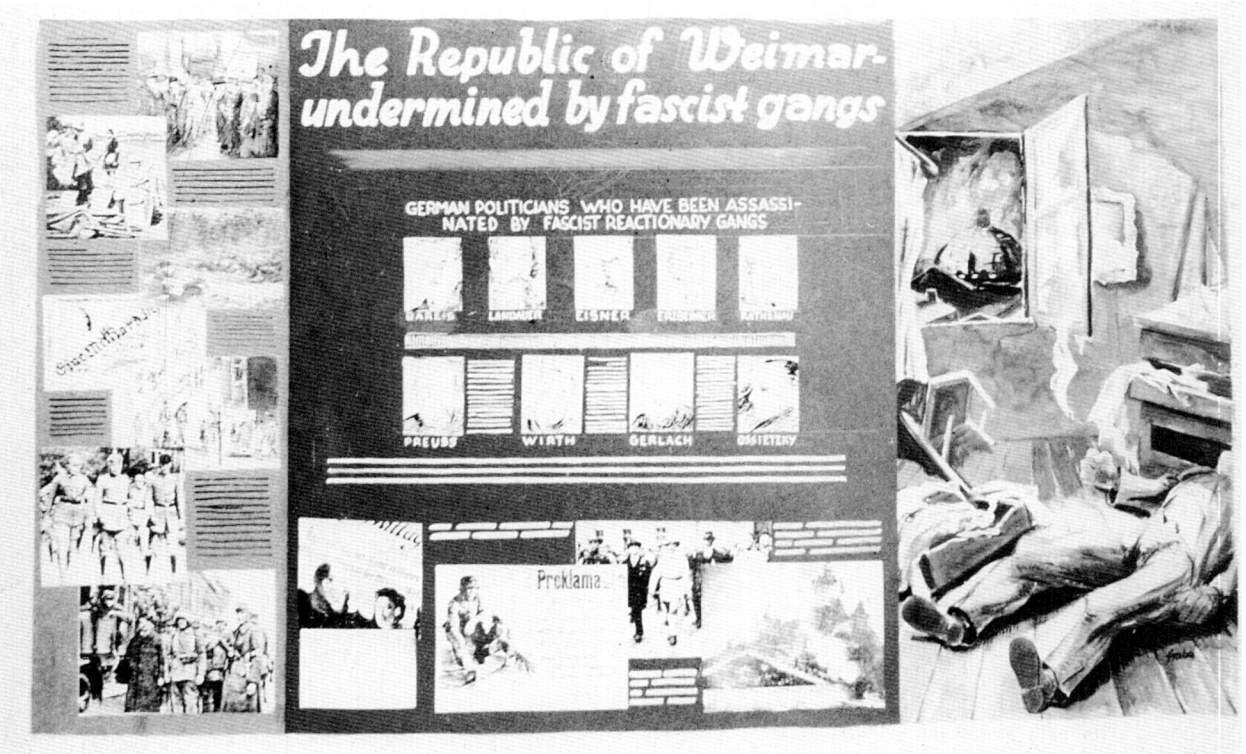

9 Die Weimarer Republik –
unterwandert von faschistischen Banden
*The Republic of Weimar –
undermined by fascist gangs*

**10** Die Kriegshetzerei des
Kaisers und Bismarcks
*The warmongery of the*
*Kaiser and Bismarck*
Terror … 428 000 Verdammte
*Terror … 428,000 condemned*

von Deutschen und Amerikanern in einem vergangenen Krieg herausgestellt wurden, appellierte die Tafel für die Erneuerung der Solidarität zwischen den Vereinigten Staaten und Deutschen im Exil. Den historischen Hintergrund dieser und einiger früherer Szenen aus der Geschichte des 18. und 19. Jahrhunderts lieferte vermutlich Kurt Kerstens kürzlich vollendetes Buch *Unter Freiheitsfahnen: Deutsche Freiwillige in der Geschichte*. [4] Der exilierte Publizist und Historiker hatte die Schlacht um St. Louis in einem Kapitel über deutsche Freiwillige beschrieben, die mit der Union gegen die Sklaverei gekämpft hatten. Wie die erste Landschaftstafel, die dem Betrachter das Schauspiel einer potentiell ahistorischen Natur vor Augen führte, und die zweite über Deutschlands Bodenschätze und industrielle Struktur, brach auch »Mutual Assistance« mit dem ansonsten chronologischen Aufbau der Serie. Durch die Aufwertung des gemeinsamen Strebens von progressiven Amerikanern und entterritorialisierten Deutschen nach humaner Emanzipation wies die Episode über die Geschichte des 19. Jahrhunderts hinaus und wurde relevant für die Gegenwart. Es war nicht zu übersehen, daß die deutschen Exilierten die Solidarität der demokratisch gesinnten Amerikaner suchten; indem sie ihnen zuriefen »Wir sind auf eurer Seite!« schienen sie die nationalen Differenzen von 1939 überwinden zu wollen.

Die nächsten vier Tafeln stellten den barbarischen Kampf des Dritten Reiches gegen alle liberalen und fortschrittlichen Ideen dar. Sie trugen die Überschriften: »German Racism = Warmongery« (Deutscher Rassismus = Kriegshetzerei), »The Nazi State exterminates the Jews« (Der Nazistaat vernichtet die Juden), »For the liberty of faith« (Für Glaubensfreiheit) und »Terror ... 428,000 condemned« (Terror ... 428 000 Verdammte). Denkt man daran, was eine solch frühe

book *Unter Freiheitsfahnen: Deutsche Freiwillige in der Geschichte*. [4] This exiled publicist and historian had described the battle for St. Louis in a chapter on German volunteers who fought with the Union against slavery. Like the first landscape panel that positioned viewers before the spectacle of nature's potential ahistoricity, and the second that characterized Germany's natural resources and industrial structure, the »Mutual Assistance« panel also broke from the series' otherwise chronological unfolding. By valorizing cooperation between progressive Americans and deterritorialized Germans committed to human emancipation, the episode exceeded 19th century history to assume relevance for the present. The solidarity German exiles sought from contemporary Americans committed to democracy could not be missed, as if the exiles were wishing away the national differences of 1939 by declaring to Americans »We're on your side!«

The next four panels pictured the barbaric fight of the Third Reich against all ideas liberal and progressive. They included: »German Racism = Warmongery«, »The Nazi State exterminates the Jews«, »For the liberty of faith« and »Terror ... 428.000 condemned«. Given the early and vivid warning »The Nazi State exterminates the Jews« would have provided had the panels been exhibited in New York, it merits sustained attention. Beneath a large, bold-faced header, the panel is divided into three sections.

11 Österreichische Kultur
wird leben
*Austrian culture will life (sic!)*
Gegenseitige Unterstützung
zwischen Amerika und
Deutschland
*Mutual Assistance between
America and Germany*

12 Der Nazistaat vernichtet
die Juden
*The Nazi State exterminats
the Jews*

13 Deutscher Rassismus =
Kriegshetzerei
*German Racism =
Warmongery*

**14** Der Untergrundkampf des deutschen Volkes für die Freiheit!
*The underground struggle of the German people for freedom!*

und aufrüttelnde Warnung bei einer Ausstellung in New York ausgelöst hätte, dann lohnt sich eine ausführlichere Betrachtung der Tafel »The Nazi State exterminates the Jews«. Unter der großen, fettgedruckten Überschrift ist die Tafel in drei Sektionen unterteilt. Links, auf ein dunkles Rechteck montiert, sieht man eine gemalte Straßenszene, in der Nazis einen Juden auf den Stufen einer brennenden Synagoge angreifen. Am linken Bildrand rekrutieren SA-Männer deutsche Arbeiter, die wie entmenschlichte Maschinenteile in einer Reihe stehen. Rechts von ihnen stürmt ein fahnenschwenkender SA-Mann die Stufen zum Eingangsportal der Synagoge hinauf, um einen Juden zu stellen, der mit den Thora-Rollen zu fliehen versucht. Es handelt sich hier natürlich um eine Darstellung der jüngsten Pogrome der »Reichskristallnacht«, die sich in der Nacht des 9. November 1938 ereignet hatten, als die Nazis Synagogen, Friedhöfe und

On the left, mounted upon a dark rectangle, a painted street scene depicts Nazis attacking a Jew on the steps of a burning synagogue. SA men at left recruit German workers lined up like dehumanized machine parts. To their right, a flag-waving storm trooper rushes the stairs to a synagogue's entrance portal to confront a Jew clutching the Torah scrolls fleeing the premises. This is, of course, a depiction of the recent »Reichskristallnacht« pogroms that transpired on the night of November 9, 1938, when the Nazis desecrated synagogues, cemeteries, and other Jewish establishments throughout Germany. Above this inset painting are listed names of major German intellectuals: T. Mann, G. Fichte, F. Nietzsche, Mommsen, J. W. Goethe, and A. Bebel. Save the uppermost name of Thomas Mann, all are followed by text indication lines only. The statement by Mann (then in exile in the United States) reads: »Only two races exist: the civilized and the barbarians«[5] –

andere jüdische Einrichtungen in ganz Deutschland schändeten. Über diesem Gemälde sind die Namen bedeutender deutscher Intellektueller aufgelistet: T. Mann, G. Fichte, F. Nietzsche, Mommsen, J. W. Goethe und A. Bebel. Abgesehen von dem obersten Namen, Thomas Mann, sind unter den weiteren Namen zugehörige Texte nur durch Linien angedeutet. Die Aussage von Thomas Mann (der zu der Zeit in Amerika im Exil lebte) lautet wie folgt: »Only two races exist: the civilized and the barbarians« (Es gibt nur zwei Rassen: die Zivilisierten und die Barbaren)[5] – ein weiterer Appell, die Reihen zwischen dem freiheitsliebenden amerikanischen Publikum, den Emigranten und den Juden gegen die Nazis zu schließen.

Fast in der Mitte der Gesamtkomposition befindet sich, als ob er die tumultartige Straßenszene im Auge behalten würde, eine große, ausgeschnittene Photoreproduktion von Julius Streicher. Der fränkische Gauleiter und Herausgeber der fanatisch antisemitischen NSDAP-Zeitung *Der Stürmer* steht gelassen da. Sein wohlbeleibter Körper überspannt vergrößerte Faksimiles der Nürnberger Gesetze, insbesondere das *Reichsgesetzblatt* mit dem »Reichsbürgergesetz« vom 15. September 1935, in dem die Blutreinheitsvorschriften für die deutsche Staatsbürgerschaft festgeschrieben worden waren. Weiter rechts sind zwei Photographien nebeneinandergestellt. Die linke trägt den Untertitel »Fake Science of the Nazis« (Scheinwissenschaft der Nazis) und zeigt einen älteren Mann, dessen Nase mit einer Schieblehre ausgemessen wird. Auf dem Photo daneben passiert dasselbe mit dem Schädel eines Schimpansen. Solche didaktisch gekoppelten Photos gehörten zum Rüstzeug des *Stürmer* und nahmen eine zentrale Stellung in den Nazikampagnen ein, mit denen die Juden als eine biologisch und physisch minderwertige Rasse konstruiert wurden. Unter dieser schändlichen physiognomischen

another appeal to close ranks between freedom-loving American audiences, exiles, and Jews against the Nazis.

Near the center of the composition, as if overseeing the tumultuous street scene, is a large cut-out photograph of the Gauleiter of Franconia and publisher of the rabidly anti-semitic NSDAP newspaper *Der Stürmer*, Julius Streicher, standing at ease. His portly body overlaps enlarged facsimiles of the Nuremberg Laws, specifically the *Reichsgesetzblatt* that included the »Reichsbürgergesetz« of September 15, 1935, establishing blood purity requirements for German citizenship. Further right, two photographs are juxtaposed. The left is undertitled »Fake Science of the Nazis« and depicts an elderly man having his nose measured with calipers. The adjacent photograph shows similar calipers measuring the head of a chimpanzee. Such didactic pairing of photographs was the stock and trade of *Der Stürmer*, and central to the Nazi campaigns to construe Jews as a biologically and physically inferior race. Beneath this nefarious physiognomic juxtaposition is a row of bogus chromosome charts. But just as Nazi propaganda (m)aligns the physiognomy of the Jew with the chimp, the exiles' panel undermines their anti-semitic claim by representing arch anti-semite Julius Streicher's head as extremely similar to that of the elderly Jew

**15** Für Glaubensfreiheit
*For the liberty of faith*

**16** Die Entwicklung der sozialen Bedingungen in Deutschland von Bismarcks Aufschwung zu Hitlers Fußtritt
*The development of social conditions in Germany from Bismark's boot up to Hitler's boot*

Gegenüberstellung befindet sich eine Reihe von gefälschten Chromosomentabellen. Aber während in der Nazipropaganda Beziehungen zwischen der Physiognomie eines Juden und der des Schimpansen hergestellt werden, steuert die Tafel der Exilierten der antisemitischen Hetze entgegen, indem sie ihrerseits die auffallende Ähnlichkeit des Kopfes des Erzantisemiten Julius Streicher mit dem Kopf des ältlichen Juden, dessen Nase ausgemessen wird, hervorhebt. Indem sie photographische Dokumente der Nazis selbst ausstellte, griff die Tafel die angeblich wissenschaftliche Basis der nationalsozialistischen Rassenpolitik direkt an.

Die übrigen drei Tafeln dieser düstersten Abteilung richteten sich gegen den deutschen Rassismus als Kriegshetzerei, die Verfolgung der Kirchen und die Inhaftierung von 428000 politischen Gegnern. In einem besonders einfallsreichen Bild sollte den Amerikanern das Ausmaß der Verfolgung in Mittel-

having his nose measured. By using the Nazi's own photographic documentation, the panel directly challenged the supposed scientific bases of Nazi racial policies.

The other three panels in this grimmest of sections addressed »German Racism = Warmongery«, the persecution of the churches, and the imprisonment of 428,000 political opponents. In one particularly inventive trope, the otherness of political imprisonment in central Europe was rendered familiar to

europa als Menschenkette veranschaulicht werden, die, gebildet aus den politischen Gefangenen, von New York City nach Washington, D. C. reichen würde. Mit der Verbindung New York-Washington wird die Idee kultureller Kommunikation und menschlichen Transfers zwischen zwei Weltmetropolen aktiviert, den die Exilierten zwischen Paris und New York zu etablieren hofften.

Einer Tafel über die Entwicklung der sozialen Bedingungen von Bismarck bis Hitler und einer anderen über die gegenwärtige Kriegswirtschaft der Nazis folgten zwei Tafeln, die sich mit den kulturellen Traditionen eines freien Österreich befaßten: »Austrian culture will life« [sic.] (Die österreichische Kultur wird leben) und »Austria eternal« (Ewiges Österreich). Nach dem Anschluß hatten sich österreichische Emigranten in Paris und London im Free Austrian Movement (Bewegung Freies Österreich) organisiert. Außerdem hatten sich österreichische Künstler unter der Führung des Malers Victor Tischler dem Künstlerbund angeschlossen.

Die nächste Gruppe mit zehn Tafeln bildete die umfangreichste Abteilung der Serie. Sie thematisierte Traditionen und gegenwärtige Praktiken der deutschen Kultur und der Künste. Wissenschaft, Bildung, Theater, Film und Musik wurden jeweils eigene Tafeln gewidmet, gefolgt von Gegenüberstellungen der Bücherverbrennung mit »Literatur der Freiheit« und der »reinrassigen« Kunst der Nazis mit der, die sie für »entartet« hielten.

An den Tafeln über Film und Kunst ist besonders die Art und Weise interessant, wie sie mit den Gegensätzen zwischen der von der deutschen Regierung verbotenen und der akzeptierten Bildkultur spielen. »Films: ›Verboten‹/Allowed« kontrastiert Szenenphotos aus Nazi-Propagandafilmen mit denen berühmter Hollywoodschauspieler und -schauspielerinnen. Im zentralen Bereich der

Americans by enumerating the number of prisoners as the length of a human chain from New York City to Washington, D. C. Pointing to this New York-Washington link animated the notion of cultural communication and human transfer between major world capitals, keeping vivid the type of intermetropolitan transit Paris exiles hoped to make to New York.

Following a panel on social conditions from Bismarck to Hitler and another on the present Nazi war economy, two panels emphasized free Austrian cultural traditions: »Austrian culture will life« (sic!) and »Austria eternal«. After the Anschluß, Austrian exiles had organized in Paris and London as the Free Austrian Movement. Austrian artists led by painter Victor Tischler had also been admitted into the Künstlerbund.

The next group of ten panels constituted the series' largest section. It featured traditions and current practices of German culture and the arts. Science, Education, Theater, Film, and Music were each given panels, followed by the pairing of the book burnings with free German literature, and »Pure Race Art« of the Nazis with the art the Nazis deemed »degenerate«.

The panels on film and art are particularly interesting due to the ways they play upon the binary opposition between the visual culture accepted and forbidden by the German government. »Films: ›Verboten‹/Allowed« contrasts film strips containing frames of Nazi propaganda reels with frames of famous Hollywood film actors and actresses. Front and center Charlie Chaplin and Disney's Snow White and the

Tafel bekommen Charlie Chaplin und Disneys Schneewittchen und die sieben Zwerge den Stiefeltritt eines bewaffneten deutschen Offiziers ab – ihren Abgang beschleunigt eine gefährliche Schlange, die sich von einer Kamera abspult.

»›Pure Race‹ Art/›Degenerate‹ Art« bedient sich einer ähnlichen Kontrastierung, einer binären Anordnung, die bereits in der Ausstellung »Freie Deutsche Kunst« erprobt wurde. Zur Linken flankieren zwei weibliche Akte einen Tierschädel mit heraldischem Geweih. Über dem Schädel strahlt von einem Hakenkreuz in einer hirnförmigen Wolke Licht aus. Darüber – über dem Geweih schwebend – sieht man eine Reproduktion, die bereits in der »Freien Deutschen Kunst« ausgestellt war: *Der Bannerträger* von Hubert Lanzinger. Rechts sind, als beispielhaft für die von den Nazis als »entartet« verfemte Kunst, sieben Reproduktionen unter anderem von Werken Wilhelm Lehmbrucks, Oskar Kokoschkas, Ernst Barlachs und Franz Marcs angeordnet. In der Mitte der Tafel befinden sich weitere Texte und Rechtsstatuten zu den Themen »Kunstdiebstahl« und »Konfiszierung von entarteter Kunst«. Eigenartig ist hier, daß auf eine Metaphorik aus der Welt der Paarhufer zurückgegriffen wurde, um beide Kulturen darzustellen, die gute und die schlechte: Marcs einfühlsames Bild des schlafenden Ochsen gegenüber dem verknöcherten Schädel assoziiert, daß die deutsche Kultur unter dem Nazismus tot ist, während Deutschlands lebende moderne Kultur lediglich schläft.

Die letzten Tafeln stellen eingehend jüngste Aktivitäten des antifaschistischen Widerstands dar. Eine Doppeltafel trägt die Titel »The German People's Fight for World's Peace/At Home/Abroad« (Der Kampf des deutschen Volkes im In- und Ausland für den Weltfrieden). »German Popular Front Programme/Germany – As It Shall

Seven Dwarfs receive the boot by an armed German officer – an exit hastened by a menacing snake spooling off the top of a camera.

»›Pure Race‹ Art/›Degenerate‹ Art« deploys a similar opposition, a binary staging already rehearsed in the installation of »Freie Deutsche Kunst«. At left, two female nudes flank and introduce an animal skull sporting heraldic antlers. Atop the skull, light radiates from a swastika within a brain-like form. Above this – hovering above the antlers – is a reproduction already exhibited at »Freie Deutsche Kunst«: Hubert Lanzinger's *Der Bannerträger* (The Standard Bearer). At right, seven reproductions, among them works by Wilhelm Lehmbruck, Oskar Kokoschka, Ernst Barlach, and Franz Marc, exemplify the art declared »degenerate« by the Nazis. In the middle of the panel, more texts and legal statutes on »Theft of works of art« and »The confiscation of productions of degenerate art« are included. Curious here is the dependence on bovine imagery to represent culture both good and bad: Marc's empathetic portrayal of a sleeping ox opposite an ossified skull suggests German culture under Nazism is dead while Germany's living modern culture merely sleeps.

The last panels detail recent activities of the anti-Nazi opposition. Included were a double panel »The German People's Fight for World's Peace At Home and Abroad«. The final panel ended this history of modern Germany with the »German Popular Front Programme/Germany As It Shall Be Tomorrow«. Whether we attribute this positioning of exile politics

**18** Filme: »Verboten«/Erlaubt
*Films: »Verboten«/Allowed*

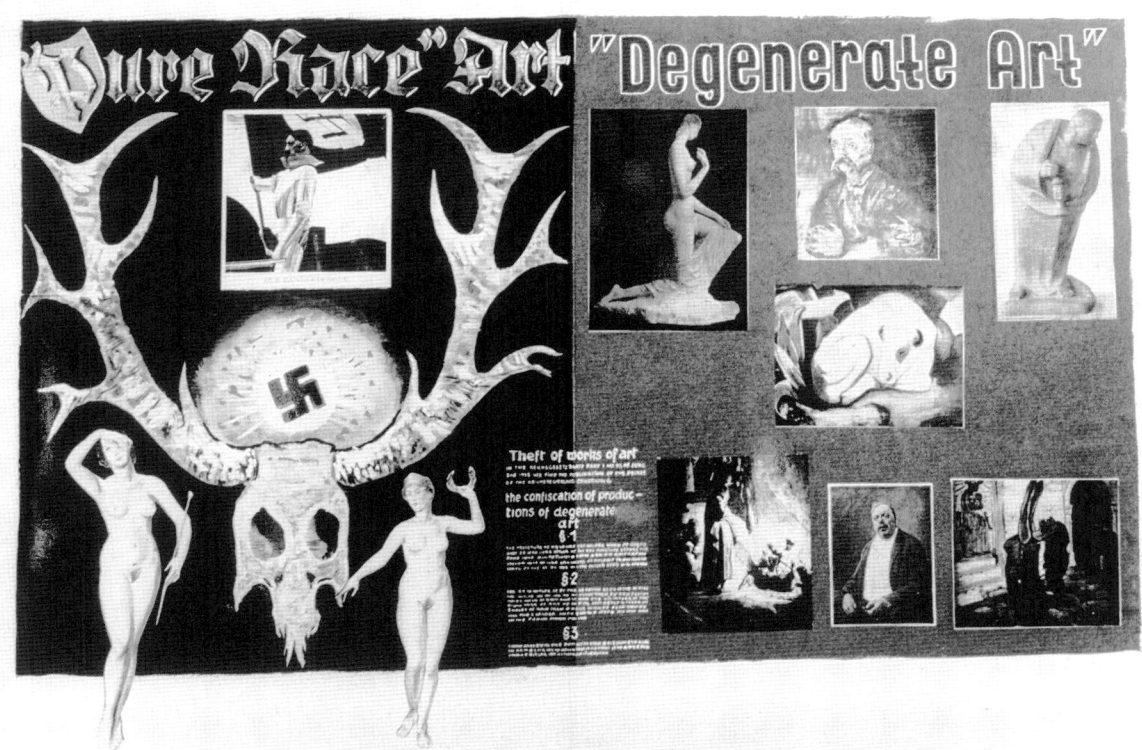

**19** »Reinrassige« Kunst/
»Entartete« Kunst
*»Pure Race« Art/»Degenerate
Art«*

**20** Klassisches Deutsches Theater
*Classic German Theater*
Modernes Deutsches Theater
*Modern German Theater*

21 Literatur der Freiheit
*Literature of Freedom*
Autodafé

22 Berühmte Musik, die
die Deutschen nicht hören
dürfen
*Noted music which Germans
are not allowed to hear*

23 Freie Wissenschaft
*Free Science*

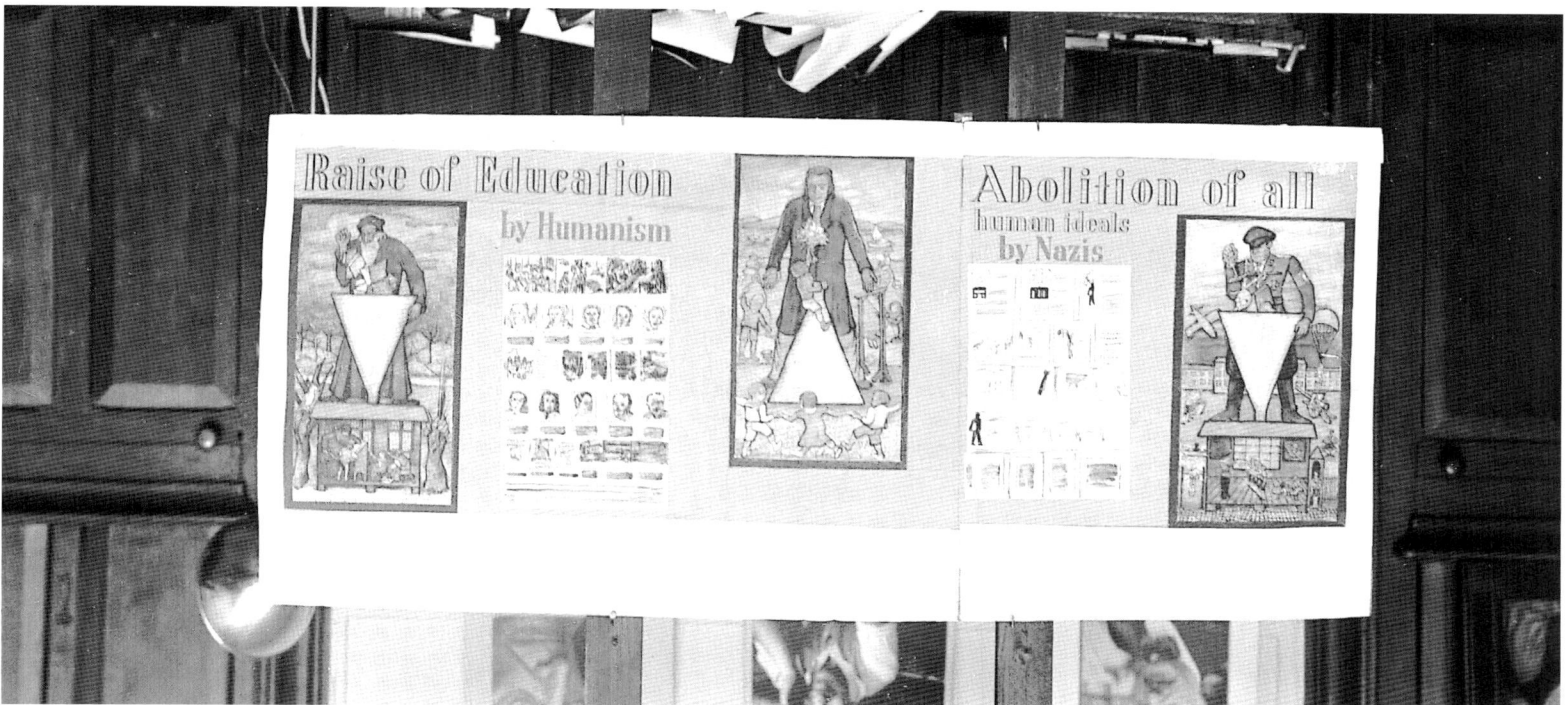

**24** Aufschwung der Bildung durch Humanismus/ Aufhebung aller menschlichen Ideale durch die Nazis *Raise of Education by Humanism (sic!)/Abolition of all human ideals by Nazis*

Be Tomorrow« (Das Programm der Deutschen Volksfront/Deutschland, wie es morgen sein wird) lautet die Überschrift der letzten Tafel dieser Geschichte des modernen Deutschlands. Die Exilpolitik als Schlußstrich unter die westeuropäische Zivilisation und Geschichte zu setzen, mag man kurzsichtig oder überheblich finden; in jedem Fall spiegelt diese Tafel den eingeschränkten Blickwinkel der Ausländer in Frankreich am Vorabend des Zweiten Weltkrieges wider.

Um die Unstimmigkeiten über die tatsächliche Anzahl der Tafeln aufzulösen (30 auf Breitenbachs Negativen oder 33, wie das Beschreibungsblatt behauptet), muß man beachten, daß gegen Ende der Serie einer einzelnen Tafel zwei Themen zugeordnet wurden. Sehr wahrscheinlich wurden diese Tafeln erstellt, nachdem die Emigranten erfahren hatten, daß die Ausstellung nicht stattfinden würde. Damit wäre auch erklärt, warum Breitenbach mit seiner Kamera vier Tafeln weniger als die

at the endpoint of Western European civilization and history to myopia or arrogant self-certainty, this panel reflects the narrowed viewpoint on the eve of World War II for foreigners in France.

To account for the discrepancy concerning the number of panels actually created (the 30 in Breitenbach's negatives, or the 33 claimed on the description sheet), it is important to note the doubling of themes onto single panels toward the end of the series. It is likely that these double panels were fabricated after the exiles had learned of the exhibition's demise. This would also account for why there were four panels less recorded by Breitenbach's camera than the 33 claimed on the description sheet. There, on the other

33 dokumentiert hat, die auf dem Beschreibungsblatt aufgeführt sind. Dort wiederum bleibt die von
Breitenbach aufgenommene Tafel mit dem Titel
»Free Youth« (Freie Jugend) unerwähnt, auf der
Photos von deutschen Jugendgruppen außerhalb
Deutschlands unter ihren Fahnen sowie Jugend-
schriften zu sehen sind. Die Tafel sollte vielleicht
in die letzte Abteilung aufgenommen werden, um
Deutschlands Zukunft in der kommenden Generation zu unterstreichen; ebensogut könnte sie aber
auch für die größere, vorherige Abteilung über die
freie deutsche Kultur und die Künste eingeplant
gewesen sein.

Alles in allem zeugen diese Tafeln von einer
ambitionierten Zusammenarbeit zwischen emigrierten Künstlern, Historikern und Journalisten.
Man könnte diese Gemeinschaftsleistung sogar mit
Fug und Recht als krönendes Werk der deutschen
visuellen Kultur im Exil bezeichnen. Insgesamt
hätte die Ausstellung eine Fläche von sechzig
Quadratmetern eingenommen; selten ist deutsche
Geschichte vor dem Zeitalter des Fernsehens so
anschaulich dargestellt worden wie auf jenen
Tafeln. Aber warum wurden sie 1939 nicht in New
York gezeigt? Um diese Frage beantworten zu
können, muß man die Abschnitte der Planung
sorgsam betrachten, die im Frühjahr 1938 begann.

Bereits im Mai 1938 wurden von dem Komponisten Samuel Barlow und seiner Frau Ernesta
Barlow – beide waren Gründungsmitglieder der
American Guild for German Cultural Freedom –
zusammen mit Dr. Frank Kingdon, dem Präsidenten der Newark University,[6] in New York Pläne
für eine Ausstellung deutscher Kultur auf der
Weltausstellung angeregt. Am 14. Juni schrieben
sie zusammen mit Alvin Johnson von der New
School for Social Research und anderen Mitgliedern der American Guild an den amerikanischen
Staatssekretär Cordell Hull, nachdem sie erfahren

hand, the panel »Free Youth«, which Breitenbach did
photograph, is not mentioned. It shows photographs
of groups of German youth groups outside Germany
beneath their flags and their youth publications. This
panel may have been conceived as part of this final
section to underscore the future of Germany in the
next generation, but just as likely it was to appear in
the large earlier section on free German culture and
the arts.

Considered together, these panels amount to
ambitious, collaborative work between exiled artists,
historians, and journalists. One could even reasonably
call this project the crowning achievement of exiled
German visual culture. German history before the age
of television was rarely so graphically presented as in
this sequence of panels designed to fill some 60 square
meters. But why weren't they exhibited in New York
in 1939? In order to answer this question it is necessary
to carefully review the steps in the planning that began
in spring 1938.

As early as May 1938 plans for an exhibition of
German culture at the World's Fair had been initiated
in New York by composer Samuel Barlow and his
wife Ernesta Barlow – founding members of the
American Guild for German Cultural Freedom –,
together with Dr. Frank Kingdon, President of
Newark University.[6] By June 14 these individuals,
together with Alvin Johnson of the New School for
Social Research and other members of the American
Guild, upon learning that the German government
planned not to participate in the fair, wrote to U.S.
Secretary of State Cordell Hull, advocating for an

hatten, daß die deutsche Regierung nicht vorhatte, an der Weltausstellung teilzunehmen. Die Absender setzten sich ein für eine Ausstellung der »(...) kreativen Bemühungen von Deutschlands begabtesten Künstlern und Wissenschaftlern (...) die nicht mehr in Deutschland leben (...)«. Hull ermutigte sie, ihr Vorhaben bei den Verantwortlichen für die Weltausstellung weiterzuverfolgen, so lange ihre Unternehmungen rein privater Natur blieben und sie nicht vorgäben, eine ausländische Nation zu repräsentieren.[7]

Die Kommunikation zwischen den in New York und den in Paris ansässigen Exilierten war Anfang Juli 1938 von Prinz Hubertus zu Löwenstein, Begründer der American Guild, und Hans Siemsen, Präsident des in Paris ansässigen Bundes Neues Deutschland, in Gang gesetzt worden. Zu diesem Zeitpunkt stellte man sich eine New Yorker Ausstellung mit dem Titel »Germany in Exile« (Deutschland im Exil) vor.[8] Zusammen mit dem Künstlerbund und dem Schutzverband deutscher Schriftsteller (SDS) hatte der Bund Neues Deutschland das Deutsche Kulturkartell ins Leben gerufen. Innerhalb weniger Wochen hatte der Maler und Vorsitzende des Künstlerbundes, Eugen Spiro, die Korrespondenz mit den Einzelpersonen in New York übernommen. Er stand im direkten Kontakt mit dem Leiter der Abteilung Auslandsteilnahme an der Weltausstellung, außerdem mit Paul Tillich, Alvin Johnson und anderen, die der Volksfrontgruppe deutscher Emigranten in den USA nahestanden.[9] Dann aber, im September 1938, distanzierten sich Siemsen und der BND von dem geplanten Projekt und vom Kulturkartell selber; sie fürchteten, daß durch die Öffentlichkeitsarbeit von Künstlerbund und SDS amerikanische Unterstützer verprellt würden, da diese Gruppen, in Siemsens Worten, »im Geruch des Kommunismus«[10] stünden.

exhibition of the »(...) creative efforts of Germany's most gifted artists and scientists (...) no longer resident in Germany (...)«. Hull encouraged them to pursue their effort with the fair authorities as long as the effort was entirely private, and did not claim to represent a foreign nation.[7]

Communications between New York and Paris exiles had been established in early July 1938 between Prinz Hubertus zu Löwenstein, founder of the American Guild and Hans Siemsen, president of the Paris-based Bund Neues Deutschland. Discussion then centered upon an imagined New York exhibition entitled »Germany in Exile«.[8] Together with the Künstlerbund and the Schutzverband deutscher Schriftsteller (SDS, Defense League of German Writers), the Bund Neues Deutschland had initiated the Deutsche Kulturkartell. Within weeks, however, correpondence with individuals in New York had been assumed by painter and Künstlerbund Chairperson Eugen Spiro. He was in direct contact with the Director of Foreign Government participation for the World's Fair, as well as with Paul Tillich, Alvin Johnson, and others who stood close to the Volksfrontgruppe deutscher Emigranten in the USA.[9] But in September 1938, Siemsen and the Bund Neues Deutschland distanced themselves from the exhibition project as well as the Kulturkartell, fearing that the publicity generated by the Künstlerbund and the SDS would spoil the potential backing from U.S. supporters because these groups, according to Siemsen, were tained with the »smell of communism«.[10]

In der Folge des Münchner Abkommens und der Ausstellung des Künstlerbundes im November in Paris, während der französische Nationalismus sowie Gewalt gegen Ausländer in Frankreich zunahmen, versuchten Mitglieder des Künstlerbundes und andere Kartellmitglieder, sich über Frankreichs Grenzen hinaus Gehör zu verschaffen. In der *neuen Weltbühne* zitierte Alfred Kantorowicz Thomas Manns Erklärung, nichts könnte die Führer Deutschlands mehr beunruhigen als die Eröffnung eines exildeutschen Pavillons.[11] Noch am 20. Januar 1939 übermittelte *Die Zukunft* (Paris) eine Ankündigung aus New York, daß ein Komitee unter der Leitung von Herbert Bayard Swope, zu dessen 70 amerikanischen Mitgliedern auch New Yorks Bürgermeister La Guardia und Präsident Kingdon von der Newark University zählten, über die Ausstellung befinden sollte. Ebenfalls im Januar wurde in der New Yorker Presse und der Pariser Exilpresse verkündet, daß die Ausstellung im »Freedom Pavilion« stattfinden und Darstellungen von Deutschland vor der Nazizeit und dem Deutschland von morgen beinhalten würde.[12]

Im Januar 1939 wurde die 2800 Quadratmeter große Parzelle N-14 von der World's Fair Corporation als Standort dem Freiheitspavillon zugeteilt. Neben den Tafeln aus Paris sollte die Ausstellung Beiträge auch von Emigranten in New York, eine Kunstgalerie, ein wissenschaftliches Institut und ein Wiener Café, in dem Walzer gespielt würden, umfassen. Geplant war außerdem ein Hauptgebäude, in dem Entwürfe von in den Vereinigten Staaten exilierten Architekten gezeigt werden sollten, zudem Werke von Autoren, die in Deutschland verboten waren, darunter Thomas Mann, Albert Einstein, Sigmund Freud, Erich Maria Remarque und Stefan Zweig.[13]

Auch das Titelblatt für eine Broschüre wurde gestaltet; ursprünglich war es als Plakat gedacht.

Following the Munich accord, and the Künstlerbund's November art exhibition in Paris, with both French nationalism and sentiments and violence against foreigners on the rise in France, members of the Künstlerbund and the other organizations united in the Kulturkartell prudently sought new audiences beyond French borders. Writing in *Die neue Weltbühne*, Alfred Kantorowicz cited Thomas Mann's statement that nothing would disturb the leaders of Germany more than if a pavilion of German exile art were displayed.[11] As late as January 20, 1939, *Die Zukunft* (Paris) conveyed an announcement from New York that the exhibition commanded a committee headed by Herbert Bayard Swope, with New York's mayor La Guardia and President Kingdon of Newark University among the 70 American members. Also in January, the New York press and Paris exile press announced that the exhibition would take place in »The Freedom Pavilion« and give representation to pre-Nazi Germany as well as the Germany of tomorrow. [12]

By January 1939, the 30000 square foot lot N-14 was designated by the World's Fair Corporation for the Freedom Pavilion. Apart from the panels from Paris, the exhibition was to include contributions from New York based exiles, an art gallery, a hall of science, as well as a Viennese cafe with an orchestra playing waltzes. Plans included a main building with the designs of architects exiled to the U.S., works of authors banned in Germany, like Thomas Mann, Albert Einstein, Sigmund Freud, Erich Maria Remarque and Stefan Zweig. [13]

A pamphlet cover, conceived first as a poster, was also prepared. It was authored by American art director

Freedom Pavilion ★ At the World's Fair

# THE PROVISIONAL ORGANIZING COMMITTEE

Dr. Frank Kingdon—*Administrative Chairman*

| | |
|---|---|
| Mr. Hamilton Fish Armstrong | Mr. Otto Klemperer |
| Dr. Frank Aydelotte | Hon. Fiorello H. La Guardia |
| Mrs. Samuel L. M. Barlow | Dr. Henry Smith Leiper |
| Hon. Henry Breckinridge | Mr. & Mrs. Samuel A. Lewisohn |
| Dr. Nicholas Murray Butler | Mr. Henry R. Luce |
| Dr. Henry Seidel Canby | Mr. Archibald MacLeish |
| Mr. William M. Chadbourne | Dr. Thomas Mann |
| Mr. Samuel Chotzinoff | Hon. Henry Morgenthau |
| Dr. Robert C. Clothier | Hon. Robert Moses |
| Mr. Marc Connelly | Mr. Condé Nast |
| Hon. Wilbur L. Cross | Mrs. Edgerton Parsons |
| Dr. Walter Damrosch | Mr. Victor F. Ridder |
| Mrs. Henry P. Davison | Mr. & Mrs. Robert Rockmore |
| Hon. Oscar W. Ehrhorn | Hon. Clendenin J. Ryan, Jr. |
| Baron and Baroness Dahlerup | Mr. Eustace Seligman |
| Mr. Marshall Field | Hon. Alfred E. Smith |
| Dr. Harry Emerson Fosdick | Mr. Roger W. Straus |
| Mr. Lewis Gannett | Miss Dorothy Thompson |
| Dr. Robert I. Gannon, S.J. | Dr. Paul Tillich |
| Mme. Eva Gauthier | Mr. Oswald Garrison Villard |
| Mr. Harry F. Guggenheim | Mr. & Mrs. John F. Wharton |
| Mrs. Laura Z. Hobson | Mr. & Mrs. Paul Lester Wiener |
| Miss Fannie Hurst | Dr. E. Graham Wilson |
| Dr. Alvin Johnson | Mr. Matthew Woll |

Mr. Owen D. Young

Mr. Herbert Bayard Swope

8

**25** Die Förderer des
»Freedom Pavilion«
(aus der Begleitbroschüre)
*The sponsors of the
Freedom Pavilion
(from the pamphlet)*

26 Der Kampf des Deutschen
Volkes im In- und Ausland
für den Weltfrieden
*The German People's Fight
for World's Peace/At home/
Abroad*

**27** Das Programm der Deutschen Volksfront/ Deutschland, wie es morgen sein wird
*The German Popular Front Programme/Germany – As It Shall Be Tomorrow*

Der amerikanische Grafiker Lester Beall war Urheber des Umschlags, vermutlich unter Mithilfe des emigrierten Frankfurter Architekten Ferdinand Kramer. Verwendet wurde das weit verbreitete United-Press-Photo einer weinenden sudetendeutschen Frau, die dazu gezwungen wird, Hitlers Autokolonne den »deutschen Gruß« zu entbieten. Neben der Freiheitsstatue positioniert, unterstützt das Motiv die Ideologie von den Vereinigten Staaten als Hafen für politisch verfolgte Flüchtlinge. Dies ist sicherlich eine Übertreibung, denn mit ihrer politischen Einstellung waren die meisten Amerikaner, und das betrifft auch den Großteil der Mitglieder des Komitees für den Freiheitspavillon in New York, Anfang 1939 nicht bereit, solche Ansichten zu unterstützen, insbesondere wenn es darum ging, Juden und Kommunisten ins Land zu lassen. Mit der Darstellung der Freiheitsstatue rückte der Entwurf außerdem ein Monument französisch-amerikanischer Zusammenarbeit in den

Lester Beall and almost certainly involved the input of exiled Frankfurt architect Ferdinand Kramer. The cover shows the widely distributed United Press photograph of the crying Sudetengerman woman forced to salute Hitler's motorcade. Positioned beside the Statue of Liberty, the picture proclaimed the ideology of the United States as a haven for refugees fleeing political persecution. As such, it certainly veered toward overstatement, for the political opinion of most Americans, even most members of the Freedom Pavilion committee in New York were not prepared to support such views in early 1939, especially when admission of Jews or Communists was at issue. By representing the Statue of Liberty, the design also foregrounded a monument of Franco-American cooperation – cooperation that by 1939 many exiles were hoping would assist their escape from Europe. But as detailed by Laura Hobson in *The Nation* in April 1939 and mentioned in U.S. newspaper reports in early February, the Freedom Pavilion project was dead by

28 Nationalsozialistische
Kriegswirtschaft
*Nazi Economy of War*
Frei Jugend
*Free Youth*

Vordergrund – eine Zusammenarbeit, von der sich 1939 viele Emigranten erhofften, daß sie ihnen zur Flucht aus Europa verhelfen würde. Tatsächlich aber war das Projekt »Freiheitspavillon« Ende Januar geplatzt – eine Diagnose, die die Zeitungen Anfang Februar stellten und die Laura Hobson im April in *The Nation* ausführlich belegte. Trotz der Initiativen der progressiven New Yorker Intellektuellen und der Exilierten scheiterte es daran, daß die meisten Mitglieder des Komitees jegliche Provokation der deutschen Regierung vermeiden wollten. Unter den prominenten New Yorker Mitgliedern des Komitees waren Victor Ridder, der Eigentümer der *Staats-Zeitung* (die bis zum Sommer 1939 die offiziellen »Trans Ocean«-Presseerklärungen Deutschlands veröffentlichte) und des *Herold*,[14] der Fabrikant Marshall Field, Monsignor Michael J. Lavell, Pfarrer der St. Patrick's Cathedral, der frühere New Yorker Gouverneur Al Smith und Thomas J. Watson, Präsident von IBM und der erste Amerikaner, der von Hitler mit dem Orden »für Ausländer, die sich um das Dritte Reich verdient gemacht haben« ausgezeichnet wurde.

Während die deutschen Künstler des Pariser Künstlerbundes nicht auf der Weltausstellung repräsentiert waren, gelang es der deutschen Regierung, mit linientreuer Kunst in der größten Kunstausstellung der Messe unterzukommen, der von IBM gesponsorten Ausstellung von »Contemporary Art of 79 Countries« (Zeitgenössische Kunst aus 79 Ländern). Unter den vertretenen Werken aus Deutschland befand sich das Gemälde *Schwäbische Bauern* von Ernst F. W. Roegge, ein Ölgemälde auf Leinwand aus der Großen Deutschen Kunstausstellung von 1938.[15] Das legt nahe, daß die aufgeklärten und weltstädtischen Gesten der Pariser Exilierten in New York für unverdaulicher gehalten wurden als ein ländliches, vormodernes und entproletarisiertes Bild von Deutschland.

late January. Despite the initiatives of progressive New York intellectuals and exiles, the project was spoiled through the hesitancy of most members of the comittee to effect any provocation of the German government. Among the prominent New York citizen who formed the comittee were Victor Ridder, the owner of the New York newspapers the *Herold* and the *Staats-Zeitung* (which as late as summer 1939 published Germany's official »Trans-Ocean« press releases),[14] the industrialist Marshall Field, Monsignor Michael J. Lavell, Rector of St. Patrick's Cathedral, former New York Governor Al Smith, and Thomas J. Watson, president of IBM and the first American decorated by Hitler with a decoration created »for foreign nationals who have made themselves deserving of the Third Reich.«

While the German artists of the Paris Künstlerbund never gained representation at the fair, the German government did attain representation through its art in the largest art exhibition at the fair, the IBM-sponsored »Contemporary Art of 79 Countries« exhibition. Among the exhibited works from Germany was the painting *Schwäbische Bauern* by Munich painter Ernst F. W. Roegge, an oil on canvas exhibited at the Grosse Deutsche Kunstausstellung 1938.[15] This suggests that the enlightened metropolitan gestures of the Paris exiles were deemed less palatable in New York than an agrarian, premodern and deproletarianized image of Germany.

Im Januar sprangen also die Förderer der Aus-stellung ab, und Anfang März 1939 waren die bürokratischen Voraussetzungen erfüllt, den letzten Nagel in den Sarg der Ausstellung zu treiben: Ein offizieller Einspruch der deutschen Botschaft in Paris beim Bureau International des Expositions (BIE) wurde in die Akten genommen. Er resul-tierte ursprünglich weder aus einer Initiative der deutschen Botschaft in Paris noch des Auswärtigen Amtes in Berlin, sondern ging auf zwei Briefe eines Beamten des BIE in Paris an den deutschen Delegierten beim BIE, Handelsattaché von Campe von der deutschen Botschaft zurück: der eine offi-ziell, der andere informell und persönlich. Beide Briefe sind auf den 18. Januar datiert – sechs Tage, nachdem die Ausstellungspläne in New York öffent-lich gemacht wurden. Der französische Beamte machte von Campe auf die Ausstellung (von der er über die Presse erfahren hatte) aufmerksam und erinnerte ihn an das Recht der deutschen Regie-rung, gegen das Projekt der Exilierten Einspruch zu erheben. Er ging mit seiner Unterstützung sogar noch weiter: Er präzisierte für von Campe die erforderlichen Artikel und Statuten, auf die sich die deutsche Regierung berufen müßte, um ihren offiziellen Protest richtig auszuarbeiten, was das Auswärtige Amt in Berlin unverzüglich tat; am 25. Februar sandte es das ausgefertigte Protest-schreiben an seine Botschaft in Paris zurück.[16]

Der Briefwechsel verdeutlicht, in welchem Ausmaß französische Bürokratenkreise in kultu-rellen Angelegenheiten mit der nationalsozialisti-stischen deutschen Regierung kollaborierten. Zwischen Januar und März 1939 waren Mitglieder des Daladier-Kabinetts entschlossen, die Handels-vereinbarungen mit dem Reich – auf deutscher Seite wahrgenommen von Handelsattaché von Campe – so weit zu pflegen, daß Daladier Hitler am 1. März 1939 über Frankreichs Bereitschaft

If the exhibition's supporters in New York had collapsed by January, by early March 1939, the bureaucratic requirements were met to drive the final nail into the coffin of the exhibition upon the filing of an official objection by the German Embassy in Paris with the Bureau International des Expositions (BIE). This objection originated neither at the Paris German Embassy nor at the Foreign Office in Berlin, but in two letters – one official and the other cordial and personal – from a French official with the Paris-based BIE to Germany's BIE delegate, Commercial Counselor von Campe of the German Embassy. Both letters were dated January 18 – six days after the exhibition plans became public news in New York. This French bureaucrat's letters brought the exhibition plans (of which he had learned in the press) to von Campe's attention and reminded him of the German government's right to object to the exiles' project. But his helpfulness went further. He precisely detailed for von Campe the requisite articles and statutes necessary for the German government to cite in order to correctly formulate their official protest, a protest the Foreign Office in Berlin promptly prepared and sent back to their Paris Embassy on February 25.[16]

This exchange of sheds light upon the extent collaboration between French bureaucractic circles and the National Socialist German government extended into cultural affairs. Between January and March 1939 members of the Daladier Cabinet were intent on the cultivation of commercial agreements with the Reich – led from the German side by Commercial Counselor von Campe – to the extent that on March 1, 1939, Daladier could inform Hitler of France's readiness »to pursue and to develop with

mitteilen konnte, »die Zusammenarbeit mit dem Reich in der Weise fortzusetzen und weiterzuentwickeln, wie es in der Erklärung vom 6. Dezember [1938] vereinbart wurde.«[17] Ihr Vermögen, Maßnahmen zur Überwachung und Zensur erfolgreich durchzuführen, hatte die französische Regierung anläßlich von »Cinq Ans de Dictature Hitlerienne« deutlich unter Beweis gestellt;[18] insofern ist es wenig verwunderlich, daß sie jetzt gegen die Bemühungen der Exilierten intervenierte, ein alternatives Bild deutscher Kultur und Geschichte zu zeichnen und eine Ausstellung auf die Beine zu stellen, die von New York aus öffentlichen Widerstand gegen Nazideutschland entfacht hätte.

Aber selbst nachdem die Pläne für die Weltausstellung in New York geplatzt waren, hielten die Pariser Exilierten an der Idee fest, die Tafeln für »Germany of Yesterday – Germany of Tomorrow« an einem anderen Schauplatz in New York auszustellen. Doch auch dieses Unternehmen schlug fehl. Noch am 6. Februar schrieb Eugen Spiro an einen Dr. R. Moericke in New York. Spiro griff damit auf eine vorherige Korrespondenz zwischen Moericke und Dr. Johann-Lorenz Schmidt zurück, der Moericke mitgeteilt hatte, daß er bald einige Photographien der beinahe fertiggestellten Tafeln erhalten würde – Photographien, die Josef Breitenbach gemacht hatte. In dem aktuellen Brief fragte Spiro bei Moericke nach Einzelheiten über die Finanzierung und Verschiffung von Kunstwerken für eine New Yorker Ausstellung der modernen deutschen Kunst, die in Deutschland verboten war, und informierte ihn außerdem darüber, daß Josef Breitenbach derzeit eine Sammelausstellung für New York vorbereitete.[19] Dennoch scheint 1939 keine Ausstellung der 30 Tafeln, von Exilkunst oder Photographie realisiert worden zu sein – weder auf der Weltausstellung noch an irgendeinem anderen Ort in New York.

the Reich the policy of collaboration affirmed in the declaration of 6 December [1938].«[17] Given the French government's capacity to effectively implement surveillance and censorship, as the case of »Cinq Ans de Dictature Hitlerienne« had aptly demonstrated,[18] it is hardly surprising that they intervened to terminate an exile effort to address world public opinion with an alternative construction of German culture and history and to mount an exhibition that would have created public opposition to Nazi Germany from the World's Fair in New York.

But even after the New York Fair plans had been stymied, the Paris exiles entertained the idea of exhibiting the panels of »Germany of Yesterday – Germany of Tomorrow« at another site in New York. Yet this effort, too, failed. As late as February 6, Eugen Spiro wrote to one Dr. R. Moericke in New York. Spiro was following up on earlier correspondence between Moericke and Dr. Johann-Lorenz Schmidt. Schmidt had written Moericke to inform him to soon expect photographs of the nearly completed panels – photographs taken by Josef Breitenbach. In the same letter Spiro also questioned Moericke on particulars about funding and shipping art works for an exhibition in New York of the modern German art no longer allowed in Germany, and also informed him about a group photography exhibition for New York currently being organized by Josef Breitenbach.[19] Yet no exhibition of the 30 panels, exile art, or photography appears to have been realized at the World's Fair or elsewhere in New York in 1939.

Zum Schluß tun wir gut daran, einige Kernpunkte noch einmal Revue passieren zu lassen. Bis Ende 1938 beinhaltete der Rückblick der Exilierten in Paris auf Deutschland und deutsche Geschichte mehr und mehr auch Vorstellungen von einer Zukunft außerhalb des europäischen Kontinents. Als sich die Beschwichtigungspolitik in Frankreich zu einer Kollaboration auszuweiten begann, lief den Exilierten die Zeit davon, Darstellungen von Deutschland zu erschaffen – Darstellungen, die die offizielle Nazi-Version deutscher Belange in den demokratischen Ländern richtigstellen sollten. In diesem Zusammenhang durfte die Repräsentation der Exilierten nicht länger auf sich warten lassen; sie pendelte, wie auf den Tafeln überdeutlich zu sehen ist, unaufhörlich zwischen dem Wettstreit um die »richtige« deutsche Geschichtsschreibung und einem vorwegnehmenden Blick auf Deutschlands Zukunft.

Betrachtet man die Tafeln, entdeckt man außerdem, daß der bedrohlichen Situation der Juden in Deutschland immer mehr Aufmerksamkeit geschenkt wurde. Dieser sichtbare Beweis der Versuche der exilierten deutschen Linken, in demokratischen Ländern über die prekäre und gefährliche Lage der Juden in Deutschland zu informieren, widerspricht der allgemeinen Annahme, sie hätten wenig gegen den Antisemitismus unternommen.[20] Wenn man außerdem daran denkt, daß ein großer Teil der Exilierten selbst jüdisch war, dann wird die Notwendigkeit deutlich, mit den historiographischen Ansätzen des Kalten Krieges zu brechen, bei denen die Erforschung des politischen Exils aus Nazideutschland von der »jüdischen Emigration« abgetrennt war. Es hat seit 1938 viele gegeben, für die an der Sprache, dem Aussehen und der Machart von Ausstellungsstücken wie diesen 30 Tafeln der »Geruch des Kommunismus« zu haften schien. Das hat dazu

In conclusion, we do well to review a few key points. By the end of 1938, the look back at Germany and German history by Paris-based exiles involved imagining a future beyond the continent. As appeasement in France began to cede to collaboration, exiles were running out of time to create representations of Germany – representations to redress the German regime's version of matters German for audiences in the democracies. In this context, exile representation could not rest and, written so large in the panels, it constantly moved between a contest over German history and the anticipatory projection of Germany's future.

Reviewing the panels also reveals significant attention given to the threatened position of Jews inside Germany. This visual evidence of the German exiled left's attempts to inform audiences in democratic countries about the menaced and endangered situation of Jews in Germany works against received knowledge that has discounted their efforts to combat anti-semitism.[20] Taken together with the fact that a high percentage of the exiled German left were themselves Jewish, it reminds us of the need to devise ways to move beyond historiographic traditions of the Cold War that have segregated the study of political exiles from Nazi Germany from the study of Jewish emigration. Moreover, many since 1938 have found the language, look, and production methods of panels like these tainted with the »smell of Communism.« Overlooked amid the alleged odor, is how the panels document a turnabout from the German left's earlier underestimations of Jewish

geführt, daß die Kehrtwendung der deutschen Linken, die die Judenverfolgung in Deutschland zunächst unterschätzte und erst Ende 1938 allmählich anfing, sich mit der Schlüsselrolle, die der Antisemitismus im Nationalsozialismus spielte, auseinanderzusetzen, übersehen wurde – genau das wird durch die Tafeln dokumentiert.

Diese Analyse der Tafeln läßt darauf schließen, daß die Exilierten in Paris mit diesen Tafeln die Besucher der Weltausstellung nicht nur über die Wechselwirkungen zwischen einer fortschrittlichen deutschen Kulturgeschichte und Demokratie informieren, sondern sich außerdem als gleichgesinnte urbane Reisende vorstellen wollten, die als ihre letzten, gefährdeten Abgesandten auf der Suche nach einem neuen Zufluchtsland diese Traditionen am Leben hielten. Die New Yorker Ausstellung kam wegen des Zusammenspiels von Angst, Nazideutschland zu trotzen, und der Bewunderung, die etliche Mitglieder des New Yorker Planungskomitees für das neue Deutschland hegten, nicht zustande. Der bürokratische Übereifer im Pariser BIE, ein Vorbote der französisch-deutschen Kollaboration während des Krieges, löschte den letzten Funken Hoffnung, den Freiheitspavillon auf der Weltausstellung realisieren zu können. In Breitenbachs Photodokumentation kann man heute den Versuch sehen, die Sichtbarkeit dessen zu retten, was die Autoritäten der demokratischen Länder 1939 in dem Wunsch, einer militärischen Konfrontation aus dem Weg zu gehen, unsichtbar machen wollten.

persecution in Germany, and begin in late 1938 to reckon with the key role anti-semitism played within the Nazi regime.

This analysis of the panels indicates that exiles in Paris relied upon these panels not only to inform fair-goers of a history of progressive German culture interdependent with democracy, but to also present themselves as fellow urban travelers upholding these traditions as their last endangered envoys in search of a new land of asylum. The New York exhibition failed due to fear to affront Nazi Germany mixed with the admiration several members of the New York planning committee felt for the new Germany. Bureaucratic officiousness at the Paris Bureau of International Expositions that anticipated wartime Franco-German collaboration snuffed out the final flickering of hope to realize the Freedom Pavilion at the Fair. Breitenbach's photographic documentation of the panels can be seen today as an effort to keep visible that which authorities in 1939 within the democracies bent on avoiding a military confrontation wished to render invisible.

**1** Radio City, New York, 1942

**2** Anonym: Breitenbach im Lager,
Frankreich 1939/40
*Anonymous: Breitenbach in the
French internment camp, 1939/40*

# VII. Paris–Marseille–New York (1939–1941)

Wolfgang Schopf

# VII. Paris–Marseille–New York (1939–1941)

Wolfgang Schopf

Paris war zwischen 1933 und dem Beginn des Zweiten Weltkriegs für die Exilierten weit mehr als ein Fluchtort. Die Stadt diente als Kulisse für die Inszenierung der »Freien Deutschen Kultur«, mit der die Geflohenen auf ihre Negation durch das offizielle Deutschland antworteten. Hans Kalischer, ein politischer Freund von Breitenbach, erinnert ihn am 9. Mai 1941 in einem Brief an die gemeinsame Zeit:

»Paris mit seiner immer und überall Herz, Sinne, Geist erregenden Luft – Paris, wo mit vielen tausend anderen auch unsere Traumprojekte in den alten Straßen und Caféwinkeln fortleben werden – Paris, das wir selbst im größten Elend, trotz aller materieller Unsicherheiten genossen haben.«[1]

Anfang Mai 1941, drei Tage vor dem Absendedatum von Kalischers Brief, erreicht Breitenbach das Schiff nach Amerika. Die Reise zum Hafen begann schon im September 1939 und wurde länger und gefährlicher als die eigentliche Überfahrt.

Rückblickend sieht es aus, als wollte Breitenbach im Sommer 1939 Kräfte sammeln; er zieht sich in ein Fischerdorf an der Kanalküste zurück und genießt die Ruhe der Landschaft. Dabei macht er eine seiner letzten Aufnahmen, bevor durch die Internierung und die Fortsetzung der Flucht vor den Nazis seine Arbeit als Photograph wieder unterbrochen wird. Breitenbach gibt dem Bild später den Titel »Late Harvest Near Calais« und erinnert sich an seine Stimmung in dieser Umgebung:

»Das schwarzblaue Meer am Horizont ließ die weiten Felder wie »End of The Lands« erscheinen. Die Bauern arbeiteten auf dem Feld, sie brachten die Jahresernte ein. Es war ein Spätnachmittag und das tiefe Gefühl des Friedens der Natur und der Feldarbeit kontrastierte die Besorgnis über das Weltgeschehen, die ich an den Ort mitbrachte.«[2]

Breitenbach kehrt nach Paris zurück, als sich die Lage aller Exilierten dramatisch verändert: Die

From 1933 to the beginning of the Second World War, Paris was much more than a refuge for the exiles. The city provided the backdrop for the presentation of the »Free German Culture« which was the refugees' answer to their negation by official Germany. In a letter from May 9, 1941, Hans Kalischer, a political friend of Breitenbach, reminds him of that shared time:

»Paris with its air which everywhere excites the heart, senses, and mind – Paris, where our dream projects, along with thousands of others, will live on in the old streets and in the corners of the cafés – Paris, which we enjoyed even in the midst of the greatest distress, despite all material uncertainties.«[1]

At the beginning of May 1941, three days before Kalischer's letter is posted, Breitenbach reaches the ship to America. The journey to the port began in September 1939, and was to prove longer and more dangerous than the sea passage.

In retrospect, Breitenbach seems to spend the summer of 1939 gathering his strength; he retreats to a fishing village on the English Channel and enjoys the tranquility of the landscape. Here he takes one of his last photographs before his work is interrupted by internment and the last leg of his flight from the Nazis. Later Breitenbach gives the picture the title »Late Harvest Near Calais«, recalling the mood he felt in those surroundings:

»On the horizon the dark blue sea made the vast fields look like ›End Of The Lands‹. The farmers were working in the field, taking their year's harvest: It was very late in the afternoon and a deep feeling of the peace of nature and the farmer's work contrasted with the anxiety which I had brought along about what was going on in the world.«[2]

By the time Breitenbach returns to Paris, the position of the exiles has changed dramatically. On

**3** Späte Ernte nahe Calais,
1939
*Late Harvest Near Calais,*
*1939*

französische Regierung ordnet mit einem Dekret vom 30. August 1939 die Internierung der Asylsuchenden an. Der offizielle Grund lautet, daß mit der sogenannten »Criblage« (»Siebung«) innerhalb von zwei Tagen herausgefunden werden soll, welcher Kategorie jeder Einzelne zuzuordnen ist; die Klassifizierungen reichen vom Nazi-Opfer bis zum feindlichen Agenten. Breitenbach fügt sich arglos dem Befehl und geht am 5. September 1939 zur Sammelstelle. Er ist nicht darauf vorbereitet, von nun an ein Häftling des französischen Staats zu sein. Hans Sahl berichtet stellvertretend für Tausende von jener Nacht, in der Paris zur Falle wird:

»Ein Tag verging, und dann noch einer, und die Männer, die in das Stade Colombes gekommen waren, um dort nicht länger als 48 Stunden zu bleiben, wurden zusehends stiller. (...) [I]n der dritten Nacht kam ein Fliegeralarm, und die Soldaten mit aufgepflanztem Bajonett stellten sich zwischen die Männer, die schweigend in der dunklen Arena lagen und den Atem anhielten.«[3]

Nach der deutschen Westoffensive vom 10. Mai 1940 veranlassen die französischen Behörden eine zweite Internierungswelle, von der jetzt auch Frauen betroffen sind. In ganz Frankreich werden Lager errichtet, einige in bedrohlicher Nähe der einfallenden deutschen Armee. Im Verlauf des Vormarschs geraten aber nur wenige samt ihrer Insassen in die Hände der Wehrmacht; das Gros wird rechtzeitig aufgelöst oder evakuiert. Bis es jedoch dazu kommt, lastet ein unerträglicher Druck auf den Gefangenen, die befürchten müssen, den anrückenden Verfolgern ausgeliefert zu sein; so nimmt sich Walter Hasenclever, einer der prominentesten Autoren der Weimarer Republik, am Morgen des 21. Juni 1940 in Les Milles (bei Aix-en-Provence) das Leben. Es ist ein besonders tragischer Selbstmord, denn zur gleichen Zeit

August 30, 1939, the French government decrees the internment of all asylum-seekers. According to the official justification, a so-called »Criblage« (»sieving«) will take place within two days to determine which category each individual belongs to; the classifications range from Nazi victim to enemy agent. Like the other anti-fascists, Breitenbach complies with the order unsuspectingly, and goes to the assembly point on September 5, 1939. He is not prepared to be a prisoner of the French state from that point on. Speaking for thousands, Hans Sahl describes the night in which Paris turns into a trap:

»A day passed, then another, and the men who had come to the Stade Colombes expecting to remain no longer than 48 hours became visibly quieter. (...) [I]n the third night there was an air-raid warning, and the soldiers came and, with fixed bayonets, stood between the men, who lay silently in the dark arena and held their breath.«[3]

After the Germans' Western Offensive of May 10, 1940, the French authorities order a second wave of internments, now affecting women as well. Camps are set up throughout France, some of them very close to the invading German army. Only a few of the camps fall into the hands of the advancing Wehrmacht; the majority are dissolved or evacuated in time. Up to this moment, however, the prisoners' fear of being left at the mercy of the advancing persecutors is unbearable; Walter Hasenclever, one of the most prominent authors of the Weimar Republic, takes his own life on the morning of June 21, 1940, in the Les Milles camp (near Aix-en-Provence). This suicide is especially tragic as it occurred at the very moment the cars were being coupled for the train to carry the internees from Les Milles to the southwest of the country. But even after the German-French cease-fire of June 22, 1940,

werden die Waggons für den Zug zusammengestellt, der die Internierten von Les Milles in den
Südwesten des Landes bringen soll. Aber wer vor
dem deutsch-französischen Waffenstillstand vom
22. Juni 1940 nicht freikam, ist als Internierter des
Kollaborationsregimes von Vichy weiterhin in
höchster Gefahr. Auch die Lager im unbesetzten
Frankreich, die zum Teil aus dem Boden gestampft
wurden, um die geschlagenen Kämpfer aus dem
Spanischen Bürgerkrieg aufzufangen, bieten den
Exilierten keinen Schutz: Eine deutsche Kommis-
sion durchkämmt die »freie Zone« nach bekannten
Nazigegnern. Die Rechtsgrundlage für den Verstoß
gegen das Asylrecht ist der berüchtigte Artikel XIX
des Waffenstillstandsvertrags. Frankreich sichert
darin zu, Häftlinge »auf Verlangen« an die Deutschen auszuliefern. Der Pakt wird international
beachtet und demonstriert der Weltöffentlichkeit,
daß die Internierten ohne Hilfe von außen nur
geringe Rettungschancen haben. Ab Herbst 1940
sind internierte und nicht-internierte Juden durch
ein antisemitisches Gesetz der französischen Regierung besonders bedroht. Schon vor der deutschen
Besetzung der »freien Zone« im November 1942
werden die Lager zu »Vorzimmern von Auschwitz«.
Sie sind Ausgangspunkte von »Transporten mit
unbestimmtem Ziel« – die Beschönigung steht für
Deportationszüge in die Vernichtungslager.[4]

Breitenbach übersteht das alles dank einer
Mischung aus Zufall, Protektion und glücklich
getroffener Entscheidungen. Seine Reise ohne
sicheren Ankunftsort wird vergleichsweise glimpf-
lich enden. Er tritt sie im September/Oktober 1939
mit seiner Verlegung von der Pariser Sammelstelle
in das Département Cher an. Der erzwungene
Abschied von Paris ist mehr als eine äußere Bedro-
hung; er reißt die Exilierten aus ihrem sozialen und
politischen Handlungsfeld. Sie hatten in der Stadt
eine Infrastruktur des Lebens im Übergang ent-

those who were not released remain in great danger
as internees of the Vichy collaborator regime. The
camps in the unoccupied part of France, some built
overnight to harbor the defeated soldiers from the
Spanish Civil War, offer no protection to the exiles.
A German commission combs the »free zone« for
known opponents of the Nazis. The legal foundation
for this breach of the right to asylum is the infamous
Article XIX of the cease-fire treaty, in which France
agrees to surrender prisoners to the Germans »on
demand«. The pact is internationally recognized and
demonstrates to the world that the internees have
little chance of survival without help from outside.
Beginning in fall 1940, interned and non-interned
Jews are put in particular peril by an anti-semitic law
passed by the French government. Even before the
German occupation of the »free zone« in November
1942, the camps become »anterooms of Auschwitz«.
They are the points of departure for »transports with
uncertain destination« – a euphemism for deportation
trains to the extermination camps.[4]

Breitenbach survives all this due to a mixture of
coincidence, protection and fortunate decisions. His
journey with uncertain destination will have a
comparatively happy ending. He begins the journey
in September/October 1939, upon his transfer from
the Paris assembly point to a camp in the Département
Cher. The forced departure from Paris heralds more
than external danger; it wrests the exiles from their
social and political field of action. In Paris they had
developed an infrastructure of life in transition. They
occupied cafés, galleries, back rooms, the historic sites

wickelt. Sie besetzten Cafés, Galerien und Hinterzimmer, die historischen Plätze genauso wie die oftmals schäbigen Orte einer bescheidenen Privatsphäre, und trotzten mit ihren Ideen, Artikeln, Büchern, Bildern und Kompositionen dem Versuch der Nazis, sie zum Schweigen zu bringen. Hans Sahl schildert den Abtransport durch die Straßen zwischen dem Colombes-Stadion, in dem sich die ersten bangen Nächte der Gefangenschaft abspielten, und der Stadtgrenze von Paris wie den Gang eines Kreuzwegs:

»Wir kamen jetzt durch den Arc de Triomphe und fuhren die Champs Elysées entlang, vorbei an dem Café, in dem ich mit Barbara gesessen hatte, Rond Point, Place de la Concorde, Notre-Dame, ich sprach die Namen vor mich hin, als betete ich einen Rosenkranz herunter.«[5]

Breitenbach kann dem Verlust der Pariser Fixpunkte trotzen, auch das wird das Ende seiner Geschichte zeigen. Ob er nach der Erfassung vom September 1939 noch einmal freikam, ist unwahrscheinlich; jedenfalls gelangt er vor Jahresende ins Lager von Bengy-sur-Craon. Er ist dort in Gesellschaft von Heinz Lohmar, dem Maler und Bühnenbildner, mit dem Breitenbach seit der Zusammenarbeit an Brechts Theaterproduktion von *Die Gewehre der Frau Carrar* im Herbst 1937 eine Freundschaft verbindet. Lohmar schickt ab Oktober 1939 Postkarten nach draußen. Er illustriert sie mit Szenen aus dem Lagerleben, die Freunde und Verwandte beruhigen sollen. Vielleicht haben sie deshalb einen überraschenden Grundzug: die Abgebildeten sehen zufrieden aus. Lohmar zeigt die Internierten beim Barackenbau, als Beteiligte an kleinen Grotesken und nach getaner Arbeit.

In ähnlichem Stil und ebenfalls im Postkartenformat wird Breitenbach von Lohmar zweimal porträtiert. Einmal erscheint er als heiterer Stoiker:

as well as the often shabby stations of a modest private sphere; with their ideas, articles, books, pictures and compositions they resisted the Nazis' attempts to silence them. As if relating the stations of the cross, Hans Sahl describes the transport through the streets between the Colombes stadium, in which the first anxious nights of captivity were spent, and the city limits of Paris:

»Now we came through the Arc de Triomphe and drove along the Champs Elysées, past the café where I once sat with Barbara, Rond Point, Place de la Concorde, Notre-Dame; I murmured the names as if saying a rosary.«[5]

Breitenbach is able to weather the loss of the Parisian constants, as the end of his story will show. It is unlikely that he was released again after the registration and internment of September 1939; in any event, he arrived in the camp of Begny sur Caron before the end of the year. There he is joined by Heinz Lohmar, the painter and set designer and Breitenbach's friend ever since their collaboration on Brecht's production of *Die Gewehre der Frau Carrar* in fall 1937. In October 1939, Lohmar begins to send postcards to the outside world. He illustrates them with scenes from camp life intended to reassure friends and relatives. Perhaps this is why they have a startling feature in common: the people depicted look happy. Lohmar shows the internees building barracks, acting in little grotesques and resting after a day's work.

Lohmar portrays Breitenbach twice, in a similar style and also in postcard format. On one of those cards, Breitenbach is shown as a cheerful stoic. He

**4–7** Heinz Lohmar: Illustrierte Postkarten aus dem Lager, 1939/40
*Heinz Lohmar's illustrated postcards, from the internment camp, 1939/40*

Er sitzt auf einem Schemel, ist von einer Spirale aus Stacheldraht umgeben und hat die Pfeife im lachenden Mund. Ein Photo aus der gleichen Zeit zeigt ihn nicht ganz so fidel, aber in guter Verfassung. Lohmar kommt später in Briefen auf abendliche Diskussionen unter den Gefangenen zurück, in denen es um Politik und die unbestimmte Zukunft ging.

Das andere Porträt zeigt ihn zusammen mit Lohmar selbst; beide treffen Ende Februar die wahrscheinlich rettende Entscheidung, sich als »Prestataires« rekrutieren zu lassen. Dieser Begriff steht für einen paramilitärisch organisierten Arbeitsdienst, der alles andere als eine bequeme Alternative zu ihrer bisherigen Situation ist. Aber außer dem Gang zur Fremdenlegion macht es nur diese Verpflichtung möglich, den Status des »feindlichen Ausländers« abzuschütteln und aus der regulären Internierung entlassen zu werden. Am 5. März 1940 erhält Breitenbach den behördlichen

sits on a stool with a pipe in his laughing mouth, surrounded by a spiral of barbed wire. A photo from the same time shows him in good spirits, if not quite as jolly. In subsequent letters, Lohmar mentions evening discussions of politics and the uncertain future.

The other portrait depicts Breitenbach with Lohmar himself; at the end of February, both make the decision which probably saves their lives: they volunteer as »Prestataires«. The term refers to the labor service organized in paramilitary fashion – no comfortable alternative to their present situation. But aside from joining the foreign legion, it is the only way to escape the status of »hostile foreigner« and be released from regular internment. On May 5, 1940, Breitenbach receives word from the authorities that his application has been accepted. The first assignment is in the camp of Avord, a town on the road between Bourges and

5

6

7

Bescheid, daß sein Verfahren in die gewünschte Richtung läuft. Der erste Arbeitseinsatz führt Breitenbach nach Avord, an der Straße zwischen Bourges und Nevers. Dort entsteht ein Photo von Breitenbach und Lohmar inmitten ihrer Kompanie. Lohmar hat es in sein privates Album aufgenommen, das Exil und Flucht überstand. Auf der Albumseite führt er in seiner Illustration die Linien des Stacheldrahts vor den Menschen fort und skizziert den Hintergrund: links die Baracken, rechts Flugzeughangars.

Am 3. April 1940 wird Breitenbach im Lager 44 Jahre alt. Von diesem Geburtstag ist keine sorgenvolle Bilanz einer gefährdeten Existenz überliefert, vielmehr ein freundlich-ironisches Lied:

»Brei-Brei-Breitenbach feiern wir/Ge-Ge-Geburtstag es macht/Dumm, Dumm dieses Lied leiern wir/Und jetzt gebt mal acht!

Uns, uns ist er ein Arbeitstier/Sau, Sau wohl wenn er schafft/Und, und Frankreich wirds danken Dir/Du, Du Du bist eine Kraft.

Scheiss, Scheiss, Scheißlich ists Werkzeug weg/A A also man sagt/Brei-, Brei Breitenbach gib mal her/Oh oh wie er dann klagt.

Und, und, und sieht er bei Lohmar es/Sau, Sau sauber der schnitzt/Ruh, Ruh, ruhlos er sieht ihm zu/Und und und selbst er bald schnitzt.

Und Und und sein Schnurrbart ist/Sau, Sau sauber und lang/Po Po Politik treibt er gern/Uns uns uns wirds dann bang.

Arg, Arch, Arschvergnügt dabei/Und und und immer parat/Brei, Brei Breitenbach wies auch sei/Blei Blei bleib uns Kamerad.

Schei, Schei, Scheide niemals von uns/Und und arbeit nur so/A, A Alle wir schätzen Dich/Du Du Du machst uns froh.

Forts- Forts, Fortsetzung andermal/Du, Du, bleib früh und spat/Gsund, Gesund, Gesund uns erhalten hier/Als als als Kamerad.«

**8/9** Postkarte von Breitenbach und Lohmar (Illustration), 25. Februar 1940
*Postcard of Breitenbach and Lohmar (Illustration), February 25, 1940*

Nevers. Here a photo was taken of Breitenbach and Lohmar in the midst of their company. Lohmar put it in his private album, which survived exile and flight. In his illustration on the page of the album he continues the lines of the barbed wire in front of the people and sketches the background: the barracks on the left, the airplane hangars on the right.

On April 3, 1940, Breitenbach celebrates his 44th birthday in the camp. Rather than an anxious stock-taking of a threatened existence, this birthday has been preserved for posterity in the form of an affectionately ironic song:

»We're feting Breitenbach/It's his birthday/They grind out this stupid song/And now listen up!

For us he's a demon for work/Happy as a clam when he's working/And France will thank you for it/You are a force to be reckoned with.

Shit, shit, the tools are gone/So you say/Hand them over, Breitenbach/Oh how he complains.

And if he sees Lohmar with them/Whittling cleanly/He watches restlessly/And then whittles himself.

And his moustache is/Clean and long/He likes to talk politics/And then we start to worry.

Pleased all the while/And always at the ready/Whatever the case, Breitenbach/Remain our comrade.

Never part from us/And keep up your work/All of us think the world of you/You make us happy.

To be continued another time/Early and late/Keep fit here for us/As our comrade.

**10** Heinz Lohmar: Breitenbach hinter Stacheldraht, 1939/1940
*Heinz Lohmar: Breitenbach behind barbed wire, 1939/1940*

Die Strophen (sie lassen sich auf das Volkslied »Du, du liegst mir im Herzen« aus dem frühen 19. Jahrhundert singen) handeln von Arbeit und Alltag, persönlichen Fähigkeiten, vor allem von Freundschaft und Lebensfreude in den schwierigen Verhältnissen. 35 Kilometer von Avord entfernt liegt Fourchambault, dort errichten die »Prestataires« ebenfalls Baracken. Zur Kompanie von Breitenbach und Lohmar gehört nun der Publizist Maximilian Scheer, der sich erinnert:

»Wir bauen die Stahlgerüste, fügen die Wellbleche zu Wänden und Dächern, hämmern und schrauben (...) Es ist eine muntere Zeit im erwachenden Loire-Frühling. (...) Mit den gleichen feinen Händen, die selbst im Lager starke originelle Bilder aufs Papier zaubern, zieht der Maler Heinz Lohmar die Schrauben an. (...) Wir leben in einer Holzbaracke, sie ist hell und hygienisch; werden wie französische Soldaten verpflegt, sind nicht frei, leben frei auf dem an die Loire grenzenden Gelände und werden human behandelt.«[6]

In den Internierungslagern ist die Situation anders. Feuchtwanger schreibt von der Qual, zur Passivität verurteilt zu sein, während draußen über Leben und Tod der Wartenden entschieden wird. Er berichtet aus Les Milles: »Keine Verbindung mit der Außenwelt. Gefühl der vollkommenen Rechtlosigkeit inmitten einer sich auflösenden Welt.« Die »Prestataires« haben wenigstens zu tun, während der Stillstand bei Feuchtwanger mit dafür verantwortlich ist, daß »Depression« ein Schlüsselwort seines Tagebuchs ist.[7]

Nach einem kurzen Zwischenspiel in Begny tritt Breitenbach im Frühsommer 1940 bei Meslay du Maine einen mehrere hundert Kilometer langen Marsch an: Es geht zu Fuß in den Südwesten Frankreichs. Im Département Gers ist er für zwei Monate bei Fleurance stationiert, danach wird er im September zur 308. Kompanie nach Agen (Lot

**11** Anonym: Geburtstagslied der Lagerkameraden für Breitenbachr, 3. April 1940
*Anonymous: Birthday song by Breitenbach's comrades, April 3, 1940*

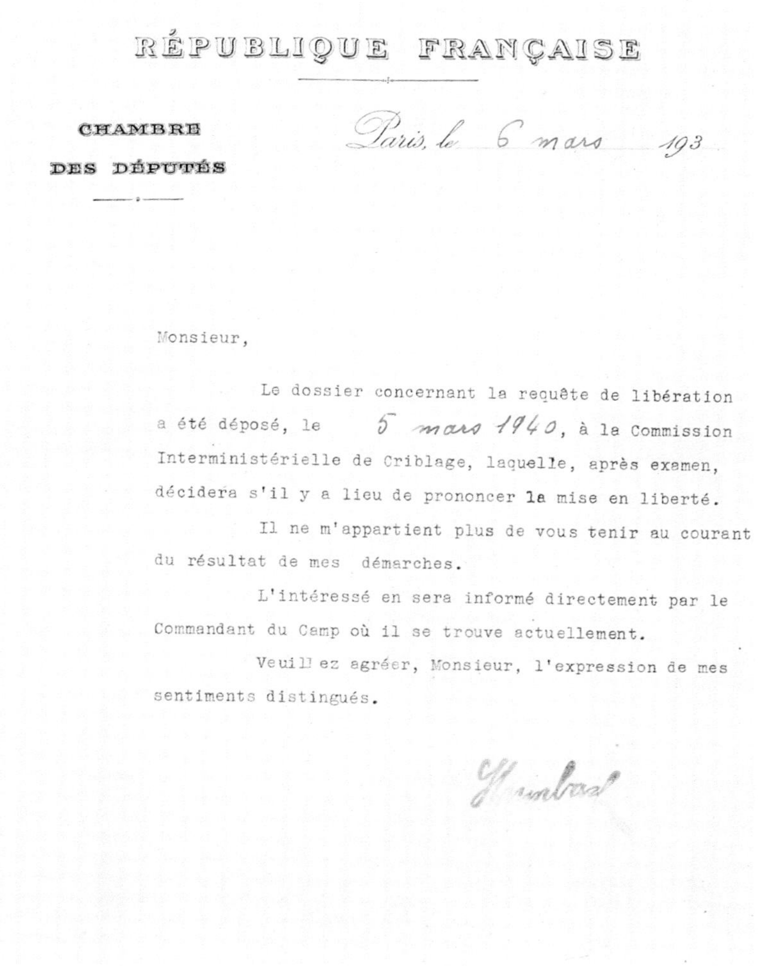

RÉPUBLIQUE FRANÇAISE
_____

CHAMBRE     *Paris, le 6 mars 193*

DES DÉPUTÉS
_____

Monsieur,

   Le dossier concernant la requête de libération
a été déposé, le  *5 mars 1940*, à la Commission
Interministérielle de Criblage, laquelle, après examen,
décidera s'il y a lieu de prononcer **la** mise en liberté.

   Il ne m'appartient plus de vous tenir au courant
du résultat de mes démarches.

   L'intéressé en sera informé directement par le
Commandant du Camp où il se trouve actuellement.

   Veuillez agréer, Monsieur, l'expression de mes
sentiments distingués.

**12** Die République Française
an Breitenbach, Bescheid
über sein Entlassungsver-
fahren, Paris, 6. März 1940
*The République Française
to Breitenbach, decision
about his resignation, Paris,
March 6, 1940*

The verses (which can be sung in the German original to the tune of the folksong Du, du liegst mir im Herzen from the early 19th century) tell of work and everyday life, personal abilities, but above all of friendship and camp life. 35 kilometers from Avord is Fourchambault, where the »Prestataires« also erect barracks. Also in the company of Breitenbach and Lohmar is publicist Maximilian Scheer, who recalls:

»We build the steel scaffolding, make the corrugated iron into walls and roofs, hammer and screw. (...) It is a happy time in the awakening Loire spring. (...) With the same delicate hands which conjure vivid, original images onto paper, even in the camp, the painter Heinz Lohmar tightens the screws. (...) We live in wooden barracks, bright and hygienic, are fed like the French soldiers; we are not free, but we live freely on the grounds bordering the Loire and are treated humanely.«[6]

In the internment camps the situation is different. Feuchtwanger describes the torment of being condemned to passivity while decisions about the life and death of those waiting are being made outside. He reports from Les Milles: »No connection with the outside world. Feeling of complete lawlessness in the midst of a dissolving world.« The »Prestataires« at least have an occupation; the feeling of stagnation is one of the reasons that »depression« becomes a key word in Feuchtwanger's diary.[7]

In early summer 1940, after a brief interlude in Begny, Breitenbach sets out from Meslay du Maine on a foot-march of several hundred kilometers to the Southwest of France. In the Département Gers he is stationed near Fleurance for two months; in September he is transferred to the 308th company in Agen (Lot & Garonne). There Breitenbach enjoys

**13** Heinz Lohmars Photo-
album des Exils: In Avord,
1939
*Heinz Lohmar's photo album*
*of the exile years: In Avord,*
*1939*

& Garonne) versetzt. Dort genießt Breitenbach relative Freiheit, er kann schon Ausflüge machen und wird am 18. November 1940 aus dem Lager entlassen (die endgültige Demobilisierung erfolgt im März 1941). Er nimmt vor allem seine Arbeit wieder auf, dazu gehört ein Buch über Porträt-Photographie. Und er knüpft an seine Kontakte zu Freunden aus der Pariser Zeit an, die auch während der Internierung nicht abrissen. So entsteht schnell ein Netz zwischen Kollegen, Künstlern und Autoren, die es in die gleiche Gegend verschlagen hat und die gemeinsam Photo- und Publikationspläne schmieden.

Eine Schnittstelle ist dabei die Adresse von Heinz Lohmar, der vor Breitenbach freikam und in Carcassonne Unterschlupf fand. Die beiden hatten sich nach Lohmars Entlassung aus den Augen verloren, erfahren aber über einen gemeinsamen Freund in Toulouse die Adressen des anderen. Lohmar schreibt in seinem ersten erhaltenen Brief nach Agen (27. Oktober 1940) von Nöten: Er hatte lange keine Nachricht von seiner Frau und dem neugeborenen Kind in Paris. Dann bietet er Breitenbach Hilfe an, er erzählt, daß Herta Wescher (die Kunsthistorikerin gehörte zu Breitenbachs Pariser Kreis) einen Photographen für ein Projekt im unbesetzten Gebiet sucht, daß er selbst als Holzfäller arbeiten wird, und rückt erst zum Ende des Briefs mit der Sensation heraus. Es geht um eine Aktivität von Francis Bott (alias »Frabo«), ein Maler, den Breitenbach aus dem Freien Künstlerbund kennt:

> »Hast du bott gesprochen in Toulouse
> er soll wie ich gehört habe für den
> Künstlerbund eine liste mit
> herta wescher und mit wollheim
> ausgearbeitet haben um visen
> für amerika dein name ist
> auch dabei.«[8]

relative freedom; he is allowed to go on leave and is released from the camp on November 18, 1940 (the final demobilization takes place in March 1941). Most importantly, he resumes his work, among other things a book on portrait photography. And he renews his contacts to friends from his Paris period, contacts which did not break off even during internment. Rapidly a network of colleagues, artists and writers takes shape; having ended up in the same area, they begin to make plans for photography projects and publications together.

One renewed connection was with Heinz Lohmar, who was released before Breitenbach and found a place to live in Carcassonne. Since Lohmar's release the two had lost sight of one another, but now learn each other's addresses through a mutual friend in Toulouse. In his first surviving letter to Agen (October 27, 1940), Lohmar writes of his worries. For a long time he has had no word from his wife and newborn child in Paris. Then he offers Breitenbach help, telling him that Herta Wescher (an art historian who moved in Breitenbach's circles in Paris) is looking for a photographer for a project in the unoccupied area, adding that he himself will work as a lumberjack. Not until the end of the letter does he divulge the sensational news: the activities of Francis Bott (also known as »Frabo«), a painter Breitenbach knows from the Freie Künstlerbund:

> »Have you spoken to bott in Toulouse
> I've heard he has made a list for the
> Künstlerbund along with
> herta wescher and wollheim
> for visas for america
> your name is also on the list«[8]

Für sich selbst sieht Lohmar schwarz, zwei Tage nach der guten Nachricht an Breitenbach schreibt er deprimiert über seine unsichere Zukunft. Im Herbst 1940 geben viele die Hoffnung auf. Lohmar berichtet in einem undatierten Brief aus dieser Zeit von niederschmetternden Neuigkeiten:

»Aus paris habe ich übrigens erfahren, dass sich Walter Benjamin und Willi Münzenberg das Leben genommen haben. Wie findest du das? Bei B. kann man das eventuell verstehen das lag in seiner ganzen haltung aber bei Willi (…) wir werden noch manches auszufressen haben. Bis wir ins gras beissen.«

Walter Benjamin brachte sich am 27. September 1940 aus Angst, doch noch an die Gestapo ausgeliefert zu werden, in der katalanischen Grenzstadt Port Bou um; Willi Münzenberg wurde am 21. Oktober 1940 stranguliert in einem Waldstück bei Grenoble gefunden. Mit seinem Unverständnis gegenüber Münzenbergs angeblichem Freitod ist Lohmar nicht allein. Münzenberg war als Organisator des kommunistischen Presse- und Verlagswesens im westlichen Exil eine der agilsten Figuren der Pariser Szene, und als ehemaliger Spitzenfunktionär der Komintern der prominenteste Kommunist, der sich wegen der stalinistischen »Säuberungen« und der Moskauer Schauprozesse ab 1936 von seiner Partei löst. Hinter seinem ungeklärten Ende vermuten nicht nur Gegner der Kommunisten den sowjetischen Geheimdienst.

Ungeachtet der bedrückenden Lage schlägt Lohmar Breitenbach ein gemeinsames Treffen mit Jack Frank vor, einem anderen entlassenen »Prestataire«. Bald darauf bekommt Breitenbach Post von Frank. Dieser berichtet von seiner grotesken Situation; er arbeitet an der Rettung von Freunden mit, kann sich aber selbst nicht helfen:

»Ich habe es unterlassen, Dich noch einmal auf die Liste des amerik. Comités zu setzen, da ich

**14/15** Lohmar an Breitenbach, undatiert
*Lohmar to Breitenbach, undated*

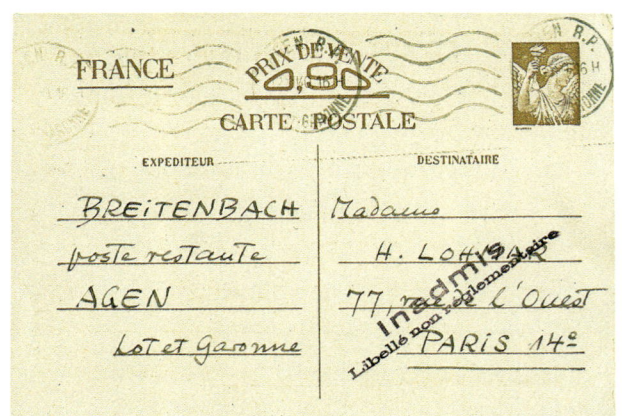

**16/17** Breitenbach an Lohmar, 18. Dezember 1940
*Breitenbach to Lohmar, December 18, 1940*

Lohmar takes a grim view of his own situation; two days after the good news for Breitenbach he writes despondently of his uncertain future. There are many who give up hope in fall 1940. In an undated letter from that time, Lohmar brings devastating news:

»by the way, I heard from paris that Walter Benjamin and Willi Münzenberg have taken their own lives. What do you think about that? One can almost understand about B. it was in his whole attitude but Willi (...) we'll have a lot to swallow from now on. Until we bite the dust.«

On September 27, 1940, in the Catalan border town Port Bou, Walter Benjamin killed himself for fear of falling into the hands of the Gestapo; on October 21, 1940, Willi Münzenberg was found hanged in a forest near Grenoble. Lohmar is not alone in his incomprehension of Münzenberg's death. As the chief organizer of the Communist press and publishing enterprises in Western exile, Münzenberg was one of the most sharp-witted figures in the Paris scene, and as a former top functionary of the Comintern he was the most prominent communist to abandon his party because of the Stalinist »purges« and the show trials, beginning in 1936. Not only opponents of communism suspect that the Soviet secret service had a hand in his unexplained death.

Despite the sobering situation, Lohmar suggests to Breitenbach that they meet with Jack Frank, another released »Prestataire«. Soon after that Breitenbach receives a letter from Frank, who describes his own grotesque situation – he works to rescue friends, but is unable to help himself:

»I have refrained from placing you on the list of the Americ. Comité, I do not think it would be right now

das nicht für richtig halte, nachdem Du von einer anderen Seite schon vorgeschlagen bist. (...) Für mich kommt die Sache garnicht in Frage, da ich in keiner Weise prominent bin.«

Er pointiert diese Einsicht mit Informationen über Bewegungen in einem der berüchtigtsten Internierungslager:

»Aus der Umgebung von Gurs erhalte ich mündliche u[nd] schriftliche Schilderungen über eine furchtbare Angelegenheit: Transport von einigen Tausenden jüdischer Menschen in allen Lebensaltern u[nd] beiderlei Geschlechts aus Mannheim, Pfalz, Baden nach Gurs. (...) Freiwillige oder zwangs-Zusammenarbeit der deutschen u[nd] französischen Behörden auf diesem Gebiet. (...) Nach diesem Schlag auf den Kopf wird mir klar, dass wir auf alle Fälle heraus müssen, um nicht auch ein solches Schicksal zu haben.«[9]

Jack Frank bleibt vorerst zurück. Er leistet Breitenbach einen unschätzbaren Freundschaftsdienst: Es gelingt ihm, Breitenbachs Photomaterial in Paris zu bergen und außer Landes zu schaffen. Später entkommt er nach Havanna. In einem Brief auf dem Papier des Hotels »Ambos Mundos«, wo Hemingway nach seinem Engagement im Spanischen Bürgerkrieg *Wem die Stunde schlägt* schrieb, wird er Breitenbach an die politischen Debatten im Lager Avord erinnern:

»U[nd] an das, was Du über die Entwicklung im Osten Europas u[nd] in Russland gesagt hast. Leider hast Du bisher auch da nicht Recht behalten. Aber man darf die Hoffnung auf das Ende nicht aufgeben.«[10]

Anfang Dezember 1940 will Lohmar Breitenbach nach Carcassonne locken. Es geht ihm besser, denn endlich hat er Kontakt zu seiner Familie. Und er arbeitet wieder künstlerisch, allerdings mit den einfachen Mitteln, die ihm zur Verfügung stehen. Er schnitzt kleine Skulpturen aus Holz.

that you have already been suggested from another side. (...) The matter does not come into question for me at all, as I am not prominent in any way.«

He emphasizes the point with information about movements in one of the most notorious internment camps:

»From the vicinity of Gurs I hear and read tales of a terrible matter: the transport of several thousand Jewish people of all ages and both sexes from Mannheim, the Palatinate, Baden to Gurs. (...) Voluntary or forced cooperation between the German and French authorities in this area. (...) After this blow I realize that we must get out of here at all costs, or else we will suffer the same fate.«[9]

For the time being, Jack Frank remains behind. He performs an invaluable service for Breitenbach: he manages to rescue Breitenbach's photographic materials in Paris and get them out of the country. Later he escapes to Havana. In a letter on the stationery of the Hotel »Ambos Mundos«, where Hemingway wrote *For Whom the Bell Tolls* after his engagement as a reporter in the Spanish Civil War, he will remind Breitenbach of the political debates in the Avord camp:

»A[nd] about the things you said about the development in Eastern Europe a[nd] in Russia. Unfortunately you have not yet been right about that either. But one must not give up hope for the end to come.«[10]

At the beginning of December, 1940, Lohmar tries to convince Breitenbach to come to Carcassonne. He is in better spirits now; he has finally been able to contact his family. And he is continuing his artistic work, though only with the simple materials at his disposal. He carves little sculptures out of wood. In one

In einem Brief erzählt er Breitenbach von einer Tierfigur, die er in Ermangelung anderer Weihnachtsgeschenke seinem Sohn nach Paris schicken möchte. Es ist eine Ente, sie watschelt auf der Illustration von Lohmars Albumblatt »Carcassonne 1941« zwischen den Photos vom »kleinen André« umher.

Währenddessen steht es für Breitenbach günstig. Er bewegt sich Ende 1940 durch den Südwesten Frankreichs und kommt am 19. Februar 1941 zum ersten Mal nach Marseille. Franz Werfel notiert, wie aufgewühlt die Region seit dem Sommer ist:

»Die Départements der Pyrenäen waren zu einem phantastischen Heerlager des Chaos geworden. Die Millionen dieser seltsamen Völkerwanderung irrten auf den Landstraßen umher und verstopften die Städte und Dörfer: Franzosen, Belgier, Holländer, Polen, Tschechen, Österreicher, exilierte Deutsche und dazwischen die Soldaten der geschlagenen Armeen. Nur höchst notdürftig konnte man seinen Hunger stillen. Obdach aber gab es überhaupt keines mehr.«[11]

In Marseille mietet sich Breitenbach für fünf Tage im Hotel Méditerranée ein. Der Hafen steht für die größte Hoffnung der europäischen Flüchtlinge: die Überfahrt nach Amerika. Für viele ist er aber der Ort der Enttäuschung, wenn sie beim Warten auf Visa und Passage leer ausgehen. Der Transit hängt von vielen Bedingungen ab, die gleichzeitig erfüllt sein müssen: Der Flüchtling braucht Geld. Er muß unauffällig aussehen, ohne jedoch dadurch aufzufallen, und die Razzien der französischen Polizei überstehen. Dazu benötigt er Papiere, einen Paß oder ein Affidavit, und darauf sollte die Einreisegenehmigung des Ziellandes und schließlich das französische Ausreisevisum gestempelt sein, wenn er seinen Schiffsplatz nutzen will (sofern er einen hat). Für das letzte Visum wird

letter he tells Breitenbach of an animal which he wants to send to his son in Paris, for lack of other Christmas presents: a duck. In the illustrations from Lohmar's album page »Carcassonne 1941«, it waddles around among the photos of his son, the »little André«.

In the meantime, Breitenbach's situation has taken a favorable turn. In late 1940, he travels through the Southwest of France; on February 19, 1941, he arrives in Marseille for the first time. Franz Werfel notes how turbulent the region has become since that summer:

»The Départements of the Pyrenees had become a fantastic army camp of chaos. The millions of members of this strange mass migration wandered about on the roads and clogged the cities and towns: French, Belgians, Dutchmen, Poles, Czechs, Austrians, exiled Germans, and among them the soldiers of the defeated armies. It was barely possible to still one's hunger, and there was no shelter left at all.«[11]

In Marseille, Breitenbach takes a room for five days in the Hotel Méditerranée. The port stands for the greatest hope of the European refugees: the passage to America. For many, though, it is a place of disappointment, where they go away empty-handed after waiting for visa and passage. The transit depends on many conditions which must be fulfilled simultaneously: the refugee needs money; he must be inconspicuous, but not conspicuously so, and must escape the raids of the French police. For this he needs papers: a passport or an affidavit which must be stamped with the entry permit of the destination country and finally with the French exit visa, if he is to make use of his ship reservation (assuming that he manages to get one). For the last visa his name is compared with the wanted lists of the Nazis, and even

sein Name mit den Fahndungslisten der Nazis ver-
glichen, und an dieser Hürde führt auch die Hilfe
der internationalen Komitees nicht vorbei. Deshalb
gerät Lion Feuchtwanger in eine aberwitzige Konstellation: Er ist im Sommer 1941 im Marseiller
Privathaus des US-Konsuls untergebracht – nachdem ihn Vizekonsul Myles Standish eigenhändig
aus dem Lager in Nîmes entführt hatte – und muß
sich von dort, trotz der größtdenkbaren Protektion,
auf den illegalen und gefährlichen Weg über die
Pyrenäen machen.

In Marseille bestimmt Unsicherheit jeden
Schritt, jede Handlung. Der Gang vom Hotel
zu einem Konsulat kann mit der Verhaftung
auf offener Straße enden oder in Verzweiflung
angesichts immer engerer Rettungswege. Heinrich
Mann schreibt über diese Momente: »Die Augen-
blicke von Sein oder Nichtsein sind märchenhaft,
solange sie spielen: man geht ungläubig hindurch.
Nachher überwiegt der Ärger über eine plumpe
Falle, in die man sich um ein Haar begeben hätte.«[12]
Anna Seghers, die mit *Transit* den Roman über das
tägliche Schwanken zwischen Aufgeben und Über-
lebenswillen am Marseiller Hafen geschrieben hat,
erzählt von der Stimmung unter den Antrag-
stellern im mexikanischen Konsulat, von Gerüch-
ten und Ängsten:

»(…) auf einmal sprachen alle zusammen, es kam
mir nicht einmal mehr zum Bewußtsein, in welcher
Sprache, es war eine Art von Chorgesang: Man
läßt keine Fremden mehr nach Oran. – Unsereins
läßt Spanien nicht durch. – Portugal läßt niemand
mehr hinein. – Es soll ein Schiff über Martinique
fahren.«[13]

Mit diesem Schiff, das im Mai 1941 tatsächlich
zu den französischen Antillen aufbricht, wird Breitenbach Europa verlassen. Eigentlich war von seiten
amerikanischer Helfer seine Überfahrt mit der
»Export-Linie« geplant, einer Schiffsroute von

**18** Breitenbachs Rechnung
im Hotel Mediterranée,
15 Quai des Belges,
Marseille, 19.–23. Februar
1941
*Breitenbachs bill of the Hotel
Mediterranée, 15 Quai des
Belges, Marseille, February
19–23, 1941*

VIA TRANSATLANTIC AIRMAIL

February 3, 1941

American Consul
Marseille
France

Gentlemen:-

     We hereby advise you that by order of:
     Mrs. Anne H. Henschel
     5337 Hyde Park Blvd.,
     Chicago, Illinois

We have opened on our books an irrevocable Credit Number 483,
expiring August 3, 1941, in favor of:

     Joseph Breitenbach

(hereinafter called "Beneficiary"), whose present address is:
     Poste Restante, Agen
     Lot & Garronne,
     France

In the amount of Twenty Five Hundred Dollars ($2500.00) which sum
will become available to the Beneficiary at our office at 50 South
La Salle Street, Chicago, Illinois, upon presentation by the
Beneficiary in person of his passport, but only after his arrival
in this country.

     The above mentioned sum of $2500.00 will become
available to the Beneficiary in monthly installments of $100.00
per calendar month, cumulative, provided he presents himself for the
initial payment on or before August 3, 1941. If the Beneficiary does
not present himself in person (together with his passport), at our
bank to claim the initial payment on or before the date above specified,
then the said credit shall terminate and we shall pay over the said sum
to our depositor, or her legal representatives, successors or assigns.
If the Beneficiary shall die, the said credit shall thereupon terminate
and we shall pay over the unused portion of said sum to our depositor,
her legal representatives, successors or assigns, the Beneficiary only
being entitled to the monthly installments accrued and payable up to
the date of death of the Beneficiary.

     Very truly yours,

HJK:EMF     Manager

**19** The Northern Trust (Chicago) an das US-Konsulat in Marseille, 3. Februar 1941
*The Northern Trust (Chicago) to the American consulate in Marseille, February 3, 1941*

the international committees cannot help the refugees over this hurdle. This puts Lion Feuchtwanger in a bizarre situation. In the summer of 1941 he is put up in the private house of the US counsel in Marseilles – after the vice counsel Myles Standish himself rescued him from the camp in Nîmes – and from there, despite the best patronage imaginable, he is forced to take the illegal and dangerous route across the Pyrenees.

In Marseille uncertainty holds sway over every step, every action. The way from hotel to consulate can end with an arrest in the middle of the street or in despair at the prospect of increasingly slim chances of rescue. Heinrich Mann writes of these instants: »The instants of being or nonbeing are unreal as a fairy-tale while they are occurring; one passes through incredulously. Afterwards what predominates is the anger at having barely escaped an obvious trap.«[12] Anna Seghers, whose novel *Transit* is about the daily vacillation between resignation and the struggle for survival at the port of Marseilles, tells of the mood among the petitioners in the Mexican consulate, of rumors and fears:

»(...) all at once they all spoke at the same time, I was not even conscious in what language, it was a kind of chorus: No more foreigners are being let into Oran. – Spain is not letting the likes of us through. – Portugal is letting no-one in. – They say there's a ship via Martinique.«[13]

On this ship, which sails in May 1941 to the French Antilles, Breitenbach will leave Europe. Actually his American helpers had planned for him to sail with the »Export line«, a ship route from Lisbon to America. On February 19, 1941, the European headquarters of

Lissabon nach Amerika. Am 19. Februar 1941 schreibt das europäische Hauptquartier der »American Export Lines Inc.« an das US-Konsulat in Marseille, daß die 370 Dollar für Breitenbachs Passage von der portugiesischen Hauptstadt nach New York hinterlegt seien. Es wird noch mehr für ihn getan. Schon am 3. Februar 1941 informiert »The Northern Trust Company, Chicago« den Marseiller Konsul über die Einrichtung eines unwiderruflichen Kredits über $ 2500 zu Breitenbachs Gunsten. Die Zuwendung ist an eine taktische Klausel gebunden, und um sie einzuhalten, muß der Empfänger bald in die USA ausreisen dürfen: Breitenbach erhält das Geld nur, wenn er sich persönlich vor dem 3. August 1941 bei der amerikanischen Bank einstellt. Die Stifterin heißt Anne Henschel, sie lernte Breitenbach bei ihrem Besuch der Weltausstellung 1937 in Paris kennen. Die Verbindung kam über ihre Nichte Ruth Snowman zustande, die in Großbritannien lebte, aber während eines Paris-Aufenthaltes 1934/35 bei Breitenbach Photographie studierte. Über den Kanal hinweg wurde aus der Schülerin Breitenbachs Agentin und Verlobte; jetzt ist sie für seine Rettung mitverantwortlich: Snowman organisiert Geld und mobilisiert Verbindungen in den USA, die Breitenbachs Einreise beschleunigen. Die Kreditbürgschaft ist also eine Art Mitgift für eine Heirat, die aber platzt, denn später in den USA (Snowman trifft am 28. Mai 1942 in New York ein) bricht die Beziehung auseinander.

Breitenbachs Ausgangslage in Marseille ist außergewöhnlich gut, und das Geld, um die Wartezeit bis zur Ausstellung der behördlichen Dokumente zu überstehen, bekommt er auch. Er ist sogar in der Lage, Freunde in finanziellen Nöten zu unterstützen. Seine letzte feste Adresse in Frankreich ist in der Stadt seiner Entlassung aus dem »Prestataire«-Dienst: 28, rue Mirabeau, Agen.

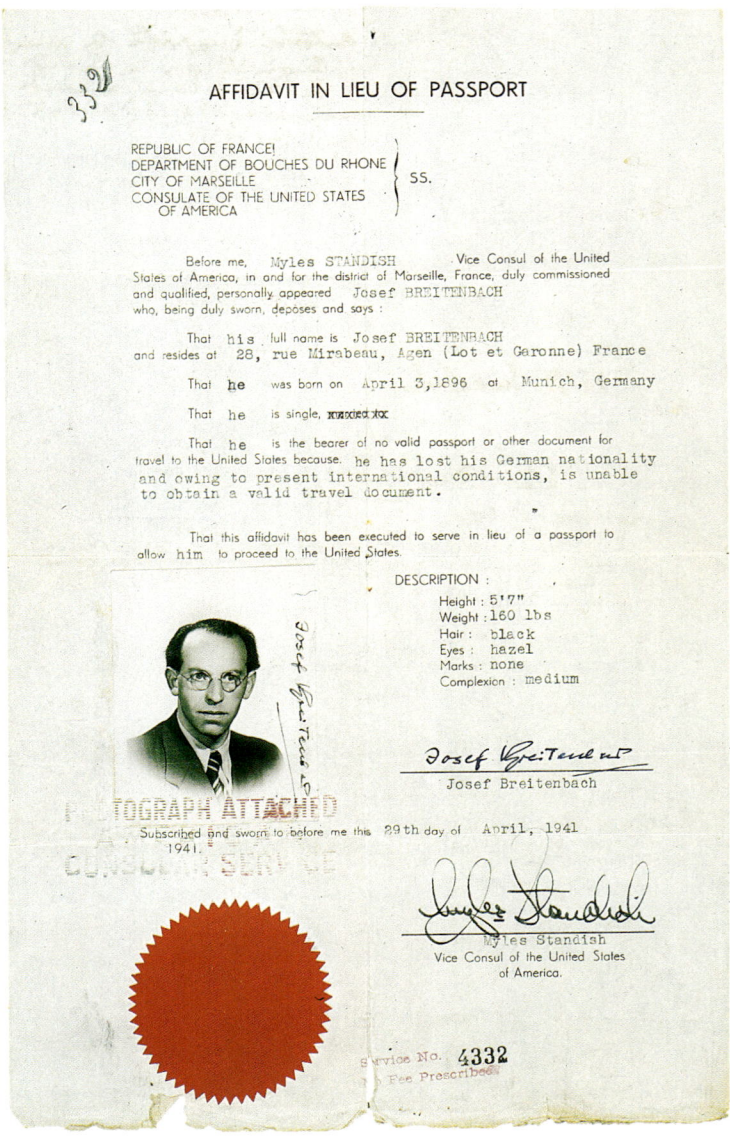

**20/21** Breitenbachs Affidavit
in Lieu of Passport, Marseille,
29. April 1941. Rückseite:
US-Immigrationsvisum,
1. Mai 1941, französisches
Transitvisum, 2. Mai 1941
*Breitenbach's Affidavit in Lieu*
*of Passport, Marseille, April*
*29, 1941. Back: US Immi-*
*gration-Visa, May 1, 1941,*
*French transit visa, May 2,*
*1941*

the »American Export Lines Inc.« writes to the US consulate in Marseilles that the $370 for Breitenbach's passage from the Portugese capital to New York have been deposited. Still more is done for him. On February 3, 1941, »The Northern Trust Company, Chicago« informs the Consul in Marseilles that a credit of $2500 has been opened for Breitenbach's benefit. The gift is subject to a tactical clause; to collect it, he must be allowed to emigrate the USA shortly. Breitenbach will receive the money only if he appears in person at the American bank before August 3, 1941. The donor is Anne Henschel, who met Breitenbach on her visit to the World Fair in Paris 1937. They knew each other by way of her niece, Ruth Snowman, who lived in Great Britain, but studied photography with Breitenbach during a visit to Paris in 1934/35. Across the English Channel, the pupil became Breitenbach's agent and fiancée, and now one of those responsible for Breitenbach's rescue: Snowman drums up money and draws upon connections in the USA in order to expedite Breitenbach's arrival in America. Thus, the credit guarantee is a kind of dowry for their marriage, which, however, falls through. Later, in the USA (Snowman arrives in New York on May 28, 1942), the relationship breaks up.

Breitenbach starts off with unusually good cards in Marseilles, and he also receives the money he needs to bridge the period until the official documents are issued. He is even able to help friends in financial difficulties. His last fixed address in France is in the city of his release from the »Prestataire« service: 28, rue Mirabeau, Agen. It is given in the »Affidavit in Lieu of Passport« which Vice Consul Myles Standish signs on

Sie steht im »Affidavit in Lieu of Passport«, das Vizekonsul Myles Standish am 29. April 1941 in Marseille unterschreibt. Am 1. Mai wird das amerikanische »Immigration Visa« auf die Rückseite gestempelt, tags drauf das »Visa de Sortie de France« und das Transitvisum. Es berechtigt zur Station auf den Antillen bei der Durchreise nach den Vereinigten Staaten.

Statt wie geplant von Lissabon legt Breitenbach also von Marseille aus ab. Er verläßt das Land am 6. Mai 1941 mit der *Winnipeg*. Vor der Abfahrt kann Breitenbach wieder photographieren. Sein letztes Bild zeigt eine Marseiller Straßenszene: Zwei Polizisten stehen vor einem Ladenlokal, sie machen Notizen.

Die *Winnipeg* transportiert knapp 800 Flüchtlinge, zumeist jüdische Familien, und fährt unter der schwer identifizierbaren Flagge des durcheinandergeratenen Europa: Das Schiff gehört jetzt einer französischen Reederei, war zwei Jahre zuvor aber von der spanischen Exilregierung gekauft worden, um Franco-Flüchtlinge nach Lateinamerika zu bringen.[14] Mit Breitenbach als Passagier wird es vor Martinique von einem holländischen Kriegsschiff, das für die britische Navy kreuzt, gestoppt und in den Hafen von Trinidad eskortiert, wo die Ausreisenden vorübergehend wieder interniert werden. Schon zu Beginn war die Reise risikoreich, denn die Straße von Gibraltar liegt unweit von Francos nordafrikanischen Exklaven. Die Gefahren der Überfahrt bestehen zu müssen ist für Breitenbach im Vergleich zu den Aussichten, die seine Freunde auf dem europäischen Festland haben, ein Privileg. Hans Kalischer, der noch immer festsitzt, weiß das und antwortet auf Breitenbachs Abschiedsbrief:

»Nach Deinen letzten Grüßen folgten die Sendungen (Päckchen und Geld). Ich nahm das alles sehr gerührt und mit etwas gemischten Gefühlen

April 29, 1941, in Marseilles. On May 1, the American »Immigration Visa« is stamped on the back, to be supplemented a day later by the »Visa de Sortie de France« and the transit visa, which entitles him to stop off in the Antilles on the way to the United States.

Thus, Breitenbach sails from Marseilles rather than Lisbon as planned. He leaves the country on May 6, 1941, on the *Winnipeg*. Before departure Breitenbach is able to take a few more photographs. His last picture shows a Marseilles street scene: two policemen stand in front of a shop/bar, taking notes.

The *Winnipeg* transports about 800 refugees, mainly Jewish families, and it sails under the flag of a disrupted Europe: the ship now belongs to a French shipping company; two years before, however, it had been purchased by the Spanish exile government to transport refugees fleeing from Franco to Latin America.[14] During Breitenbach's voyage, it will be stopped off Martinique by a Dutch warship cruising for the British Navy and escorted to the port of Trinidad, where the emigrants are temporarily interned once again. The journey is full of risks from the very beginning, for the Straits of Gibraltar are not far from Franco's North African exclaves. The necessity to endure the voyage's danger is a privilege for Breitenbach in comparison with the prospects of his friends on the European continent. Hans Kalischer, still trapped, is well aware of this, and replies to Breitenbach's farewell letter:

»Your last greetings were followed by the parcels (package and money). I received it all with great emotion and with somewhat mixed feelings. Usually

**22** Breitenbachs letztes
Photo in Europa: Straßen-
szene in Marseille, Mai 1941
*Breitenbachs last shot in*
*Europe: Marseilles street*
*scene, May 1941*

entgegen. Gewöhnlich treten die Lebenden die Erbschaft der Toten an. In unserem Falle ist es umgekehrt (...) Du kennst unsere Schlupfwinkel, unsere Lage, unsere Aussichten (...) In diesem Sinne, lieber Freund, auf ein gesundes Wiedersehen, so die Götter es wollen – sonst wenigstens auf ein gutes, bleibendes Gedenken!«

Für Heinrich Mann ist der rettende »Abschied von Europa« das Schmerzlichste, was ihm je widerfuhr; er wiegt schwerer als der Verlust von Besitz und Ansehen in Deutschland und die gesamten Kalamitäten des Exils. Die Bilanz des Exils in Frankreich ist für ihn die Konsequenz aus 1933: »Als dieses Land mich nicht mehr schützen konnte, bekam mein alter Gang durch Berliner Straßen, Februar 1933, endlich sein wahres Gesicht. Die Verbannung aus Europa war es, sie hatte ich damals angetreten.«[15] Breitenbach überliefert vom Weg nach Amerika weniger Gram, er photographiert. Seine Bilder enthalten Metaphern, die aus der zeitlichen Distanz etwas klischeehaft erscheinen. Doch sie sind stimmig: Die Photos vom Deck seines Schiffs zeigen einen Horizont, der in den zurückliegenden acht Jahren nie so offen gewesen ist.

Die karibische Eskapade der *Winnipeg* geht für die Emigranten gut aus. Nach dem Zwangsaufenthalt in Trinidad, wo Breitenbach von der Reling herab beibordende Boote voller Lebensmittel photographiert, geht seine Fahrt am 19. Juni 1941 weiter. Er reist auf einem Vergnügungsschiff, das normalerweise Hochzeitspaare in die Flitterwochen bringt. Eine Woche später ist er in New York. Geographisch ist seine Reise damit zu Ende, psychologisch dauert sie aber an, bis die Nationalsozialisten besiegt sind. Breitenbach macht die letzten Photos der Flucht am 8. Mai 1945. Die New Yorker Konfettiparaden sind berühmt und finden auch zu trivialen Anlässen statt. In Breitenbachs Bild wird die Parade am »Victory-Europe-

the living come into the inheritance of the dead. In our case it is the other way around (...) You know our hiding place, our position, our prospects (...) In this spirit, dear friend, I hope we will meet again in good health, if the gods so will – otherwise I hope at least for good and lasting memories!«

For Heinrich Mann the life-saving »farewell from Europe« is the most painful experience of his life, more significant than the loss of possessions and status in Germany and all the calamities of exile. For him, the final balance of the exile in France shows the true consequences of 1933: »When this country was no longer able to protect me, my long-ago walk through the streets of Berlin in February 1933 finally showed its true face. It was the banishment from Europe, and I had already entered upon it then.«[15] Breitenbach conveys less sorrow during his journey to America; he takes photographs. So many years later, the metaphors in his pictures seem somewhat clichéd. Yet they are fitting: the photos from the deck of his ship show a horizon more open than it has ever been in the past eight years.

The *Winnipeg*'s Caribbean escapade ends well for the emigrants. After the forced halt in Trinidad, where, from the railing, Breitenbach photographs boats full of produce docking at ship in the harbor, his voyage continues on June 19, 1941. He travels on a pleasure ship whose usual passengers are newly-married couples. A week later he is in New York. In a geographical sense, this is the end of his journey; psychologically, however, it continues until National Socialism has been overthrown. Breitenbach takes the last photos of his flight on May 8, 1945. New York is famous for its ticker-tape parades, which also take place on more trivial occasions. In Breitenbach's picture, the parade on »Victory-Europe Day« is a memorial to exile and those who were left behind. He photographs the

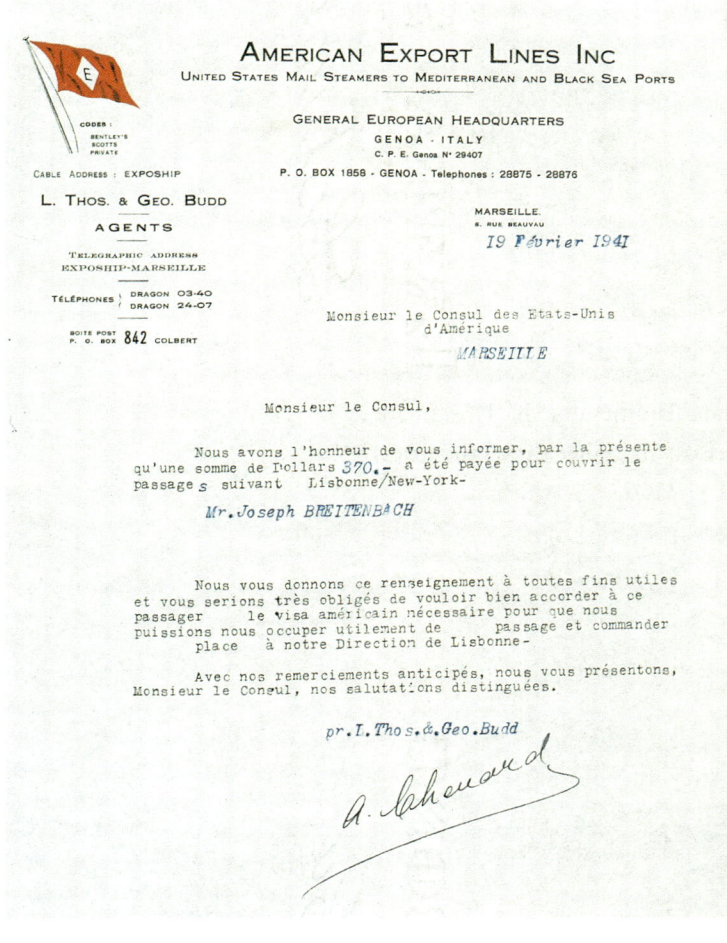

**25** Der Horizont der Überfahrt, Mai 1941
*The horizon during the
passage, May 1941*

**23** American Export Lines
an das US-Konsulat in
Marseille, 19. Februar 1941
*American Export Lines to the
American consulate in
Marseille, February 19, 1941*

**24** Cheque American
Express, 5. Mai 1941/*May 5,
1941*

d. 9. Mai 1941.

Lieber Freund,

wie und wann werden Dich diese Zeilen empfangen? Gesund und in zuversichtlicher Stimmung,
nach den sicher nicht geringen Strapazen der
Reise? Werden sie Dich überhaupt erreichen?
Das sind alles Fragen, deren Beantwortung ich
in grosser Geduld werde abwarten müssen.
Aber die Geduld ist ja die einzige Tugend, in
deren Übung uns Zurückgebliebene das Schicksal von jetzt ab zu erziehen gedenkt.

Du hast uns blitzhaft verlassen. Nur war ich
damals auf dem Bahnhof in Marseille, wo wir
Abschied nahmen, weniger optimistisch auf ein
„baldiges Wiedersehen" eingestellt und bin es auch
heut nicht. Wie und warum Du so schnell auf-
brachst, ist für uns noch ungeklärt; es hätte uns
aus naheliegenden Gründen sehr interessiert.

Nach Deinen letzten Grüssen folgten die Sendungen (Päckchen u. Geld). Ich nahm dass alles
gerührt und mit etwas gemischten Gefühlen
entgegen. Gewöhnlich treten die Lebenden die
„Erbschaft" der Toten an. In unserem Falle
ist es umgekehrt. — Wir alle sagen Dir von Herzen
Dank dafür, dass Du noch zuletzt, im Wirbel
und der Aufregung einer so überstürzten Ab-
reise an uns gedacht hast.

Ich brauche Dir nicht zu sagen: vergiss uns
nicht! Eine langjährige Wanderer = Freundschaft
wie die unsere bleibt dem Gedächtnis eingeprägt.
Dafür wird auch die unvergessliche Atmosphäre
sorgen,

in der sie geschlossen würde: Paris mit seiner
immer und überall Herz, Sinne, Geist erregenden
Luft — Paris, wo mit vielen tausenden anderen
auch unsere Traumprojekte in den alten Strassen
und Caféwinkeln fortleben werden — Paris, das wir
selbst in grösstem Elend, trotz aller materieller
Unsicherheiten, beide von Anfang bis zu Ende
beglückt und gegenwärtig genossen haben. Wenn
es für uns Heimatlose noch ein Gefühl wie
„Heimweh" gibt, so werden wir uns sicher in der
gemeinsamen Sehnsucht nach dieser alten
Zauberstadt wiedertreffen. —

Sonst, lieber Joseph, gibt es von hier nichts mehr
von Belang zu berichten. Du kennst unseren Schlupfwinkel, unsere Lage, unsere Aussichten. Du kannst
unsere Eindrücke u. Erlebnisse in jüngster Vergangenheit aus eigener lebendiger Anschauung
anderen übermitteln. Wenn Du gemeinsame Bekannte oder Freunde triffst grüsse sie bitte. Grüsse
auch meinen Bruder, den Du besuchen willst, herz-
lich. Ich hoffe, dass Du ihm manche unserer
Reaktionen, die ihm aus der Ferne so unbegreiflich
zu sein scheinen, sach= und personenkundig erst
erklären können. — Vor allem gebe ich mei-
nem Briefe alle guten Wünsche für Aufbau u.
Zukunft in der anderen Welt mit. Wünsche,
die trotz inneren Gewichtes leicht sind, und so
wenigstens den Brief nicht unerlaubt belasten.

In diesem Sinne, lieber Freund, auf ein
gesundes Wiedersehen, so es die Götter wollen —
— sonst wenigstens auf ein gutes, bleibendes
Gedenken! Mit herzlichem Händedruck
Dein Hans K.

**26/27** Hans Kalischer an
Breitenbach, 9. Mai 1941
*Hans Kalischer to
Breitenbach, May 9, 1941*

**28** Boote um die Winnipeg,
Trinidad, Mai 1941
*Ships surrounding
the Winnipeg, Trinidad,
May 1941*

Day« zum Denkmal des Exils und der Zurückgebliebenen: Er photographiert sie von einem
Hochhaus mit Blick auf die Trinity Church.
Der dortige Friedhof ist von unzähligen weißen
Punkten übersät, es sind Schnipsel beschriebenen
und blanken Papiers. Es erging ihnen ähnlich
wie den Verfolgten aus Deutschland. Sie wurden
aus ihrem Kontext gerissen und aus den Fenstern
fester Häuser geworfen, in Flauten gestürzt,
von Aufwinden hochgetrieben, verweht. Die in
Manhattan wieder Boden erlangten, hatten Glück.
Sie sind jetzt das Gedächtnis derer mit dem »Grab
in den Lüften«. [16]

parade from a skyscraper, looking down on Trinity
Church, whose graveyard is covered with a myriad of
white dots, scraps of paper blank and written upon.
These papers are like the persecuted exiles from
Germany. They were torn out of their context and
thrown from the windows of firmly-anchored
buildings, stuck in the doldrums, whirled by upcurrents,
scattered. Those who found solid ground again in
Manhattan were lucky. They are now the memory of
those whose »grave is in the air«. [16]

**29** Victory-Europe-Day.
Friedhof der Trinity Church
nach der Konfetti-Parade,
New York, 8. Mai 1945
*Victory-Europe-Day.*
*Graveyard of the Trinity*
*Church after the ticker-tape*
*parade, New York, May 8,*
*1945*

Kapitel 1

1  Oskar Maria Graf, Eidesstattliche Erklärung zu Breitenbach (es geht um dessen Entschädigungsanspruch), New York, 16.11.1957, Typoskript, JBA/CCP AG 90:4/26.

2  Halfbrodt 1996, S. 23.

3  Jones: Breitenbach, undatiert

4  Das Porträt von 1932 ist zu sehen in Immisch u.a. 1996, S. 15.

5  Franz von Papen an Breitenbach, Berlin, 30.10.1932. Original im JBA/CCP, AG 90:1/4.

6  Adolphe Basler: *Le Cafard après la Fête*, 1929.

7  Erika und Klaus Mann: *Escape to Life*, S. 14.

8  Einen Abriß der Exilsituation in Frankreich und einen Überblick über die einschlägige Literatur der letzten Jahre gibt Vormeier 1998.

9  Certificat de Domicile, JBA/CCP AG 90:12/6.

10  JBA/CCP AG 90:1/4, Bl. 1.

11  Derenthal 1996, S. 76, 222, Anm. 4.

12  Reneé Moutard-Uldry: Photographies, *Beaux-Arts*, 76, 15.6.1934, JBA/CCP AG 90:36/7: »Joseph Breitenbach présente à la galerie de la Pléiade une série de portraits, de nus et de paysages. Ses études de la figure humaine sont parfois belles et ne manquent pas de caractère; elles marquent cependant une certaine maladresse à retenir la mobilité des expressions: ses portraits semblent des fragments découpés dans un film: on attend la fin de ce sourire, la suite qui équilibrera ce geste esquissé. Une puissante image de nageur-sauveteur tendu et haletant, échappe justement par son immobilité expressive ce défaut.«

13  Pariser Begegnungen; Silver 1985, S. 13ff.; Klüver/Martin 1985, S. 75–76.

14  Simpson 1995; Peters 1999.

15  Die Kontakte gehen aus Breitenbachs Taschenkalender hervor. JBA/CCP AG 90:17, Juni 1935 bis Juni 1937.

16  JBA/CCP AG 90:17, date books.

17  In den USA lehrt er später u.a. an der New School for Social Research, dem Black Mountain College und der Cooper Union. JBA/CCP AG 90: 30/1–33/9.

18  Pohlmann 1996, S. 204. Eine Dokumentation liegt vor: *Die Sammlung Josef Breitenbach*, 1979.

19  JBA/CCP AG 90:21/9, writings, Othon Friesz' Academy, 1935. Breitenbach schreibt den Text in Englisch, vgl. also das Original im englischsprachigen Teil.

20  JBA/CCP AG 90:1/5; Derenthal 1996, S. 86–87.

21  Ein deutscher Photograph stellt aus, *Pariser Tageblatt*, 25.2.1935, JBA/CCP AG 90:36/7.

22  Die von der kommunistischen Partei getragene AEAR ist ein wichtiges Forum der aktuellen Debatte um die gesellschaftliche Rolle der realistischen Kunst. Die Organisation unterstützt im Mai 1936 die Volksfrontregierung von Leon Blum, und öffnet 1938 ihre »Maison de la Culture« dem Freien Künstlerbund für die Gegenausstellung zu »Entartete Kunst«.

23  Vgl. Breitenbach: Abrißgegend, in Derenthal 1996, S. 79, Bild 86.

24  Breitenbach an das Comitée d'Assistance aux Réfugiés, 7.10.1936, JBA/CCP AG 90:1/4.

25  Breitenbach steht damit in der Nachfolge von Atget.

Kapitel 1

1  Oskar Maria Graf, statutory declaration on Breitenbach (regarding Breitenbach's compensation claim), New York, Nov. 16, 1957, typescript, JBA/CCP AG 90:4/26.

2  Halfbrodt 1996, p. 23.

3  Jones: Breitenbach, undated.

4  The 1932 portrait can be found in Immisch et al, 1996, p. 15.

5  Franz von Papen to Breitenbach, Berlin, Oct. 30, 1932. Original in JBA/CCP, AG 90:1/4.

6  Adolphe Basler: *Le Cafard après la Fête*, 1929.

7  Erika and Klaus Mann: *Escape to Life*, p. 14.

8  An outline of the exile situation in France and an overview of the relevant literature from recent years is provided by Vormeier 1998.

9  Certificat de Domicile, JBA/CCP AG 90:12/6.

10  JBA/CCP AG 90:1/4, Bl.1.

11  Derenthal 1996, pp. 76, 222, note 4.

12  Reneé Moutard-Uldry: Photographies, *Beaux-Arts*, 76, June 15, 1934, JBA/CCP AG 90:36/7: »Joseph Breitenbach présente à la galerie de la Pléiade une série de portraits, de nus et de paysages. Ses études de la figure humaine sont parfois belles et ne manquent pas de caractère; elles marquent cependant une certaine maladresse à retenir la mobilité des expressions: ses portraits semblent des fragments découpés dans un film: on attend la fin de ce sourire, la suite qui équilibrera ce geste esquissé. Une puissante image de nageur-sauveteur tendu et haletant, échappe justement par son immobilité expressive ce défaut.«

13  Pariser Begegnungen; Silver 1985, pp. 13ff.; Klüver/Martin 1985, pp. 75–76.

14  Simpson 1995; Peters 1999.

15  The contacts follow from entries in Breitenbach's pocket diary. JBA/CCP AG 90:17, June 1935 to June 1937.

16  JBA/CCP AG 90:17, date books.

17  In the USA he later taught at various schools including the New School for Social Research, the Black Mountain College and the Cooper Union, JBA/CCP AG 90: 30/1–33/9.

18  Pohlmann 1996, 204. This is documented in *Die Sammlung Josef Breitenbach*, 1979.

19  JBA/CCP AG 90:21/9, writings, Othon Friesz' Academy, 1935. Breitenbach writes the text in English.

20  JBA/CCP AG 90:1/5; Derenthal 1996, pp. 86–87.

21  Ein deutscher Photograph stellt aus (A German Photographer Exhibits his Work), *Pariser Tageblatt*, Feb. 25, 1935, JBA/CCP AG 90:36/7.

22  The AEAR, backed by the Communist Party, is an important forum for the current debate on the social role of realist art. In May 1936, the organization supports Leon Blum's Popular Front government, and in 1938 it places its »Maison de la Culture« at the disposal of the Freier Künstlerbund (Free Artists' League) for a counter-exhibition to »Degenerate Art«.

23  Cf. Breitenbach: Abrißgegend (Demolition Area), in Derenthal 1996, p. 79, Fig. 86.

24  Breitenbach to the Comitée d'Assistance aux Réfugiés, Oct. 7, 1936, JBA/CCP AG 90:1/4.

25  This puts Breitenbach in the tradition of Atget.

**Kapitel 2**

1 Vgl. Schiller u.a. 1981, S. 258ff.

2 Heinrich Mann: *Das freie und das unfreie Buch, Das Freie Deutschland*, Paris 1936, S. 1.

3 Wolf Franck in *Das Wort*, Jan. 1937, S. 102.

4 Brecht an Herzfelde, Dez. 1937, *GBFA* XXIX, S. 67.

5 Eva Herrmann an Breitenbach, 7.12.1937, JBA/CCP AG 90:15.

6 Lion Feuchtwanger: *Exil*, S. 631.

7 Wolf Franck: Pariser Deutsche Chronik, *Das Wort*, Moskau, Jan. 1937.

8 Klaus Mann: *Die Sammlung*, Sept. 1933, Nachdr. 1986, Bd. 1, S. 2.

9 Die Distanzierung von der *Sammlung* zeigt die Verunsicherung der vier Autoren, während ihre Verachtung des NS-Regimes außer Frage steht. Die Geschichte des Skandals wird von Landshoff selbst im Vorwort zum Nachdruck der *Sammlung* (Bd. 1, S. v–viii) und in seinen Erinnerungen (*Amsterdam, Keizersgracht 333, Querido Verlag*, S. 60–69) erzählt; unter den jüngeren Darstellungen ist die von Hans-Albert Walter besonders empfehlenswert (Walter 1997, S. 32–63).

10 Thomas Mann an Korrodi, 3.2.1936, in Thomas Mann: *Briefe 1889–1936*, S. 412–413.

11 Die umfangreichste Datensammlung zu fast allen Exilzeitschriften ist das vierbändige *Handbuch der deutschen Exilpresse* von Lieselotte Maas, 1976ff.

12 T*he Brown Network*, New York 1936.

13 Alfred Kantorowicz: *Nachtbücher*, S. 82.

14 Breitenbachs Taschenkalender, Sept./Okt. 1935, JBA/CCP AG 90:17, date books.

15 Soma Morgenstern: *Joseph Roths Flucht und Ende*, S. 100.

16 Ernst Toller: Rede auf dem PEN-Club-Kongreß am 28.5.1933 in Ragusa, in Toller: *Kritische Schriften*, S. 169–173.

17 Ludwig Marcuse: *Mein zwanzigstes Jahrhundert*, S. 61.


**Kapitel 3**

1 Bertolt Brecht: Kunst oder Politik?, *GW* XVIII, S. 252.

2 Abgedruckt in *Das Wort*, Okt. 1937, S. 59.

3 Vgl. Villard 1999, S. 208ff.

4 Brecht an Breitenbach, Svendborg, Nov. 1937, JBA/CCP AG 90:4/4.

5 Anna Seghers: Helene Weigel spielt in Paris, *Internationale Literatur*, Jan. 1938, S. 126–127.

6 Steffie Spira: *Trab der Schaukelpferde,* S. 122–123.

7 Ob der Text der Reportage (vollständig bei Derenthal 1996, S. 84) tatsächlich von Breitenbach stammt, bleibt offen, denn als Absender tritt ein realer oder fingierter »Freund« auf (mit der Adresse 31, rue Champagne-Première), der sich in dem Brief an *LIFE* als Autor ausgibt (JBA/CCP AG 90:21/17). Die Absage: Willard Morgan/*LIFE* an Breitenbach, New York, 28.12.1937, JBA/CCP.

8 Breitenbach an Weigel, New York, 19.11.1956, JBA/CCP AG 90:4/4.

9 Bertolt Brecht: Kunst oder Politik?, *GW* XVIII, S. 252.

10 Bertolt Brecht: *Die Gewehre der Frau Carrar, GBFA* IV, S. 313.

11 Bertolt Brecht: *Die Gewehre der Frau Carrar, GBFA* IV, S. 321.

12 Im Archiv der Akademie der Künste ist ein Satz Reproduktionen mit Szenentexten aufgetaucht (AdK, Sammlung DK-Exil, Rep. 101/Fr.2.e.1–22). Die Herkunft der Zeilen ist nicht rekonstruiert, wir drucken sie trotzdem mit Breitenbachs Negativen aus dem CCP. Die Szenentexte könnten von Brecht und Weigel selbst oder auch von Trepte hinzugefügt worden sein, der das Archivmaterial in der DDR benutzte


**Kapitel 2**

1 Cf. Schiller et al 1981, pp. 258ff.

2 Heinrich Mann: *Das freie und das unfreie Buch, Das Freie Deutschland* (The Free Germany), Paris 1936, p. 1.

3 Wolf Franck in *Das Wort*, Jan. 1937, p. 102.

4 Brecht to Herzfelde, Dec. 1937, *GBFA* XXIX, p. 67.

5 Eva Herrmann to Breitenbach, July 12, 1937, JBA/CCP:AG:90/15.

6 Lion Feuchtwanger, *Exil*, p. 631.

7 Wolf Franck, Pariser Deutsche Chronik, *Das Wort*, Moscow, Jan. 1937.

8 Klaus Mann: *Die Sammlung*, Sept. 1933, repr. 1986, vol. 1, p. 2.

9 The distancing from *Die Sammlung* shows the insecurity of the four authors, while their contempt for the regime is beyond question. Landshoff himself later told the story of the scandal in the foreword to the reprint of *Die Sammlung* (Bd. 1, pp. v–viii) as well as in his memoirs (*Amsterdam, Keizersgracht 333, Querido Verlag*, pp. 60–69); among more recent accounts, Hans-Albert Walter is especially to be recommended (Walter 1997, pp. 32–63).

10 Thomas Mann to Korrodi, Feb. 3, 1936, in Thomas Mann: *Briefe 1889–1936*, pp. 412–413.

11 The most complete collection of data indexing nearly all exile magazines is the four-volume *Handbuch der deutschen Exilpresse* (Handbook of the German Exile Press), by Lieselotte Maas, 1976ff.

12 *The Brown Network*, New York 1936.

13 Alfred Kantorowicz: *Nachtbücher*, p. 82.

14 Breitenbach's pocket diary, Sept./Oct. 1935, JBA/CCP AG 90:17, date books.

15 Soma Morgenstern: *Joseph Roths Flucht und Ende*, p. 100.

16 Ernst Toller: Speech at the PEN-Club congress on May 28, 1933 in Ragusa, in Toller: *Kritische Schriften*, pp. 169–173.

17 Ludwig Marcuse: *Mein zwanzigstes Jahrhundert*, p. 61.


**Kapitel 3**

1 Brecht: Art or Politics?, *Collected Plays*, vol. 4, part 3, pp. 161–162.

2 Printed in *Das Wort*, Oct. 1937, p. 59.

3 Cf. Villard 1999, pp. 208ff.

4 Brecht to Breitenbach, Svendborg, Nov. 1937, JBA/CCP AG 90:4/4.

5 Anna Seghers: Helene Weigel spielt in Paris, *Internationale Literatur*, Jan. 1938, pp. 126–127.

6 Steffie Spira: *Trab der Schaukelpferde* (Trot of the Rocking Horses), pp. 122–123.

7 It is unclear whether the text of the article (complete in Derenthal 1996, p. 84) was actually written by Breitenbach, for the sender is a real or fictitious »friend« (at the address 31, rue Champagne-Première) who presents her/himself as the author in the letter to *LIFE* (JBA/CCP AG 90:21/17). The rejection letter: Willard Morgan/*LIFE* to Breitenbach, New York, Dec. 28, 1937, JBA/CCP.

8 Breitenbach to Weigel, New York, Nov. 19, 1956, JBA/CCP AG 90:4/4.

9 Brecht: Art or Politics?, *Collected Plays*, vol. 4, part 3, p. 162.

10 Brecht: *Señora Carrar's Rifles, Collected Plays*, vol. 4, part 3, p. 103.

11 Brecht: *Señora Carrar's Rifles, Collected Plays*, vol. 4, part 3, p. 112.

12 A set of reproductions with corresponding typed excerpts from the play was discovered in the archive of the Akademie der Künste (AdK, Sammlung DK-Exil, Rep. 101/Fr.2.e.1–22). The origin of the texts has not been reconstructed; nonetheless, we reproduce them here along with Breitenbach's negatives from the CCP. These excerpted passages might stem from Brecht and Weigel themselves or may have been added by Trepte, who used and

und ergänzte, möglicherweise aber auch von frühen Exilforschern in Ostberlin.

13 Hecht 1997, S. 524. Die Aufführung findet schließlich am 21. Mai 1938 statt.

14 Brecht und Weigel an Breitenbach, Svendborg, 10.1.1938, JBA/CCP AG 90:4/4.

15 Bertolt Brecht: Anmerkung zu *Die Gewehre der Frau Carrar*, *GW* XVII, S. 1100; Bertolt Brecht: Journal vom 25.2.1939, *GBFA* XXVI, S. 330.

16 Bertolt Brecht: *GW* XVII, S. 1100. Am 16. Oktober 1937 wird nach der Aufführung der Film *Der letze Milliardär* von René Clar gezeigt, zudem werden Brecht-Lieder vorgetragen.

17 Bertolt Brecht: Unterschiedliche Spielweise, *GW* XVII, S. 1101; vgl. auch Beschreibung des Spiels der H. W., *GBFA* XIV, S. 372.

18 Bertolt Brecht: Brief an Karl Korsch, Okt./Nov. 1937, *GBFA* XXIX, S. 57.

19 Anna Seghers: Helene Weigel spielt in Paris, *Internationale Literatur*, Jan. 1938, S. 126–127.

20 Brecht: »Die Schauspielerin im Exil (Helene Weigel gewidmet)«, *GBFA* XIV, S. 355.

21 Brecht: *Der Messingkauf*, *GW* XVI, S. 602.

22 Mittenzwei 1997, Bd. 1, S. 591.

23 Für Lukács ist die Montage der »Gipfelpunkt der antirealistischen Entgleisung«, deshalb hat Brecht für das Lob aus Moskau, das Lukács nach der Veröffentlichung einer Szene in der Zeitschrift *Das Wort* über Brechts angeblich neuen Realismus äußert (Georg Lukács: Es geht um den Realismus, *Das Wort*, Juni 1938), nur Hohn übrig: »Lukács hat den ›Spitzel‹ bereits begrüßt, als sei ich ein in den Schoß der Heilsarmee eingegangener Sünder.« (Brecht: Journal vom 15.8.1938, *GBFA* XXVI, S. 318.)

24 Bertolt Brecht: Brief an Slatan Dudow, 19.4.1938, *GBFA* XXIX, S. 86.

25 G.F.: Brecht Uraufführung in Paris, *Deutsche Volkszeitung*, 13.5.1938.

26 Bertolt Brecht: *Furcht und Elend des III. Reiches, GBFA* IV, S. 370.

27 Bertolt Brecht: *Furcht und Elend des III. Reiches, GBFA* IV, S. 388. Zum Effekt dieser Verallgemeinerung durch den Plural vgl. Knopf 1980, 148.

28 Bertolt Brecht: *Furcht und Elend des III. Reiches, GBFA* IV, S. 389.

29 Bertolt Brecht: *Furcht und Elend des III. Reiches, GBFA* IV, S. 389.

30 Robert Breuer: Bei den Proben für die Brecht-Uraufführung, *Deutsche Volkszeitung*, 21./22.5.1938.

31 Walter Benjamin: Brechts Einakter, *Die neue Weltbühne*, 30.6.1938.

32 Bertolt Brecht: Brief an Wieland Herzfelde, Anfang/Mitte März 1938, *GBFA* XXIX, 79; Bertolt Brecht: Brief an Wieland Herzfelde, 31.5.1938, ebd., S. 95–96.

33 Bertolt Brecht: Brief an Karl Korsch, Apr. 1938, *GBFA* XXIX, S. 92.

34 Die Aufführung gerät zu einer kleinen Demonstration: »In der Pause werden die Literaturpreise der ›Tribüne‹ verliehen. Oskar Maria Graf hält dazu eine Ansprache, deren ethische Kraft und leidenschaftlicher Impuls Begeisterung weckte.« (*Aufbau*, 19.6.1942).

35 Die Erstaufführung inszeniert Henry Schnitzler am 7. Juni 1945 in Berkeley.

36 Bertolt Brecht: *The Private Life of the Master Race*, übersetzt von Eric Bentley, New York 1944. Den amerikanischen Titel legte Brecht selber fest – vgl. Bentley 1999 (1945), S. 23. Das Photo stammt von Associated Press, Brecht nimmt es in die *Kriegsfibel* auf (Berlin 1994, S. 56, 69).

37 Bertolt Brecht: Brief an Max Reinhardt, Ende Mai 1942, *GBFA* XXIX, S. 231.

supplemented the archival material in the GDR. Alternatively, they may stem from early exile researchers in East Berlin.

13 Hecht 1997, p. 524. The performance is ultimately held on May 21, 1938.

14 Brecht and Weigel to Breitenbach, Svendborg, Jan. 10, 1938, JBA/CCP AG 90:4/4.

15 Bertolt Brecht: Note to *Señora Carrar's Rifles*, in Collected Plays, vol. 4, part 3, p. 161; Bertolt Brecht: *Journal* from Feb. 25, 1939, Journals 1934–1955, p. 23.

16 Bertolt Brecht: *GW* XVII, p. 1100. After the performance on October 16, 1937, the film *Der letzte Milliardär (The Last Billionaire)* by René Clair is shown, and Brechtian songs are sung.

17 Bertolt Brecht: Different Ways of Acting, in *Collected Plays*, vol. 4, part 3, p. 162; also cf. Beschreibung des Spiels der H.W., *GBFA* XIV, p. 372.

18 Bertolt Brecht: Letter to Karl Korsch, Oct./Nov. 1937, *Letters 1913–1956*, p. 271.

19 Anna Seghers: Helene Weigel spielt in Paris, *Internationale Literatur*, Jan. 1938, pp. 126–127.

20 Brecht: »The Actress in Exile (dedicated to Helene Weigel)«, in Bertolt Brecht: *Bad Time for Poetry*, p.

21 Brecht: *Der Messingkauf, GW* XVI, p. 602.

22 Mittenzwei 1997, Bd. 1, p. 591.

23 For Lukács, the montage is the »pinnacle of anti-realistic derailment«; thus Brecht has nothing but scornful words for the praise which Lukács expresses from Moscow with regard to Brecht's supposed new realism after a scene is published in the journal *Das Wort* (Georg Lukács: It is a Question of Realism, *Das Wort*, June 1938): »lukács has already welcomed the SPY as if i were a sinner returned to the bosom of the salvation army.« (Brecht: Journal from Aug. 15, 1938, *Journals 1934–1955*, p. 13.)

24 Bertolt Brecht: Letter to Slatan Dudow, Apr. 19, 1938, *GBFA* XXIX, p. 86.

25 G.F.: Brecht Uraufführung in Paris, *Deutsche Volkszeitung*, May 13, 1938.

26 Brecht: *Fear and Misery of the Third Reich*, Collected Plays, vol. 4, part 3, p. 34.

27 Brecht: *Fear and Misery of the Third Reich*, Collected Plays, vol. 4, part 3, p. 51. On the effect of this generalization through the plural cf. Knopf 1980, p. 148.

28 Brecht: *Fear and Misery of the Third Reich*, Collected Plays, vol. 4, part 3, p. 51.

29 Brecht: *Fear and Misery of the Third Reich*, Collected Plays, vol. 4, part 3, p. 51.

30 Robert Breuer: Bei den Proben für die Brecht-Uraufführung, *Deutsche Volkszeitung*, May 21/22, 1938.

31 Walter Benjamin: Brechts Einakter, *Die neue Weltbühne*, June 30, 1938.

32 Bertolt Brecht: Letter to Herzfelde, early/mid-March 1938, *GBFA* XXIX, p. 79; Bertolt Brecht: Letter to Herzfelde, May 31, 1938, ibid. pp. 95–96.

33 Bertolt Brecht: Letter to Karl Korsch, Apr. 1938, *GBFA* XXIX, p. 92.

34 The performance turns into a minor demonstration: »In the intermission the ›Tribune's‹ literature prizes were awarded. For the occasion, Oskar Maria Graf delivered a speech whose ethical force and passionate thrust met with enthusiasm.« (*Aufbau*, June 19, 1942).

35 The premiere was staged by Henry Schnitzler on June 7, 1945, in Berkeley.

36 Bertolt Brecht: *The Private Life of the Master Race*, trans. by Eric Bentley, New York 1944. Brecht chooses the American title himself – cf. Bentley 1999 (1945), p. 23. The photo is from Associated Press, and was used by Brecht in the *Kriegsfibel* (Berlin 1994, pp. 56, 69).

37 Bertolt Brecht: Letter to Max Reinhardt, late May 1942, *Letters 1913–1956*, p. 347.

38 Lyon 1984, p. 185.

39 Bertolt Brecht: Letter to Ruth Berlau, May 19, 1945, *GBFA* XXIX, p. 355.

40 Bertolt Brecht: Journal from June to mid-July 1945, *Journals 1934–1955*, p. 349.

41 Lyon 1984, pp. 305–306.

38   Lyon 1984, S. 185.

39   Bertolt Brecht: Brief an Ruth Berlau, 19.5.1945, *GBFA* XXIX, S. 355.

40   Bertolt Brecht: Journal von Juni bis Mitte Juli 1945, *GBFA* XXVII, S. 225.

41   Lyon 1984, S. 305–306.

42   Vgl. Bertolt Brecht: Anmerkungen zu *Furcht und Elend des Dritten Reiches*, *GW* III, S. 1187–1193.

43   Beispiele sind zu finden in Immisch u.a. 1996, S. 30, 37.

44   Weigel an Breitenbach, 4.11.1956, JBA/CCP AG 90: 4/4.


Kapitel 4

1   Derenthal 1996, S. 86–87, Abb. 100–105.

2   JBA/CCP AG 90:17, 1938.

3   Negative, »Exposition/Cinq Ans de Regime Hitler«, Januar 1938, JBA/CCP AG 90:85, außerdem zwei Probeabzüge, JBA/CCP AG 90:29/39. Vgl. drei zusätzliche Breitenbach-Abzüge im Bundesarchiv, ES, Akte 14, Bl. 25ff.

4   Strauss/Röder 1980, Bd. 1, S. 291.

5   Badia 1980, S. 552–567.

6   N. Marceau, »Fünf Jahre Hitlerregime«, Nr. 27, o. S., teilweise nachgedruckt in Badischer Kunstverein 1980, S. 133.

7   Badia 1980, S. 556–560.

8   *Pariser Tageszeitung*, 6./7.2.1938.

9   Strauss/Röder 1980, Bd. 2, S. 624; Krempel/Hess 1979, S. 96.

10   Anti-Nazi Exhibition in Paris – A German Protest, *Times*, 2.2.1938.

11   Holz 1992, S. 208–241.


Kapitel 5

1   Maschinenschrift der Rede, Bundesarchiv, ES, Akte 22, Bl 6–7.

2   Roussel 1984.

3   Ursel Berger: »Ein verdienter Altmeister!«. Die Rolle des Bildhauers Georg Kolbe während der Nazizeit, in Rüger 1990, S. 133–134, 316, Anm. 17.

4   JBA/CCP AG 90:17, 1938, 1939.

5   Frowein 1984; Frowein 1986; Lackner/Adkins 1988; Holz 1992; Holz 1997.

6   Bundesarchiv, E. S., Akte 4, Bl. 109.

7   Adamthwaite 1983.

8   Herbert Read: Brief an den Herausgeber, *Daily Telegraph and Morning Post*, 13.7.1938.

9   JBA/CCP AG 90:17, 1938.

10   Graeve 1988, S. 339, 343–49.

11   Graeve 1988, S. 343, 347.

12   Wiedersehen mit gestohlenen Bildern, *Aufbau*, 18.4.1947, 48, nachgedruckt in Kunstmuseum Düsseldorf 1993, 246.

13   Westheim: Wie ich Wollheim kennenlernte, in Frank 1985, und Graeve 1988, 348. Graeve verwechselt diese hochformatige Leinwand mit *Der Clown und die Zirkusreiterin*, das hier nicht ausgestellt war.

14   JBA/CCP AG 90:29–41 [Freie] Deutsche Kunst, 1938.

15   Bundesarchiv, ES, Akte 18, Bl. 38–42.

16   Graeve 1988, S. 344, 349.

17   JBA/CCP AG 90:17, 1939; AG 90:69, »Miscellaneous«.

18   Westheim: Rundgang, in Frank 1985.

19   Vgl. Ausstellungsankündigungen im *Pariser Tageblatt*, 20.5.1934, 22.10.1935, 10.2.1936, 24.3.1936, und in der *Pariser Tageszeitung*, 20.1.1937, 16.5.1937, 6.11.1937, 1.3.1938 und 13.3.1938.


42   Cf. Bertolt Brecht: *Anmerkungen zu Furcht und Elend des Dritten Reiches*, *GW* III, pp. 1187–1193.

43   Examples can be found in Immisch et al 1996, pp. 30, 37.

44   Weigel to Breitenbach, Apr. 11, 1956, JBA/CCP AG 90:4/4.


Kapitel 4

1   Derenthal 1996, pp. 86–87, Abb. 100–105.

2   JBA/CCP AG 90:17, 1938.

3   Negatives, »Exposition/Cinq Ans de Regime Hitler, January 1938«, JBA/CCP AG 90:85, and two proof prints, JBA/CCP AG 90:29/39. Cf. three additional Breitenbach prints in the Bundesarchiv, ES, Akte 14, Bl. 25ff.

4   Strauss/Röder 1980, vol. 1, p. 291.

5   Badia 1980, pp. 552–567.

6   N. Marceau, »Fünf Jahre Hitlerregime«, Nr. 27, o.S., partially reprinted in Badischer Kunstverein 1980, p. 133.

7   Badia 1980, pp. 556–560.

8   *Pariser Tageszeitung*, Feb. 6/7, 1938.

9   Strauss/Röder 1980, Bd. 2, 624; Krempel/Hess 1979, p. 96.

10   Anti-Nazi Exhibition in Paris – A German Protest, *Times*, Feb. 2, 1938.

11   Holz 1992, pp. 208–241.


Kapitel 5

1   Speech typescript, Bundesarchiv, ES, Akte 22, Bl. 6–7.

2   Roussel 1984.

3   Ursel Berger: »Ein verdienter Altmeister!«. Die Rolle des Bildhauers Georg Kolbe während der Nazizeit, in Rüger 1990, pp. 133–134, 316, note 17.

4   CCP/JBA AG 90:17, 1938, 1939.

5   Frowein 1984; Frowein 1986; Lackner/Adkins 1988; Holz 1992; Holz 1997.

6   Bundesarchiv, E.S., Akte 4, Bl. 109.

7   Adamthwaite 1983.

8   Herbert Read: Letter to editor, *Daily Telegraph and Morning Post*, July 13, 1938.

9   CCP/JBA AG 90:17, 1938.

10   Graeve 1988, pp. 339, 343–49.

11   Graeve 1988, pp. 343, 347.

12   Wiedersehen mit gestohlenen Bildern, *Aufbau*, Apr. 18, 1947, p. 48, reprinted in Kunstmuseum Düsseldorf 1993, p. 246.

13   Westheim: Wie ich Wollheim kennenlernte, in Frank 1985, and Graeve 1988, p. 348. Graeve confuses this vertically formatted canvas with *Der Clown und die Zirkusreiterin*, which was not exhibited here.

14   CCP/JBA AG 90:29/41 [Freie] Deutsche Kunst, 1938.

15   Bundesarchiv, ES, Akte 18, Bl. 38–42.

16   Graeve 1988, pp. 344, 349.

17   JBA/CCP AG 90:17, 1939; AG 90:69, »Miscellaneous«.

18   Westheim: Rundgang, in Frank 1985.

19   Cf. exhibition announcements in the *Pariser Tageblatt*, May 20, 1934; Oct. 22, 1935; Feb. 10, 1936; March 24, 1936, and the *Pariser Tageszeitung*, Jan. 20, 1937; May 16, 1937; Nov. 6, 1937; March 1, 1938, and March 13, 1938.

20   CCP/JBA AG 90:29/41.

21   Cf. *l'Humanite*, Nov. 9, 1938, and *Les Cahiers de la jeunesse*, Nov. 15, 1938, Bundesarchiv, ES, Akte 18, Bl. 123, Bl. 159.

20  JBA/CCP AG 90:29/41.

21  Vgl. *l'Humanité* vom 9.11.1938 und *Les Cahiers de la jeunesse*, 15.11.1938, Bundesarchiv, ES, Akte 18, Bl. 123, 159.

22  Beckmann an Käthe von Porada, 30.9.1937, DEA, zitiert in Holz: Scenes from Exile, 1997, S. 49, Anm. 36, S. 55.

23  Klee an Westheim (Entwurf), 25.5.1938, Felix Klee Archiv Bern, zitiert in Otto Karl Werckmeister, Paul Klee in Exile, in *Paul Klee in Exile, 1933–1940*, Ausstellungskatalog, Museum of Art Himeji City, 1985, 35, 42, Anm. 52.

24  Holz 1992, 121–158.

25  Breitenbach in *Verve*, 1, 4, März 1939.

26  Westheim: Die Ausstellung, in Frank 1985, 235–236.

Kapitel 6

1  Ein Fotoabzug einer nicht spezifizierten Tafel, die Johannes Wüsten zusammengestellt hat, befindet sich in den Städtischen Kunstsammlungen Görlitz. Alle Breitenbach-Fotos der Tafeln, die hier reproduziert wurden, stammen von Probeabzügen oder Glasnegativen aus dem JBA/CCP. Seit 1993 sind drei Breitenbach-Abzüge im Getty Center for the History of Art and the Humanities, Special Collections, Brentwood, California, 93.R.46, erhältlich. Diese und zehn weitere Abzüge der Ausstellungen »Freie Deutsche Kunst« und »Cinq Ans de Dictature Hitlerienne« im Getty Center sind ausnahmslos Duplikate des Materials in der JBA/CCP.

2  JBA/CCP AG 90:29/38.

3  The Fortune Survey XX, *Fortune*, Apr. 1939, S. 102–107.

4  Kersten 1938, S. 144–145.

5  Lehmann 1993, S. 169. Die Herkunft des Zitats von Thomas Mann ist nicht geklärt.

6  Hobson 1939, S. 492. Vgl. John Peale Bishop: World's Fair Notes, *The Kenyon Review*, 1, Winter 1939, S. 233–250.

7  Hobson 1939, S. 492. Vgl. Mann asks Exhibit at Fair for Exiles. Tells Guild for Freedom That It Would Aid True Culture, *New York Times*, 12.5.1938, nachgedruckt in Lehmann 1993, S. 138.

8  Bundesarchiv, HS, Akte 14, Bl. 108.

9  Vgl. folgende Briefe: Sarah F. Broudes (American Guild for German Cultural Freedom) an Eugen Spiro, 6.8.1938, Bundesarchiv, ES, Akte 5, Bl. 15; Spiro an Alvin Johnson von der New School of Social Research, der sich in seiner Antwort zustimmend äußerte, aber feststellte, daß sie Gelder und einen Schirmherren benötigten (Kopie); Spiro an Admiral Standley, Leiter der Abteilung Auslandsteilnahme an der Weltausstellung, 31. Mai 1938 (Kopie), ebd., Akte 5, Bl. 2 und 3; Standleys Antwort, 7.6.1938, ebd., Akte 5, Bl. 4; zu den gleichzeitigen Bemühungen des BND: Prinz Hubertus zu Löwenstein an Hans Siemsen, 12.7.1938, Bundesarchiv, HS, Akte 14, Bl. 108; weitere Briefe im Bundesarchiv, HS, von Hugo Simon und Hans Siemsen an Paul Tillich und die Volksfrontgruppe deutscher Emigranten in den USA, Mai–Juni 1938. Vergleiche weitere Berichte über die Teilnahme an der Weltausstellung: Paul Westheim in der *Pariser Tageszeitung*, 9.8.1938; Rudolf Leonhard: Weltausstellung 1939, *Deutsche Volkszeitung*, 14. August 1938, zitiert in Roussel 1984, 207, Anm. 171.

10  Bundesarchiv, HS, Akte 14, Bl. 156–157.

11  Alfred Kantorowicz: Der Freiheitspavillon, *Die Neue Weltbühne*, 35, 4, 26.1.1939, S. 111–114.

22  Beckmann to Käthe von Porada, Sept. 30, 1937, cited in Holz: Scenes from Exile, 1997, p. 49, note 36, p. 55.

23  Klee to Westheim (draft), 25.5.1938, Felix Klee Archiv Bern, cited in Otto Karl Werckmeister, Paul Klee in Exile, in *Paul Klee in Exile, 1933–1940*, exhibition catalog, Museum of Art Himeji City, 1985, pp. 35, 42, note 52.

24  Holz 1992, pp. 121–158.

25  Breitenbach in *Verve*, 1, 4, March 1939.

26  Westheim: Die Ausstellung, in Frank 1985, pp. 235–236.

Kapitel 6

1  A photographic print of an unspecified panel designed by Johannes Wüsten is in the Städtische Kunstsammlungen Görlitz. All Breitenbach photographs of the panels reproduced here are from proof prints or glass negatives from the CCP/JBA. Since 1993, three Breitenbach proof prints of these panels have been available at The Getty Center for the History of Art and the Humanities, Special Collections, Brentwood, California, 93.R.46. These and ten other proof prints of »Freie Deutsche Kunst« and »Cinq Ans de Dictature Hitlerienne« at the Getty Center all duplicate materials at the CCP/JBA.

2  CCP/JBA AG 90:29/38.

3  The Fortune Survey XX, *Fortune*, Apr. 1939, pp. 102–107.

4  Kersten 1938, pp. 144–145.

5  Lehmann 1993, p. 169.

6  Hobson, 492. Cf. John Peale Bishop: World's Fair Notes, *The Kenyon Review*, 1, Winter 1939, pp. 233–250.

7  Hobson 1939, p. 492. Cf. Mann asks Exhibit at Fair for Exiles. Tells Guild for Freedom That It Would Aid True Culture, *New York Times*, May 12, 1938, reprinted in Lehmann 1993, p. 138.

8  Bundesarchiv, H.S., Akte 14, Bl. 108.

9  Cf. the following letters: Sarah F. Broudes (American Guild for German Cultural Freedom) to Eugen Spiro, Aug. 6, 1938, Bundesarchiv, ES, Akte 5, Bl. 15; Spiro to Alvin Johnson of the New School for Social Research, who replied positively but stated they would require funds and a patron, July 25, 1938 (copy); Spiro to Admiral Standley, Director of Foreign Government Participation, New York World's Fair, May 31, 1938 (copy), ibid., Akte 5, Bl. 2 and 3; Standley's reply, June 7, 1938, ibid., Akte 5, Bl. 4; on the parallel efforts of the BND: Prinz Hubertus zu Löwenstein to Hans Siemsen, July 12, 1938, Bundesarchiv, HS, Akte 14, Bl. 108; other letters in Bundesarchiv, HS from Hugo Simon and Hans Siemsen to Paul Tillich and the Volksfrontgruppe Deutscher Emigranten in the USA, May–June 1938. Cf. other reports on the World's Fair participation: Paul Westheim in *Pariser Tageszeitung*, Aug. 9, 1938; Rudolf Leonard: Weltausstellung 1939, *Deutsche Volkszeitung*, Aug. 14, 1938, cited in Roussel 1984, p. 207, note 171.

10  Bundesarchiv, HS, Akte 14, Bl. 156–157.

11  Alfred Kantorowicz: Der Freiheitspavillon, *Die Neue Weltbühne*, 35, 4, Jan. 26, 1939, pp. 111–114.

12  »Der Freiheitspavillon« auf der New Yorker Weltausstellung, *Die Zukunft*, Jan. 20, 1939.

13  *New York Times*, Jan. 13, 1939, p. 16.

14  Hobson 1939, p. 495.

15  Glozer 1981, p. 48.

12 »Der Freiheitspavillon« auf der New Yorker Weltausstellung, *Die Zukunft*, 20.1.1939.

13 *New York Times*, 13.1.1939, S. 16.

14 Hobson 1939, S. 495.

15 Glozer 1981, S. 48.

16 Vgl. folgende Briefe: Maurice ... (Unterschrift unleserlich) vom BIE an von Campe, den Delegierten des Reiches am BIE und Handelsattaché der Deutschen Botschaft in Paris, 18.1.1939; der BIE an von Campe, 16.2.1939; Antwort des Deutschen Auswärtigen Amtes Berlin an die Deutsche Botschaft in Paris, 25.2.1939, Politisches Archiv des Auswärtigen Amtes, Bonn, Abteilung Botschaft Paris, Paris 779, Akte »Internationale Ausstellung New York 1939«.

17 Nachricht von Daladier an Hitler, zitiert im Brief von Robert Coulondre (französischer Botschafter in Berlin) an Georges Bonnet (französischer Außenminister), 2.3.1939, Adamthwaite 1976, S. 407 und Anm. 51.

18 Neben direkten Polizeieinsätzen gab es auch – so die Information der Daladier-Regierung nach der französisch-deutschen Erklärung von 6. Dezember an den Deutschen Botschafter – »Beobachter in Kinos, auch in kommunistischen Bezirken, die Reaktionen des Publikums auf die Ausstrahlung der Unterzeichnungszeremonie in den Wochenschauen überwachten und über ›außergewöhnlichen Beifall berichteten‹«. *Documents on German Foreign Policy*, 1918–1945, Serie D, IV, London 1951, Nr. 375, zitiert in Adamthwaite 1976, S. 405, Anm. 37.

19 Spiro an Moericke, 6.2.1939 (Kopie), Bundesarchiv, ES, Akte 3, Bl. 83, 79.

20 Vgl. beispielsweise Jeffrey Herf: German Communism, the Discourse of »Antifascist Resistance«, and the Jewish Catastrophe, in Michael Geyer/ John W. Boyer (Hg.): *Resistance against the Third Reich 1933–1990*, Chicago 1992, S. 257.

## Kapitel 7

1 Hans Kalischer an Breitenbach, 8.5.1941, JBA/CCP AG 90:1/8.

2 Breitenbach über *Späte Ernte nahe Calais*, o. J., Datenbank JBT.

3 Hans Sahl: *Die Wenigen und die Vielen*, S. 205.

4 Vgl. Fry 1995, S. 9; Cohen/Malo 1994, S. 193

5 Hans Sahl: *Die Wenigen und die Vielen*, S. 207.

6 Maximilian Scheer: *Begegnungen in Europa und Amerika*, S. 16–17.

7 Lion Feuchtwanger: *Der Teufel in Frankreich*, S. 274, 283.

8 Lohmar an Breitenbach, Carcassonne, 27.10.1940, JBA/CCP AG 90:5/6.

9 Jack (Jakob) Frank an Breitenbach, undatiert, JBA/CCP AG 90:4/22.

10 Frank an Breitenbach, undatiert, JBA/CCP AG 90:4/22.

11 Franz Werfel: *Das Lied von Bernadette*, S. 7.

12 Heinrich Mann: *Ein Zeitalter wird besichtigt*, S. 470.

13 Anna Seghers: *Transit*, S. 54.

14 Kiessling 1984, S. 240.

15 Heinrich Mann: *Ein Zeitalter wird besichtigt*, S. 469–470.

16 Paul Celan: *Todesfuge*.

16 Cf. the following letters: Maurice ... (illegible signature) of the BIE to von Campe, the Reich's Delegate to the BIE, and Commercial Counselor of the German Embassy in Paris, Jan. 18, 1939; the BIE to von Campe, Feb. 16, 1939; reply from the German Foreign Office Berlin to the German embassy in Paris, Feb. 25, 1939, Politisches Archiv des Auswärtigen Amtes, Bonn, section Botschaft Paris, Paris 779, folder »Internationale Ausstellung New York 1939«.

17 Message from Daladier to Hitler quoted in correspondence from Robert Coulondre (French Ambassador in Berlin) to Georges Bonnet (French Foreign Minister), March 2, 1939, Adamthwaite 1976, p. 407, and n. 51.

18 Apart from outright police intervention there were – so the Daladier government informed the German Ambassador, following the Franco-German declaration of December 6, 1938 – »observers in cinemas, even in Communist districts, to monitor audience reactions when the newsreels of the signing ceremony were shown and ›exceptional approval had been registered‹«. *Documents on German Foreign Policy*, 1918–1945, Series D, IV, London: 1951, Nᵒ. 375, cited in Adamthwaithe 1976, p. 405 note 37.

19 Spiro to Moericke, Feb 6, 1939 (copy), Bundesarchiv, ES, Akte 3, Bl. 83, 79.

20 Cf., for example, Jeffrey Herf: German Communism, the Discourse of »Antifascist Resistance«, and the Jewish Catastrophe, in Michael Geyer/John W. Boyer (eds.): *Resistance against the Third Reich 1933–1990*, Chicago, 1992, p. 257.

## Kapitel 7

1 Hans Kalischer to Breitenbach, 8.5.1941, JBA/CCP AG 90:1/8.

2 Breitenbach on *Late Harvest Near Calais*, undated, database JBT.

3 Hans Sahl: *Die Wenigen und die Vielen*, p. 205.

4 Cf. Fry 1995, p. 9; Cohen/Malo 1994, p. 193.

5 Hans Sahl: *Die Wenigen und die Vielen*, p. 207.

6 Maximilian Scheer: *Begegnungen in Europa und Amerika*, pp. 16–17.

7 Lion Feuchtwanger: *Der Teufel in Frankreich*, pp. 274, 283.

8 Lohmar to Breitenbach, Carcassonne, Oct. 27, 1940, JBA/CCP AG 90:5/6.

9 Jack (Jakob) Frank to Breitenbach, undated, JBA/CCP AG 90:4/22.

10 Frank to Breitenbach, undated, JBA/CCP AG 90:4/22.

11 Franz Werfel: *Das Lied von Bernadette*, p. 7.

12 Heinrich Mann: *Ein Zeitalter wird besichtigt*, p. 470.

13 Anna Seghers: *Transit*, p. 54.

14 Kiessling 1984, p. 240.

15 Heinrich Mann: *Ein Zeitalter wird besichtigt*, pp. 469–470.

16 Paul Celan: *Death Fugue*.

# Bibliographie

## I. Archive

Josef-Breitenbach-Archiv, Center for Creative Photography, Tucson, Arizona (JBA/CCP).

Archiv des Josef-Breitenbach-Trusts, New York (JBT).

Bertolt-Brecht-Archiv, Berlin (BBA).

Bundesarchiv, Abteilung Berlin (ehemals Zentrales Staatsarchiv der DDR, Potsdam).

Nachlaß Eugen Spiro (ES); Nachlaß Hans Siemsen (HS).

Deutsches Exilarchiv 1933–1945, Die Deutsche Bibliothek Frankfurt a. M. (DEA).

The Getty Center for the History of Art and the Humanities, Special Collections, Brentwood, California, 93.R.46.

Politisches Archiv des Auswärtigen Amtes, Bonn, Abteilung Botschaft Paris, Paris 779, Akte »Internationale Ausstellung New York 1939«.

Stiftung Archiv der Akademie der Künste, Robert-Koch-Platz, Berlin (AdK).


## II. Gedruckte Quellen

*Arbeiter-Illustrierte Zeitung* (AIZ), Chefredaktion Carl Weiskopf, 13 (1933) – 15 (1936).

Walter Benjamin: Brechts Einakter, in *Die neue Weltbühne*, Paris, 30.6.1938.

Adolphe Basler: *Le Cafard après la fête*, Paris 1929.

Eric Bentley: The Private Life of the Master Race (1944), in Eric Bentley: *Bentley on Brecht*, New York 1999, S. 23–37.

Walter A. Berendsohn: *Die humanistische Front*, Teil 1: Zürich 1946, Teil 2: Worms 1976.

*Braunbuch über Reichstagsbrand und Hitlerterror*, mit einem Vorwort von Willi Münzenberg, zusammengestellt und bearbeitet von Otto Katz, Basel 1933.

*Das braune Netz. Wie Hitlers Agenten im Auslande arbeiten und den Krieg vorbereiten*, Umschlag von John Heartfield, Paris 1935.

Bertolt Brecht/Hanns Eisler: *Lieder, Gedichte, Chöre*, Paris 1934.

Bertolt Brecht: *The Private Life of the Master Race*, übers. v. Eric Bentley, New York 1944.

Bertolt Brecht: *Gesammelte Werke (GW)*, Frankfurt a. M. 1967.

Bertolt Brecht: *Poems 1913–1956*, hg. v. John Wiler and Ralph Mannheim, London 1976.

Bertolt Brecht: Collected Plays, vol. 4, part 3, hg. v. John Willett und Ralph Mannheim (*Fear and Misery of the Third Reich* übers. v. John Willett, *Señora Carrar's Rifles* übers. v. Wolfgang Sauerlander), London 1983.

Bertolt Brecht: *Letters 1913–1956*, übers. v. Ralph Mannheim, herausgegeben. und kommentiert von John Willet, New York 1990.

Bertolt Brecht: *Journals 1934–1955*, übers. v. Hugh Rorrison, hg. v. John Willet, London 1993.

Bertolt Brecht: *Kriegsfibel*, Berlin 1994.

Bertolt Brecht: *Bad Time for Poetry. 152 Poems and Songs*, hg. u. mit einer Einl. v. John Willett, London 1995.

Bertolt Brecht: *Werke. Große kommentierte Berliner und Frankfurter Ausgabe (GBFA)*, hg. v. Werner Hecht, Jan Knopf, Werner Mittenzwei und Klaus-Detlef Müller, Berlin 1989–2000.

Josef Breitenbach: Eine Uraufführung für 183 Dollar, in Immisch u.a. 1996, S. 84.

Josef Breitenbach: Internationale Surrealismus-Ausstellung, in Immisch u.a. 1996, S. 86–87

Robert Breuer: Bei den Proben für die Brecht-Uraufführung, *Deutsche Volkszeitung*, 21./22.5.1938.

*Deutsche Mythologie*, Verlag für Kunst und Wissenschaft, Leipzig 1935 (Tarnschrift); d.i.: eine Anthologie der Exilliteratur, hrsg. v. Schutzverband Deutscher Schriftsteller und der Deutschen Freiheitsbibliothek, Juni 1935.

Alfred Döblin: *Flucht und Sammlung des Judenvolkes*, Amsterdam 1935.

*Erste Hilfe bei Unglücksfällen*, hg. v. Roten Kreuz, 1934 (Tarnschrift), d.i.: *Warum faschistischer Terror?/Ernst Thälmann in größter Gefahr.*

G.F.: Brecht Uraufführung in Paris, *Deutsche Volkszeitung*, 13.5.1938.

Lion Feuchtwanger: *Die Geschwister Oppenheim*, Amsterdam 1933.

Lion Feuchtwanger: *Der jüdische Krieg*, Amsterdam 1933.

Lion Feuchtwanger: *Die häßliche Herzogin Margarete Maultasch*, Amsterdam 1935.

Lion Feuchtwanger: *Die Söhne*, Amsterdam 1935.

Lion Feuchtwanger: *Stücke in Prosa*, Amsterdam 1936.

Lion Feuchtwanger: *Der Teufel in Frankreich*, Berlin 1992.

Lion Feuchtwanger: *Exil*, Berlin 1998.

Wolf Franck: Pariser Deutsche Chronik, *Das Wort*, Jan. 1937.

Varian Fry: *Auslieferung auf Verlangen*, Frankfurt a. M. 1995.

*Der Gegen-Angriff*, Chefredaktion Bruno Frei, 1 (1933) – 4 (1936).

Konrad Heiden: *Adolf Hitler. Eine Biographie, Bd. 1: Das Zeitalter der Verantwortungslosigkeit*, Zürich 1936.

Michael Hepp (Hg.): *Die Ausbürgerung deutscher Staatsangehöriger 1933–45 nach den im Reichsanzeiger veröffentlichten Listen*, 3 Bde., München 1985–1988.

Alfred Kantorowicz: *Exil in Frankreich*, Frankfurt a. M. 1986.

Alfred Kantorowicz: *Nachtbücher*, Hamburg 1995.

Kurt Kersten: *Unter Freiheitsfahnen. Deutsche Freiwillige in der Geschichte.* Straßburg 1938.

Irmgard Keun: *Das Mädchen, mit dem die Kinder nicht verkehren durften*, Amsterdam 1936.

Fritz Landshoff: *Amsterdam, Keizersgracht 333. Querido-Verlag. Erinnerungen eines Verlegers*, Berlin 1991.

Emil Ludwig: *Hindenburg und die Sage von der deutschen Republik*, Amsterdam 1935.

Georg Lukács: Es geht um den Realismus, *Das Wort*, Juni 1938.

Erika und Klaus Mann: *Escape to Life*, Boston 1939.

Heinrich Mann: *Es kommt der Tag*, Zürich 1936.

Heinrich Mann: Das freie und das unfreie Buch, in *Das Freie Deutschland*, Sonderdruck, 1936.

Heinrich Mann: *Ein Zeitalter wird besichtigt*, Berlin 1947.

Klaus Mann: *Mephisto*, Amsterdam 1936.

Klaus Mann (Hg.): *Die Sammlung*, Nachdr., 2 Bde., München 1986.

Thomas Mann: *Briefe 1889–1936*, hg. v. Erika Mann, Frankfurt a. M. 1962.

N. Marceau/Heinz Kiwitz: *Cinq Ans de Dictature Hitlérienne*, Paris, 1938.

N. Marceau: Fünf Jahr Hitlerregime, in *Einheit. Zeitschrift der Internationalen Solidaritätsbewegung*, 27 (1938).

Ludwig Marcuse: *Mein zwanzigstes Jahrhundert*, München 1960.

Soma Morgenstern: *Joseph Roths Flucht und Ende*, Lüneburg 1994.

Alfred Neumann: *Neuer Caesar*, Amsterdam 1934.

Alfred Neumann: *Kaiserreich*, Amsterdam 1936.

New Burlington Galleries (Hg.): *Exhibition of Twentieth Century German Art*, London 1938, Nachdruck Köln 1988.

Joseph Roth: *Der Antichrist*, Amsterdam 1934.

Hans Sahl: *Die Wenigen und die Vielen*, Frankfurt a. M. 1959.

Will Schaber: *Thomas Mann zu seinem sechzigsten Geburtstag*, Zürich 1935.

Maximilian Scheer: *Begegnungen in Europa und Amerika*, Berlin 1949.

*Das Schwarzbuch. Tatsachen und Dokumente. Die Lage der Juden in Deutschland 1933*, hg. v. Rudolf Olden, Paris 1934.

Anna Seghers: Helene Weigel spielt in Paris, *Internationale Literatur* Jan. 1938, 126–127

Anna Seghers: *Transit*, Berlin 1998.

Steffie Spira: *Trab der Schaukelpferde*, Freiburg 1991.

G. K. Steinitz: *Der praktische Schachspieler*, Reitlingen 1934 (Tarnschrift); d.i.: W. Tschemodanow: *Der Kampf gegen Faschisierung und Militarisierung der Jugend*.

*Straßen-Verzeichnis von Berlin* (Tarnschrift), d.i.: Dimitroff u.a., *Reden auf dem VI. Kongreß der kommunistischen Jugendinternationale*, 1935.

Ernst Toller: *Briefe aus dem Gefängnis*, Amsterdam 1935.

Ernst Toller: *Kritische Schriften, Reden und Reportagen*, München 1995.

Franz Carl Weiskopf: *Die Versuchung*, Basel 1937.

*Weißbuch über die Erschießungen des 30. Juni. Authentische Darstellung der deutschen Bartholomäusnacht*, mit einem Vorwort von Georg Branting, Paris 1934.

Franz Carl Weisskopf: *Unter fremden Himmeln*, Berlin 1981.

Hermann Wendel: *Die Marseillaise*, Zürich 1936.

Franz Werfel: *Das Lied von Bernadette*, Frankfurt a. M. 1953.

Paul Westheim: Wie ich Wollheim kennenlernte, *Pariser Tageblatt*, 20.2.1935. Nachdruck in Frank 1985, S. 250ff., 320–321.

Paul Westheim: Die Ausstellung des Freien Künstlerbundes in der Maison de la Culture, *Pariser Tageszeitung*, 6./7.11.1938. Nachdruck in Frank 1985, S. 234ff., S. 311–312.

Paul Westheim: Rundgang durch die Deutsche Kunstausstellung in der Maison de la Culture II, *Pariser Tageszeitung*, 9.11.1938. Nachdruck in Frank 1985, S. 237–239, S. 312–17.

Paul Westheim: Die Französische Presse über die Ausstellung des FKB, in *Freie Kunst und Literatur* 3, 12 (1938), S. 3–4.

Heinz Wielek (Hg.): *Verse der Emigration*, Karlsbad 1935.

Edgar Winter: *Luftschutz tut not* (Tarnschrift); d.i. Nemo (Pseud.): *Vom ersten zum zweiten Weltkrieg*, 1934.

III. Ausgewählte Forschungsliteratur

Anthony Paul Adamthwaite: The Franco-German Declaration of December 6, 1938. In *Les Relations franco-allemandes 1933–1939* (Colloques internationaux du Centre National de la Recherche Scientifique; 563), 1976, S. 395–409.

Anthony Paul Adamthwaite: The British Government and the Media, 1937–1938, in *Journal of Contemporary History*, XVIII (1983), S. 281–297.

Gilbert Badia: »Fünf Jahre Hitlerregime. Eine Ausstellung des Pariser Thälmann-Komitees im Februar/März 1938«, in *Beiträge zur Geschichte der Arbeiterbewegung*, Bd. 4, Berlin 1980, S. 552–567.

Badischer Kunstverein (Hg.): *Widerstand statt Anpassung. Deutsche Kunst im Widerstand gegen den Faschismus 1933–1945*, Berlin 1980.

Ehrhard Bahr: Brechts Episches Theater als Exiltheater, in Alexander Stephan/Hans Wagner (Hg.): *Schreiben im Exil. Zur Ästhetik der deutschen Exilliteratur 1933–1945*, Bonn 1985, S. 109–122.

Werner Bechthold/Brita Eckert/Frank Wende: *Deutsche Intellektuelle im Exil. Ihre Akademie und die »American Guild for German Cultural Freedom«. Eine Ausstellung des Deutschen Exilarchivs 1933–1945 der Deutschen Bibliothek, Frankfurt a. M.* (Sonderveröffentlichungen/Die Deutsche Bibliothek; 18), München 1993.

Albrecht Betz: *Exil und Engagement. Deutsche Schriftsteller im Frankreich der dreißiger Jahre*, München 1986.

Matthias Braun: »Die beste Schule für Dialektik ist die Emigration«. Überlegungen zu den Erträgen eines 15jährigen Exils der Schauspielerin Helene Weigel, in Edita Koch/Frithjof Trapp: *Exiltheater und Exildramatik 1933–1945*, Maintal 1991.

Monique-Lise Cohen/Eric Malo (Hg.): *Les Camps du Sud-Ouest de la France 1939–1944*, Toulouse 1994.

Ludger Derenthal: Paris 1933–1941. Portraits und Experimente, in Immisch u.a. 1996, S. 76–83.

*Émigrés français en Allemagne. Émigrés allemands en France 1685–1945. Une exposition réalisée par l'Institut Goethe et le Ministère des Relations Extérieures*, Paris 1983.

Tanja Frank (Hg.): *Paul Westheim. Kunstkritik aus dem Exil*, Hanau 1985.

Cordula Frowein: The Exhibition of 20th Century German Art in London 1938 – eine Antwort auf die Ausstellung »Entartete Kunst« in München 1937, in *Exilforschung, Ein Internationales Jahrbuch, Bd. 2*, , hg. i. A. d. Gesellschaft für Exilforschung, München 1984, S. 212–37.

Cordula Frowein: Ausstellungsaktivitäten der Exilkünstler, in Neue Gesellschaft für Bildende Kunst (Hg.): *Kunst im Exil in Großbritannien 1933–1945*, Berlin 1986, S. 35–48.

Kelly George: New York 1941–1984: Künstlerische Diagramme eines naturalisierten Emigranten, in Immisch u.a. 1996, S. 11–127.

Laszlo Glozer: *Weltkunst. Zeitgenössische Kunst seit 1939*, Köln 1981.

Inka Graeve: Freie Deutsche Kunst. Rekonstruktion der Ausstellung »Freie Deutsche Kunst«, Paris 1938, in Berlinische Galerie (Hg.): *Stationen der Moderne. Die bedeutenden Kunstausstellungen des 20. Jahrhunderts in Deutschland*, Berlin 1988, S. 338–349.

Jaques Grandjonc/Theresa Grundtner: *Zone der Ungewißheit. Exil und Internierung in Südfrankreich*, Reinbek 1993.

Dirk Halfbrodt: München 1896–1933: Der Photograph auf der Bühne, in Immisch u.a. 1996, S. 22–35.

Werner Hecht: *Brecht-Chronik 1898–1956*, Frankfurt a. M. 1997.

Werner Hecht: *Helene Weigel. Eine große Frau des 20. Jahrhunderts*, Frankfurt a. M. 2000.

Laura Z. Hobson: The Freedom Pavilion. *The Nation*, 148, 18 (1939), S. 492–496.

Keith Holz: *Modern German Art and its Public in Prague, Paris, and London, 1933–1940*, Ph.D. dissertation, Northwestern University, Evanston, Illinois, 1992.

Keith Holz: Scenes from Exile in Western Europe: the Politics of Individual and Collective Endeavor among German Artists, in Stephanie Barron/Sabine Eckmann (Hg.): *Exiles + Emigrés. The Flight of European Artists from Hitler*, Exhibition catalogue, Los Angeles County Museum of Art, Los Angeles 1997, S. 42–56. Übers. als: Die politische Haltung deutscher Künstler im westeuropäischen Exil: zwischen Individualismus und Kollektivismus, in Stephanie Barron/Sabine Eckmann (Hg.): *Exil. Flucht und Emigration europäischer Künstler 1933–1945. Ausstellungskatalog.* Nationalgalerie, Staatliche Museen zu Berlin, Berlin 1997, S. 42–56.

Agnes Hüfner: *Brecht in Frankreich 1930–1963. Verbreitung, Aufnahme, Wirkung*, Stuttgart 1968.

T. O. Immisch/Ulrich Pohlmann/Klaus E. Göltz (Hg.): *Josef Breitenbach. Photographien*, München 1996.

Peter C. Jones: Josef Breitenbach, unveröffentlichtes Manuskript. o. J.

Sabine Kebir: *Abstieg in den Ruhm. Helene Weigel. Eine Biographie*, Berlin 2000.

Wolfgang Kiessling: *Exil in Lateinamerika*, Leipzig 1984.

Serge Klarsfeld: *Vichy-Auschwitz. Die Zusammenarbeit der deutschen und französischen Behörden bei der »Endlösung der Judenfrage« in Frankreich*, Nördlingen 1989.

Billy Klüver and Julie Martin: Carrefour Vavin, in Kenneth E. Silver/ Romy Golan (Hg): *The Circle of Montparnasse. Jewish Artist in Paris 1905–1945*, New York 1985.

Jan Knopf: *Brecht-Handbuch. Eine Ästhetik der Widersprüche*, Stuttgart 1980.

U. Krempel/Bernd Hess: »Was war denn da schon zum Lachen?« Heinz Kiwitz, 1910–1938, Leben und Werk, *Sammlung. Jahrbuch für antifaschistische Literatur und Kunst*, 2, 1979, S. 88–96.

Claus-Dieter Krohn/Patrik von zur Mühlen/Gerhard Paul/Lutz Winckler (Hg.): *Handbuch der deutschsprachigen Emigration 1933–1945*, Darmstadt 1998.

Kunstmuseum Düsseldorf im Ehrenhof (Hg.): *Gert H. Wollheim 1894–1974. Eine Retrospektive*, Köln 1993.

Stephan Lackner/Helene Adkins: Exhibition of 20th Century German Art, in Berlinische Galerie (Hg.): *Stationen der Moderne. Die bedeutenden Kunstausstellungen des 20. Jahrhunderts in Deutschland*, Berlin 1988, S. 314–37.

Klaus-Dieter Lehmann (Hg.): *Deutsche Intellektuelle im Exil. Ihre Akademie und die »American Guild for German Cultural Freedom«*, München 1993.

James K. Lyon: *Bertolt Brecht in Amerika*, Frankfurt a. M. 1984.

Liselotte Maas: *Handbuch der deutschen Exilpresse*, 4 Bde., München 1976ff.

Werner Mittenzwei: *Das Leben des Bertolt Brecht oder Der Umgang mit den Welträtseln*, 2 Bde., Berlin 1997.

*Pariser Begegnungen: 1904–1914. Café du Dôme, Academie Matisse, Lehmbrucks Freundeskreis.* Ausstellung des Wilhelm-Lehmbruck-Museum der Stadt Duisburg, Duisburg 1965.

John Durham Peters: Exile, nomadism, and diaspora: The stakes of mobility in the western canon, in Hamid Naficy (Hg.): *Home, Exile, Homeland. Film, Media, and the Politics of Place*, New York 1999, S. 17–44.

Ulrich Pohlmann: Die Photographiesammlung von Josef Breitenbach, in Immisch u.a. 1996, S. 204–207.

Hélène Roussel: Die emigrierten deutschen Künstler in Frankreich und der Freie Künstlerbund, in *Exilforschung. Ein internationales Jahrbuch*, Bd. 2, hg. i. A. d. Gesellschaft für Exilforschung, München 1984, S. 173–211.

Maria Rüger (Hg.): *Kunst und Kunstkritik der dreißiger Jahre*, Dresden 1990.

Anne Saint Sauveur-Henn (Hg.): *Zweimal verjagt. Die deutschsprachige Emigration und der Fluchtweg Frankreich-Lateinamerika 1933–1945*, Berlin 1998.

*Die Sammlung Josef Breitenbach zur Geschichte der Photographie*, Ausstellungskatalog, Fotomuseum im Münchner Stadtmuseum, 1979

Dieter Schiller/Karlheinz Pech/Regine Herrmann/Manfred Hahn: *Exil in Frankreich* (Kunst und Literatur im antifaschistischen Exil 1933–1945; 7), Leipzig 1981.

Wolfgang Schopf (Hg.): *Mit Heine, im Exil. Heinrich Heine in der deutschsprachigen Exilpresse 1933–1945*, mit Kommentaren des Hgs., Frankfurt a. M. 1997.

Hanna Schramm: *Menschen in Gurs. Erinnerungen an ein französisches Internierungslager (1940–1941)*, mit einem dokumentarischen Beitrag zur französischen Emigrantenpolitik (1933–1944) von Barbara Vormeier (Deutsches Exil 1933–45; 13), Worms 1977.

Heidrun Schröder-Kehler: Deutsche Künstler im Französischen Exil, in Badischer Kunstverein 1980, S. 127–153.

Marc Silberman (Hg.): *Drive b. Brecht 100*, Berlin 1998.

John Simpson (Hg.): *The Oxford Book of Exile*, Oxford 1995.

Wilhelm Sternfeld/Eva Tiedemann: *Deutsche Exil-Literatur 1933–1945. Eine Bio-Bibliographie*, Heidelberg 1970.

Herbert A. Strauss/Werner Röder: *Biographisches Handbuch der deutschsprachigen Emigration nach 1933–1945 / International Biographical Dictionary of Central European Emigrés 1933–1945*, 2 Bde., New York und München 1980.

Frithjof Trapp/Werner Mittenzwei/Henning Rischbieter/Hansjörg Schneider (Hg.): *Handbuch des deutschsprachigen Exiltheaters*, München 1999.

Claudie Villard: Exiltheater in Frankreich, in Trapp u.a. 1999, S. 193–218.

Barbara Vormeier: Frankreich, in Krohn u. a. 1998, S. 213–250.

Hans-Christof Wächter: *Theater im Exil. Sozialgeschichte des deutschen Exiltheaters 1933–1945*, München 1973.

Hans-Albert Walter: *Fritz H. Landshoff und der Querido Verlag 1933–1950* (Marbacher Magazin; 78), hg. v. Ulrich Ott, Marbach 1997.

Hans-Albert Walter: *Asylpraxis und Lebensbedingungen in Europa* (Deutsche Exilliteratur 1933–1950; 2), Darmstadt 1972.

Danksagung

Wir danken Peter C. Jones, The Josef Breitenbach Foundation and Trust (Präsident), New York, für sein Vertrauen, seinen Rat und seine freundschaftliche Unterstützung über Jahre hinweg; Leslie Calmes, Amy Rule und Diane Nilsen, Archiv des Center for Creative Photograpy, Tucson, die uns im Josef Breitenbach Archiv willkommen hießen, auf die richtigen Fährten führten und Breitenbachs Negative reproduzierten; Nancy Lutz und Terence Pitts, damaliges Direktorium des CCP, für die Einwilligung in die Erforschung des Bestands;

Dr. Erdmut Wizisla, Bertolt-Brecht-Archiv, Berlin, und Michael Krejsa, Leiter der Archivabteilung Bildende Kunst, Stiftung Archiv der Akademie der Künste, Berlin, für die Öffnung ihrer Bestände, eine kollegiale Zusammenarbeit und die Integration der kommenden Ausstellung in die Stiftung Archiv der Akademie der Künste; Dr. Brita Eckert, Mechthild Hahner und Sabine Schneider, Deutsches Exilarchiv 1933-1945, Frankfurt am Main, die in langjähriger Patenschaft für das Projekt die Dokumente des Exils verfügbar machten;

Stephanie Barron und Sabine Eckmann, Los Angeles County Museum of Art, sind wir für den Hinweis auf das Josef Breitenbach Archiv verpflichtet, den Keith Holz 1994 als Mitarbeiter der Ausstellung »Exiles and Emigres: The Flight of European Artists from Hitler« (1997) erhielt.

Keith Holz dankt dem Deutschen Akademischen Austauschdienst (DAAD) sowie den Verantwortlichen der Faculty Summer Development Fellowship und des Faculty Research Travel Grant der Universitiy of Tulsa. Wolfgang Schopf dankt der Stiftung zur Förderung der internationalen Beziehungen der Johann Wolfgang Goethe-Universität Frankfurt am Main und der Vereinigung von Freunden und Förderern der Johann Wolfgang Goethe-Universität Frankfurt am Main e.V. für die Gewährung von Reise- und Forschungsstipendien.

Barbara Brecht-Schall und André Lohmar sind wir nicht allein wegen der Abdruckgenehmigungen verbunden, ihnen ein besonderer Dank.

Wir danken Lore Kramer, Frankfurt am Main, für die Öffnung des Archivs ihres verstorbenen Gatten Ferdinand Kramer, wodurch sie uns das Plakat zum »Freedom Pavilion« 1939 zugänglich gemacht hat.

Archivnachweis

Josef Breitenbach Archive, Center for Creative Photography, Tucson
(JBA/CCP)
Archiv des Josef Breitenbach Trust, New York (JBT)
Sammlung André Lohmar, Berlin (SAL)
Bertolt-Brecht-Archiv, Berlin (BBA)
Deutsches Exilarchiv 1933–1945, Die Deutsche Bibliothek Frankfurt am Main
(DEA)
Stiftung Archiv der Akademie der Künste, Robert-Koch-Platz, Berlin (AdK)
Bibliothèque National, Paris (BNA)
University of Arizona Museum of Art, Tucson (UAMA)
Bundesarchiv, Berlin, Nachlaß Eugen Spiro (BA)
Sammlung Lore Kramer, Frankfurt am Main (SLK)


Kapitel I: Josef Breitenbach in der Topographie des Exils
JBA/CCP: 3: AG90:44. 4, 9: AG90:12/6. 8: AG90:29/3. 10: AG90:17/1938. 11:
AG90:43. 19: AG90:29/4 - JBT: 1, 2, 12, 15–18, 20 - BBA: 14: FA 17/52 - SAL:
5-7


Kapitel II: Das Freie Deutsche Buch (November 1936)
JBA/CCP - 1, 2, 5, 6: AG90:143. 3: AG90:17. 7: AG90:14/3. 10: AG90:93. 11:
AG90:1/6. 12–19: AG90:85 - JBT - 4, 33 - BBA: 8: FA 2/65a. 9: FA 2/65c.
31 - DEA: 20–30, 32


Kapitel III: »Brecht ruft an.« Die Inszenierungen in Paris (1937/38) und
New York (1945)
JBA/CCP - 1, 10, 11, 13–17, 21–26, 35, 59–64: AG90:96. 3, 4:
AG90:17/Datebook 1937. 5–9, 49-51: AG90:85. 52–55: AG90:75. 56–58:
AG90:21/22. 12, 19, 20, 27: AG90:90. 28: AG90:1/5. 29, 30, 32, 33, 36, 37,
65–68: AG90:4/4. 34: AG90:14/3/Notebook 1937/38 - BBA: 2, 38, 39 -SAL:
18, 40–48 - AdK: 31


Kapitel IV: Fünf Jahre Hitlerdiktatur, Februar 1938
JBA/CCP: 1, 5–9, 14, 15: AG90:85 - DEA: 3 - BNP: 2, 10–13


Kapitel V: Freie Deutsche Kunst (1938)
JBA/CCP - 3: AG90:143/89:083/27. 4: AG90:77/89:085. 5: AG90:29/21. 6, 7,
13: AG90:93. 8: AG90:102/89:085. 12: AG90:29/41. 15: AG90:69 - JBT: 1, 2 -
UAMA: 9-11


Kapitel VI: Deutschland von gestern – Deutschland von morgen
JBA/CCP - 3, 4, 7–9, 11, 14, 18–20, 22, 23: AG90:29/40. 5, 6, 10, 12, 13,
15–17, 21, 24, 26-28: AG90:69 - SLK: 1, 2, 25


Kapitel VII: Paris – Marseille – New York (1939–1941)
JBA/CCP - 11: AG90:17. 12: AG90:12/9. 14/15, 16/17: AG90:5/6. 18:
AG39/1. 19: AG90:39/18. 20/21: AG90:12/11. 23: AG90:12. 24, 26/27:
AG90:1/8 - JBT: 1–3, 10, 22, 25, 28, 29 - SAL: 4–7, 13 - BA: 8/9

Aufbau Verlag GmbH
32 Franzoesische Strasse
Berlin W. 8 - Germany
Russ. Sector


Sehr geehrte Herren!

        Durch Zufall erfuhr ich,dass Ihr Verlag eine Ge-
samtausgabe der Werke Bethold Brechts veranstaltet.Ich bin,wie Sie
sich bei ihm erkundigen koennen,mit ihm nahe bekannt und machte seinerzeit waehrend seines Pariser Aufenthaltes Scenen-Aufnahmen seines
Stueckes "Mutter Courage".Brecht selber gab mir damals den Auftrag dazu und versprach auch,mir ein entsprechendes Honorar fuer meine Arbeit
zukommen zu lassen.Leider befand sich der Dichter,wie wir alle,in keiner allzuguten pekuniaeren Lage und versuchte vergeblich,mir wenigstens
durch eine damals in Schweden taetige Theatergruppe,die sein Stueck
auffuehrte,eine bescheidene Entschaedigung fuer meine enstandenen Kosten
zu verschaffen.Mein Angebot,dieser Gruppe die von mir gemachten Scenen-
bilder gegen eine Pauschalsumme zu ueberlassen,wie Brecht es mir ange-
raten hatte,liess sich ebenfalls nicht verwirklichen.

    Da Brecht meine Arbeiten sehr anerkannte,glaube ich sicher,dass
                    Bebilderung seiner
diese Fotos fuer die XXXXXXXXXXXXXX  Gesamtausgabe XXXX erwuenscht sind
                                        nach einer Ruecksprache mit ihm,
und waerex/Ihnen sehr verbunden,wenn Sie mir sehr bald Bescheid geben
wollten,ob XXXXXXIX ø Sie ev. an einem Erwerb meiner Scenenaufnahmen
interessiert sind.

            Mit ergebenen Gruessen

# Inhalt

Aus dem Englischen übersetzt von Friederike Levin
Aus dem Deutschen übersetzt von Isabel Cole

ISBN 3-351-02522-X

1. Auflage 2001

© Aufbau-Verlag GmbH, Berlin 2001

© 2001 der Photographien von Josef Breitenbach

by The Josef Breitenbach Trust, New York

Redaktion Karsten Kredel

Gesamtgestaltung Therese Schneider

Druck und Binden Druck- und Verlagshaus Erfurt seit 1848 · GmbH

Printed in Germany


www.aufbau-verlag.de